畿内譜代藩の陣屋と藩領社会

齊藤紘子

Saito Hiroko

清文堂

畿内譜代藩の陣屋と藩領社会

目次

畿内譜代藩の陣屋と藩領社会

序章

本書の目的は、和泉国に陣屋を置いた譜代小藩・伯太藩とその藩領社会の実態を把握することにある。その際、領主支配の拠点である陣屋と支配者集団である家中の構造、および藩領の社会構造を、その関係性も含めて具体的に明らかにしたい。序章では本書の前提となる研究史を整理することで、各章の分析視角を明確にしておく。

一　近世畿内の陣屋元村について

1　畿内譜代藩と藩領社会

朝尾直弘氏は『近世封建社会の基礎構造』（一九六七年）に所収された論文「畿内における幕藩制支配」において、都市大坂が幕府直轄となった元和五（一六一九）年を画期として、大坂城代を中心とした軍事体制が構築され、その体制に照応した畿内・西国の民政機構として「八人衆」の合議体制が成立したことを明らかにした[(1)]。また、畿内の幕領支配については、「八人衆」のなかの郡代（国奉行）の役割に注目し、小領主による伝統的な在地支配と結びつく畿内型幕領代官を、より高次の次元から克服する過渡的権力として評価した。さらに、そうした動きを軍事的に支えるものとして、大坂城における城代・定番以下の番方体制が整えられたと見通している。朝尾氏の指摘は、畿内村落における小領主のあり様、幕領での郡代・代官の歴史的性格、幕府支配機構の展開を踏まえて「畿内における幕藩制支配」の全体像を構想したものであったが、それは郡代―代官支配が直接掌握をめざした小農村落の動向分析とともに進められた点が重要である[(2)]。

しかしその後の研究では、朝尾氏が意識においた在地社会の「基礎構造」への関心が薄れ、畿内を非領国地域とみるか、あるいは幕府領国とみるとかといった領主配置の問題や、町奉行所による民政支配と、そのもとでの国訴の構造など、幕府広域支配との関係において個別領主支配の限界性を論じる研究が中心となった[(3)]。こうした研究史に対して、近年では熊谷光子氏が「領主の類型（個性）」を踏まえたうえで、個別領主支配の実態を把握」することの重要性を指摘し、近世中期の畿内旗本知行所で一般化する在地代官の分析を通じて、旗本支配の変質と知行所社会の構造を詳細に検討している。熊谷氏の指摘は、旗本知行所の構造解明だけでなく、地域社会研究における領主支配の捉え方としても重要な意味をもつ。特に、在地代官を輩出する「家」や、それをとりまく「村」のあり方を解明したことは、知行所の最も根底にある村落社会の構造に密着した実態把握として示唆的である。こうした点をふまえると、領主の固有性や歴史的条件を踏まえつつ、地域社会の展開に即した研究を進めるべきであろう[(4)]。

畿内譜代大名に即してみると、九〇年代以降は、幕府支配を軍事的に支える役割が注目されるようになっている。例えば岩城卓二氏は、大坂城を守衛する城代・定番・加番・大番の在番形態や、岸和田藩・尼崎藩の軍事的役割を明らかにしている。[5] また横田冬彦氏は、「統合された領主権力」としての公儀権力に注目し、朝尾氏が指摘した「八人衆体制」と上方の大・中規模譜代大名とのネットワークや、大坂城代の在坂体制を検討するなかで、一八世紀半ばまでの城代はいわば「大坂城代藩」として在坂し、畿内で所領加増を受けたことなど、畿内地域社会との関係をみるうえでも重要な事実を指摘した。[6] ただし、両氏の目的・関心は地域社会のあり様というより、あくまでも畿内・近国の支配構造に向けられている。例えば岩城氏は、支配構造と地域社会の動向とを連関させることの重要性を指摘しつつも、研究史上の課題としては、畿内・近国の支配構造を解くことが畿内の地域的性格を明確にすると述べ、[7] また横田氏も「問題を在地支配のレベルではなく、領主の政治的編成のレベルで考える。そのことが「非領国」論を、地域類型論や国政論ではなく、幕藩政治史へ結び付けていく具体的媒介になる」[8] と指摘しているように、支配構造や政治史的視点を重視した畿内譜代大名論を展開しており、村々との関係や、地域社会の変容・展開といった局面は十分に組み込まれていない。

このように近年の畿内譜代藩研究は、幕府―譜代藩関係としての政治史・支配構造論に傾き、在地社会の構造解明が停滞するなかで、抽象的な「村」「地域」の概念や「地域社会」の用語が独り歩きしている。とりわけ、村社会の側から藩の実態を照射し、その構造的特質を明らかにする研究は蓄積されていない。城代・定番屋敷の性格や、在坂・在京譜代大名の多くが役職就任に伴って畿内に所領を与えられた点を踏まえると、畿内での領主としての実態は、近世における地域社会の展開を考える上で重要な論点である。さらに、地域社会の基底にある村社会の動向が、新たな領主たちの支配のあり方を規定し、拘束した側面もあるだろう。それらを統一的に理解するためには、村々の動向を意識的に組み込んで分析することが不可欠である。

2　陣屋元村の存在形態

周知のとおり所領支配が錯綜する畿内・近国地域には、一～三万石程度の小藩領や旗本知行所なども多く、領主の本拠としての陣屋や、飛び地領支配のための出張陣屋・地方役所などが置かれていた。各地の陣屋元村に関する研究は、これまで主に歴史地理学や近世城郭史、考古学などの分野で進められ、畿内では摂津国麻田陣屋、河内国狭山陣屋、大和国芝村陣屋などについて、空間構成や家臣団屋敷の展開などが明らかにされている。[9] しかしそれらの多くは景観や施設配置の考察にとどまり、家臣団の実態や陣屋元村の村落構造、藩領社会との関係については未解明な点が多い。また、歴史地理学や城郭史で使用される歴史資料は、小規模領主ゆえにまとまった藩政史料を欠くこともあってか、近世の絵図類や発掘遺構に限定される傾向があった。

畿内以外の列島各地に目を向けると、幕領の代官陣屋については比較的研究が進み、各地の代官陣屋・出張陣屋の規模や機構などが明らかにされつつある。そこでは、代官陣屋の人員構成や改廃状況などが網羅的に検討されるとともに、[10] 例えば山崎圭氏が検討対象とした信州幕領地域では、代官所の脆弱な支配体制を支える機構として近世中期には陣屋元村の郷宿や陣屋元村名主が重要な役割を果たしたことなども明らかにされている。[11] また、倉敷の幕領代官所についても、山本太郎氏により陣屋元倉敷村の研究が進められ、周辺の豪農商に依拠した幕領支配の様相などが解明されてきた。[12] 近世中期以降の幕領支配は、多くの地域において、陣屋周辺に居住する商人や村役人に支えられて展開していたのである。[13]

こうした指摘はいずれも重要だが、今後は支配を補完する存在や仕組みの実証だけでなく、陣屋元村の村落構造や藩領社会との関係についても分析を深めるべきだと考える。その際、注目すべき点は、武士身分が居住することによって生じる在地社会の質的変化である。この点について、陣屋元村を近世城下町の一類型として把握した吉田伸之氏の城下町論を参照しておこう。

吉田氏は、非農耕的労働に従事する者が共同体・共同組織をともなって集住・定在する社会空間を都市と捉え、前近代日本の多様な都市を社会構造から段階的・類型的に把握する際の座標軸として、①社会的分業の進展による発展段階的な類型と、②政治的・宗教的な権力が多様な都市性を編成する際の類型差とを指摘する。そして、①の社会的分業については、a用具所有を基礎とする手工業者、b貨幣・動産所有を核とする商人、c労働力所有に基づき用益給付労働に従事する労働者、の三要素に注目している。また、②については、都城や権門都市といった諸類型を挙げつつ、特に中世在地社会の「武士の家」に淵源をもつ城下町を「前近代の日本が生みだした固有の、かつ代表的な都市類型」とし、近世城下町の発展段階を都市内の分節構造の展開に即して原・城下町→真正城下町→複合城下町→巨大城下町（三都）の四区分に類型化している[14]。そして「近世にも不断に生み出された原・城下町（プロト城下町）」として、小規模大名や交代寄合クラスの旗本などにみられる「陣屋元村」をあげ、その「都市性」として、①支配拠点（陣屋）の所在、②町場空間と農間渡世としての諸営業の展開、③寺院の集中などを挙げ、真正城下町との差異として、④近隣村と同規模の「村」であること、⑤外在化した水陸交通拠点、⑥町屋景観の不在（街村としての「街区」）といった「村」としての特質を摘出している[15]。

以上の提起を踏まえれば、支配拠点としての政治的性格やそれを支えた諸要素・諸存在の抽出にとどまらず、陣屋元村の社会構造を藩領社会との関係も含めて全体として明らかにすることが重要であるといえよう。そうした分析のなかで、陣屋建設に伴う小藩領内での社会的分業の展開や、藩領内での人・モノの動きなどを具体的に窺うことが可能になると考えられる。

3　家臣団のあり方と藩領社会

陣屋と地域社会との関係をみるうえでは、以上のような近世都市社会史の視点に加えて、近年の身分論についても意識しておきたい。小藩とはいえ、陣屋詰の家臣団には家老以下の武士身分とともに多数の非武士身分が含まれていた。森下徹氏は、近世の藩家臣団を、藩主との主従関係にもとづいて形成された、武士の「家」を中核とする社会集団と捉え、百姓身分や町人身分の生活共同体である「村」「町」との相違を見出している[16]。そして、そのような家臣団の末端部分には、領内の百姓身分が「一時的にとる地位・状態」として抱えられた足軽や中間などの武家奉公人層が膨大に抱えられ、用役給付労働に従事していた。陣屋の全体構造を捉えるには、家臣団の成り立ちや特質に加えて、奉公人など非武士身分の存在形態についても具体的に明らかにすべきである。

森下氏によると、家臣団の末端に抱えられた藩の奉公人は、国元や江戸の大名屋敷で生ずる様々な役向きにおいて、武士身分が果たすべき役を補完する存在として抱えられていた。この点について、江戸の都市下層社会を検討した吉田伸之氏は、そうした武家奉公人の本源的供給源を各大名領内の百姓としつつも、既に一七世紀より国元と江戸藩邸を循環するはずの奉公人が江戸藩邸で欠落を繰り返し、渡り奉公人や日用として都市下層社会に滞留するようになったと指摘している[17]。そしてその滞留を可能にする構造として、江戸・大坂などの巨大都市で奉公人層を「日用」層としてプールし、大名屋敷等への斡旋を渡世とした口入・人宿業の成立が明らかにされてきたのである[18]。

また、国元や農村から家臣団への供給構造については、森下徹氏[19]や松本良太氏[20]による武家奉公人の調達と雇用労働に関する研究が重要である。森下氏は所領における労働力移動の実態や、斡旋業者「宿」の実態、「日用」層が有するネットワーク（縁）などに規定されて展開する武家奉公の実態を、瀬戸内の都市構造や城下町周辺の都市化といった地域社会での労働市場の成立を踏まえて、具体的に明らかにしている。一方、松本氏は、信州や上総など特定地域で活動した「抱元」と呼ばれる武家奉公人斡旋業者の存在形態とネットワークをみるなかで、江戸近国の在方地域社会における百姓と日用稼ぎとの関係を詳細に解明している。

これまで陣屋元村や畿内譜代藩の研究では、こうした武家奉公人や日用人足など労働力の問題についてはほぼ未解明といってよい。本書ではこの点を特に意識し、奉公人とそれを輩出する「村」との関係を、村側の史料を用いることで具体的に検討してみたい。まとまった藩政史料を欠く小藩においては、そうした把握の中でこそ、陣屋の下層部分やそれを供給した藩領社会との関係を具体的に捉えることができると考える。

二　藩領社会の構造と村社会の把握

1　藩領社会研究の位相

陣屋と地域社会との関係を明らかにするためには、陣屋を取り巻く藩領社会の構造にも目をむけ、地域社会の側から領主や領主支配を捉える方法が必要である。本書では、所領内の村落構造を意識しつつ分析を進めたい。ここではその際の視角と方法、分析対象などについて、近年の地域社会論の成果を整理し、論点や課題を明らかにしておきたい。

一九七〇年代末以降、久留島浩氏は幕領組合村の研究を進めるなかで、制度史や代官個人の研究に偏重していた従来の幕領研究を批判し、代官支配が在地に貫徹する構造として、組合村―惣代庄屋制の成立・展開に注目した。[21] そして、近世後期の幕領地域社会を、〈村―組合村―郡中〉という下から築かれた重層的で自律的な「地域」として捉え、「郡中惣代」や自主的な組合村・郡中入用勘定のシステムなどを自治的・政治的な力量をもつ「自主的行政機構」として評価した。

久留島氏の指摘を契機に、八〇年代から九〇年代初めにかけて、各地の組合村研究が進められた。畿内・近国地域の研究では、藪田貫氏の摂河「支配国」論を通じて、主に「国訴」の構造分析と結びつきつつ展開したことが特徴である。藪田氏は、国奉行の性格を引き継ぐ大坂町奉行支配下の摂河地域を大坂町奉行所の「支配国」と捉えたうえで、摂河における「国訴」の運動論理に注目し、個別の領主支配関係を越えた「地域性原理」による村落結合（村連合）の形成に注目している。[22] ただし、藪田氏が分析対象としたのは組合村―惣代庄屋制や国・郡レベルの訴願運動に基づく村落結集の枠組みであったため、運動の背景にある地域社会の構造や担い手などは十分に分析されていなかった。

そうであるにも関わらず、一九九〇年代以降、組合村―惣代庄屋制を民主的地域運営として右肩上がりに捉える見方が独り歩きしてゆく。こうした動向に対して、大庄屋や惣代庄屋など「中間支配機構」の研究を通して、幕領の組合村・惣代庄屋制を即自に「地域運営の主体」と評価する見方を批判したのは、志村洋氏や町田哲氏である。一つには、幕領にとどまらず、藩領・三卿領などでも、組合村内の具体的なヘゲモニー構造や運営実態が明らかにされた。さらに、分析方法のうえでも、地域運営論に社会構造分析を組み込むための模索として、①組合村の成立過程の段階的把握、②中間支配機構内部のヘゲモニーの特質、③担い手の実態を踏まえた入用構造や制度の動態的把握、④「地域内」の諸矛盾も含めた組合村運営の解明など、組合村内部にまで分け入った実態が検討されるようになった。

特に大庄屋による地域支配を検討した志村洋氏は、幕領組合村・惣代庄屋論に対して、実態からの制度検証やヘゲモニー構造の析出が欠如していると批判し、主体的な運営機構をもつ「地域」形成を指摘するだけでなく、地域の内部構造に踏み込み、ヘゲモニーのあり方を具体的に解明すべきと指摘している(23)。これらの指摘は藩領社会の構造をみるうえで重要であり、組内に存在する「小地域」の展開や、組内外に生起する社会関係・矛盾などを具体的に解きほぐし、人々の生活諸関係や再生産構造の位相から評価することが課題となろう。

本書が扱う和泉国では、一橋領知や清水領知の惣代庄屋制の実態が解明されている(24)。とりわけ町田哲氏は、制度の展開と担い手の実態（特に「家」の利害と集団性）に注目し、一橋領知惣代庄屋の変遷を段階的に把握するなかで、幕領惣代庄屋とは異なる明瞭な家格意識や身分的特権、集団的な利害が存在することを明らかにした。一橋領知のなかには幕領から一橋領となった村々も含まれており、久留島氏が分析した幕領のあり方についても従来とは異なる評価が示されている。このように九〇年代以降は、具体的な運営秩序のあり方から、組合内のヘゲモニー主体についての解明が深められてきたといえよう。

ただし以上の研究にも課題がないわけではない。たしかに組合村や惣代庄屋制の実態に関する分析は深められてきたものの、分析対象や位相はいずれも「惣代」の担い手や庄屋間秩序に限定されており、藩領の社会構造分析はなお不十分である。在地社会から領主支配の実態を明らかにするためには、大庄屋や村役人相互の「担い手」のレベルだけでなく、藩領内に生起する人・モノの具体的な動き方、それをめぐる「小地域」間の利害関係や村側の対応なども併せて解明する必要がある。

2 村落社会史研究の成果と課題

地域社会論におけるもう一つの重要な展開は、近世在地社会の基底にある「村」や人々の生活の場を取り上げてきた村落社会史研究にある。ここでは、特に畿内の村落史研究に対照を限定しつつ、その進展と課題を整理しておきたい。

朝尾直弘氏は先掲『近世封建社会の基礎構造』[25]において、一九五〇年代の太閤検地論争をふまえつつ近世封建社会の「構造分析の起点」を「小農民経営」の存在形態に据え、その主要な生産基盤である水田耕地の生産条件を復元することによって、小農自立過程や村切の影響を明らかにした。朝尾氏の研究は、小農民（小経営）を「構造分析の起点」とした点や、現在の村落社会史研究にもつながる地域の個体性把握という点でも、先駆的な研究として位置づけられる。この段階ではまだ社会集団としての「村」への注目は見られないものの、一九八〇年代になると、朝尾氏は近世社会を「封建制社会」から「身分制社会」として捉え直し、「村」や都市の「町」を基礎的な身分集団としてその基底に位置づけた[26]。

八〇年代には水本邦彦氏が「村惣中」論を展開し、従来の幕藩制構造論や幕藩制国家論に対して、公儀と百姓を媒介する自律的団体としての「村」や村役人のあり方に注目した[27]。水本氏は、「村」と「郷村」の歴史的性格を、近世初頭における権力支配の橋頭堡である「庄屋」と惣村的秩序をもつ「百姓」の相克をへて、一七世紀後半には比較的平等な「村」運営が成立し、その相互関係による「郷村社会」が展開していくと見通している[28]。公儀と百姓を媒介する集団としての「村」への注目は重要であるものの、水本氏が見出した一七世紀の村落像は、あちこちの「村方騒動」の構図を取り出して概念化したもので、一七世紀の村と幕藩領主との関係や、一八世紀以降の「郷村社会」への展開およびその内実については、村落や地域の構造分析に立ち戻って検証する必要があるといえよう[29]。この点は、概念化された「村」を前提とし、村落構造の具体的解明を行わない組合村論の限界性にも通じる点である。

また渡辺尚志氏は、近世における村落共同体の特質やその実態を検討し、近世の村を「生産活動を行う上で不可避的に取り結ぶ社会関係」によって形成された社会集団（「村落共同体」）と位置づけ、山野以外の耕地全般に対しても、百姓の「家」の成立を基盤として、村落共同体〈村や小集落〉による割地慣行や土地保全機能が存在した事実（土地の「間接的共同所持」）など、近世村落の共同体的性格を在地社会の諸慣行に即して具体的に捉え、概念化している。[30] こうした指摘は、どちらかといえば農民闘争や階層分析に比重を置いてきた農村研究に対して、村がもつ共同性や様々な機能、村内部の社会関係に光を当てた点で重要である。

他方、吉田伸之氏は「社会的権力論ノート」[31] において、村社会を含む〈地域社会構造〉の把握を重視している。そして、久留島氏や水本氏が述べたような均質な村社会・地域社会の成立ではなく、むしろ社会的権力自体が質地地主として「自己転生」を遂げ、小農共同体を構成する小経営との関係を質的に変容させつつ、広域の地域社会を一貫して統合し続けたと見通した。これまでの村落社会論と異なる点は、社会的権力が小経営や「日用」的要素と取り結ぶ関係の総体を「地域」と捉え、その全体構造を把握する方法にある。村社会はもちろんのこと、村を越えて展開する組合村や中間支配機構などのあり様についても、社会的権力が構造化する地域社会の一局面として相対化する視点を示したといえよう。

こうした吉田氏の提起をうけつつ、特定の「村」に内在し、村落秩序の総体を社会構造として把捉することを提起したのが、町田哲氏の「地域社会構造論」である。[32] 町田氏の方法的特徴は、①近世村落の「個体性把握」による地域社会構造の分析と、②座や家などの生活共同体レベルを包摂した村落運営の解明、すなわち「政治社会レベルと地域生活レベルの統一把握」による村落構造分析である。町田氏が掲げる「個体性把握」とは、従来指摘されてきた土地所持・集落・家・村政・様々な生産秩序などの村落の諸機能を個々の村に即して統一的に把握し、村落秩序の固有性を掴み出す方法である。町田氏は、百姓身分の主要な所有対象を大地〈自然〉とみる吉田伸之氏の所有論を踏まえつつ、自然条件や歴史的条件によって規定される村落秩序の多様性に目を向け、[33] 自然・集落・家・村政・宮座などの諸要素が、小経営の再生産に不可欠な共同性とあいまって形作る「村」の全体性に目を向けたのである。このような方法が実践されるなかで、村分析の位相が集落や座・講などにも拡大され、「村政」のレベルでは捉えきれなかった生活世界としての村の構造が明らかにされるようになった。

なお、町田氏の指摘の前提には、塚田孝氏による「政治社会レベルと地域生活レベルを統合した地域構造の把握」、すなわち国家制度的変化が規定する地域運営だけでなく、それとは独自の秩序として併存した生活世界(例えば座・講の営みなど)を複眼的かつ統一的に分析するという視角がある。(34) 町田氏の研究は、塚田氏の提起を近世・近代をまたぐ〈一九世紀〉の村落社会史として具体的に発展させると同時に、従来は庄屋・年寄などの村役人層による村政を中核にみてきた近世村落共同体論を、生活世界の構造把握へと深化させるものであった。

3　藩領社会の構造把握

ここまで述べてきた論点を踏まえると、藩領社会の構造を明らかにするには、さしあたり次の点が課題になると思われる。

第一に、村落の「個体性」把握という方法によって、村落内の諸社関係を「村」の固有性と全体性に集約し、一つの「地域社会構造」として立体的に論じうるようになった点が重要である。それによって、近世の村を在地社会の基底をなす「地域」として位置づけ、そこに暮らす人々の生活世界から地域社会の実態を明らかにする方法が示されたのである。これは村請制村と生活共同体の両側面を併せ持つ地域社会を把握する方法であり、藩領社会においては組合村結合の内部に、各「村」を単位とする生活レベルでの多様な人びととの動きや社会関係があることを意識しなければならない。

第二に、近世社会に多様な村が併存することを踏まえて、藩領などの広域的な地域社会の展開についても、地域差を踏まえた研究が必要である。例えば、郷や郡といった広域的な地域社会の動向・運営にも、村落構造の差異に規定された村落間関係が浮上したのではないだろうか。逆に、村を越えた地域間の問題であるからこそ、そうした村落構造の固有性が浮き彫りとなる局面も想定できよう。対象を中間支配機構レベルにとどめず、藩領社会における「村」のあり方を問う必要がある。

第三に、村落社会史研究にはいまだ十分組み込めていない問題群として、「村」外の諸存在との関係があげられる。これについては、塚田孝氏が提起した近世社会における諸身分の「重層と複合」という把握方法が重要だが(35)、ここでは①幕府や個別領主の支配や、②周辺の都市社会と所領の村々との関係構造について問題にしておきたい。

この点に関して、近年、近世地域社会論への批判として「領主支配（領主制）の問題が組み込めていない」との指摘がなされている(36)。とりわけ二〇〇〇年以降、藩領の内部構造に注目した地域社会研究として、「藩社会論」・「藩地域論」などが提起されるようになった(37)。渡辺尚志氏は「藩地域論」の視点について、藩の所領を「諸身分・諸集団同士の関係の束によって構成」される社会と捉え、多様なテーマ・存在から藩領社会の特質を解明する意義を指摘し、地域社会論に領主権力を組み込むことで、「領主・民衆関係の質と変化を明瞭に検証できる」と述べている。ただし、先述のような地域社会論の課題を意識すれば、「関係の質と変化」の検証には、民衆が生活する「場」それ自体の実態や社会構造の解明が不可欠である。課題となるのは、地域社会構造の分析をくぐらせた、領主権力・支配の「検証」というべきだろう。

陣屋の領主・家臣団からみた藩領村々は村請制村の集合であり、領主支配の位相は個々の村の「政治社会レベル」に対応する。しかし、それぞれの村の実態は、村ごとの生活世界にも規定されて展開しており、領主と村、あるいは藩領村々の間で生起する様々な現象を、領主の目には届かない生活関係も含めて丁寧に検討することが不可欠である。本書では、伯太藩の支配を受けた藩領村々の構造や、陣屋との関わりのなかで暮らす諸存在を具体的に把握し、それらを踏まえて、藩領レベルでの組合村の位相や領主支配の変化といった藩領の構造を重層的に考察したい。

三　対象地域の概要と本書の構成

1　和泉国の所領配置と伯太藩領について

以上のような問題関心のもと、本書では和泉国泉郡に陣屋を置いた伯太藩に即して、陣屋と藩領社会の関係を分析していく。その前提として、近世中期までの和泉国の所領配置について、熊谷光子氏の研究を参照しておきたい[38]。

熊谷氏は、正保および元禄の郷帳などから、一八世紀半ばまでの和泉国の所領構成について、概ね次のような変化を指摘している。まず近世前期、元和期から寛文期にかけては、周知のごとく畿内・西国独自の軍事体制が構築され、そのもとでの民政機構としていわゆる「八人衆体制」が成立してから、それが解消され、幕府出先機関としての大坂城代・定番などの番方機構が確立するまでの期間にあたる[39]。熊谷氏によれば、この時期まで和泉国四郡の所領配置は、北部の泉・大鳥郡の大半が幕領、南部の南・日根郡に譜代岸和田藩（六万石）が配置されるという比較的単純な構成であった。しかし、寛文期に畿内支配の独自性が失われるなかで、北部二郡では摂河両国と同様に大坂城代・定番などの畿内役職大名領化が進み、伯太藩領など多くの私領が形成されていく。さらに、徳川綱吉政権下の貞享・元禄期には、和泉や南河内の村々が側用人・幕閣要人への加増地（飛び地領）となったことで、より多くの私領（譜代大名領）が錯綜するに至ったという。[40]

それでは、こうした和泉や南河内地域での私領の形成は、地域社会・村社会の展開に、どのような変化をもたらしたのだろうか。また、当該地域における村落社会のあり方は、新たな領主たちの支配をどのように規定したのだろうか。本書では、寛文期の大坂定番就任によって和泉に所領を与えられた伯太藩の事例に即して、藩と藩領社会の展開を具体的に検討していく。

伯太藩渡辺家は、一七世紀末以降、和泉国・河内国・近江国に一万三〇〇〇石の領地を有した譜代小藩である。『寛政重修諸家譜』[41]によれば、渡辺家はもともと武蔵国比企郡に三五〇〇石余の知行を与えられた旗本であったが、寛文元（一六六一）年に大坂城の警衛を担う「定番」に任じられ、それと同時に河内・和泉に新恩一万石の加増をうけて、本拠の比企郡野本村に陣屋を置く大名となった。この後、元禄一一（一六九八）年に武蔵国の領地が近江国四郡に移され、陣屋を和泉へ移転（大鳥郡大庭寺村）し、享保一二（一七二七）年には泉郡伯太村へ再移転したと記されている。所領構成や陣屋所在地はこれ以降、幕末まで変化しなかった。

一八世紀以降の伯太藩領は、和泉・河内・近江の四〇ヶ村（表1）で構成され、領内は五つの地方支配単位「郷」（＝組合村）に編成されていた。すなわち、和泉国泉郡の下泉郷七ヶ村、同国大鳥郡上神谷郷一二ヶ村、河内国に散在する河州郷一〇ヶ村（以上を「泉河三郷」という）、近江国の東江州郷、西江州郷である。[42]

これら五郷四〇ヶ村のうち、本書では主に和泉国の上神谷郷と下泉郷を取り上げる。上神谷郷は、大鳥郡上神谷内の一二ヶ村からなる郷だが、藩領内では比較的まとまった領地であるとともに、中世以来の惣的結合を有する点で、生活レベルでも村々の結びつきが比較的密接であった地域である。[43]一方、泉郡の村々からなる下泉郷は、複数の領主支配が分散・錯綜する平野部の村々を中心に、陣屋元の伯太村・黒鳥村・池上村・下条大

表1　伯太藩領の村々(19世紀以降)

国	郡	村　名	高(石)	備　　考	郷
河内国	志紀郡	大井村	930		河州郷
		北木本村	266		
		林村　＊	423		
		国府村	428		
	丹北郡	一津屋村	151	丹南藩と相給	
	古市郡	蔵内村	168	旗本長井領・常陸下館藩と相給	
		古室村　＊	110		
		駒ヶ谷村	420		
		飛鳥村	395		
		大黒村	348		
和泉国	大鳥郡	太平寺村	378		上神谷郷
		大庭寺村	551		
		小代村	316		
		豊田村	760		
		片蔵村	475		
		釜室村	366		
		富蔵村	117		
		逆瀬川村	179		
		鉢峯寺	324		
		畑　村	210		
		田中村	372	田安領と相給	
		三木閉新田村	111		
	泉郡	黒鳥村	364	一橋領・大和小泉藩と相給	下泉郷
		伯太村	503		
		池上村(出作)	114	大和小泉藩と相給	
		池上出作　＊	208	〃	
		(下条)大津村	652	大和小泉藩と相給	
		板原村	435		
		春木川村　＊	99		
近江国	高島郡	大供村	413		西江州郷
		上弘部村	402		
		藺生村	111	大溝藩と相給	
		岸脇村	630	幕領（のち武蔵川越藩）と相給	
		南深清水村	314	（北深清水村は郡山藩領）	
		永田村	267	膳所藩・大溝藩と相給	
	野洲郡	戸田村	197	武蔵川越藩・山上藩・旗本木下領と相給	東江州郷
		虫生村	821		
	蒲生郡	竹　村	156	旗本柘植領・一尾領と相給	
		西宿村	86	旗本野一色領・一尾領と相給	
	栗太郡	蜂屋村	132	旗本矢橋領・河内狭山藩と相給	

「泉河江村々御知行高分帳」（杉浦家文書・箱1-B-18）、『日本歴史地名体系25滋賀県の地名』『同28大阪府の地名』（平凡社）より作成。

村高は伯太藩知行高を示す。＊印は、元禄13年に伯太藩領であった河内国古市郡壷井村・通宝寺村（計513石）が幕領に収公された際、その替地として元禄14年に藩領に組み込まれた村を示す。

津村・板原村・春木川村の六ヶ村から構成されていた。下泉郷の場合、郷内には海岸部・平野部の村から山間の村までが含まれ、この地域独特の相給村落を含むなど、伯太藩からみた村請制村としてのあり様も複雑である。このような実態を具体的に把握しつつ、領主伯太藩、そして伯太陣屋との関係を考察したい。

2　本書の構成

序章の最後に、本書の構成を示しておく。

第Ⅰ部では、領主支配の拠点であった陣屋元村のあり方に焦点を据え、陣屋元村の構造や陣屋奉公人の徴発構造を通じて、陣屋と藩領村々との関係について検討する。

第一章は、伯太藩家臣団の形成過程を、家老筋の家々に残された由緒書などから考察したものである。一七世紀半ばまで旗本であった渡辺家は、寛文期の大坂定番就任を契機に大名となり、はじめて畿内に所領を与えられた。一七世紀の渡辺家の展開と、大坂定番就任という変化が藩の家臣団編成に与えた影響について論じている。第二章は、寛文期以降、畿内に所領をもつようになった伯太藩の地方支配について、陣屋の変遷や実態、触頭・郷惣代の役割と性格なども踏まえつつ時期的な変化を整理したものである。第三章では、一八世紀以降、陣屋が置かれた伯太村の構造を検討している。陣屋元村の成立過程と、陣屋建設以後の都市化に着目しつつ、陣屋の内部構造と陣屋元伯太村の特質を分析した。

第四章と第五章では、陣屋家臣団の最末端に抱えられていた武家奉公人と藩領社会との関係を論じている。まず第四章では、一八世紀前半、伯太藩が大坂定番を勤めていた時期の武家奉公人調達について、主に上神谷郷（和泉国大鳥郡）における推移を明らかにする。第五章では、伯太陣屋建設後の武家奉公人の調達構造を検討し、郷・村・奉公人それぞれの対応をみる。本章では、陣屋奉公人の実態解明を行うと同時に、伯太藩における「郷」の性格や、陣屋元村周辺の社会構造、上神谷郷・下泉郷の地域的特質についても言及している。

第Ⅱ部には、伯太藩領の村落構造に関する個別論文を収録した。その中心となるのは、下泉郷の平野部に位置する池上村と、山間の春木川村である。いずれも和泉地域における領主支配の特質を意識しつつ、下泉郷の位相では把捉できない村落社会の展開について考察している。

第六章で検討する池上村は、伯太藩と大和小泉藩の相給支配を受けたが、伯太藩は池上村のうち「出作」という土地のみの空間を支配し、人別は一切支配していなかった。当該地域における近世村落の成立については、「郷切」による検地が実施され、郷境にそって人別を持たない土地のみの村（「出作」）が数多く成立したことが指摘されている(44)。このような「出作」の成立とともに、中世末の集落がどのように展開し、検地がどう実施されたのか、その後の村落構造をどう規定したのかなどを、池上村に即して明らかにする。

第七章では、平野部とは異なる山間村の再生産構造を、山の用益秩序に即して検討する。近世春木川村において重層的な山用益が展開するあり方をみたうえで、伯太藩領外の都市や周辺村落との関係構造の中に春木川村を位置づけることを試みる。

補論は、第七章で明らかにした春木川村の村落秩序を踏まえて、伯太藩における近世後期の村方取り締まりや領主規制の特質と村々での受容のあり方を検討したものである。本書では近世後期とくに一九世紀に入ってからの伯太藩や藩領社会の様相については十分検討することができなかったが、藩領内で繰り返し作成された「村方取締書」の性格を通じて、その一端を紹介したい。

〔註〕

（1）朝尾直弘『近世封建社会の基礎構造』御茶の水書房、一九六七年、のち『朝尾直弘著作集第一巻　近世封建社会の基礎構造』岩波書店、二〇〇三年。

(2) ただし、この段階での「小農」概念は更池村などの分析を踏まえつつも、現在の村落社会史研究の成果からみれば、階層分析に収斂したものである点は否めない。

(3) 一九六〇年代からの所領配置をめぐる議論については、安岡重明「近畿における封建支配の性格」(『ヒストリア』二二、一九八五年)、同「非領国について」(『同志社商学』一五―二、一九六三年)、いずれものち同『増補版　日本封建経済政策史論』晃洋書房、一九八五年に所収、八木哲浩「大坂周辺の所領配置について」(『日本歴史』二三一、一九六七年)など。それ以後、大坂町奉行所支配に注目した主要な研究としては、藪田貫「『摂河支配国』論―日本近世における地域と構成―」(脇田修編『近世大坂地域の史的分析』御茶の水書房、一九八〇年、のち藪田『近世大坂地域の史的研究』清文堂出版、二〇〇五年所収)、水本邦彦『近世の郷村自治と行政』東京大学出版会、一九九三年、村田路人『近世広域支配の研究』大阪大学出版会、一九九五年などを挙げておく。

(4) 熊谷光子『畿内・近国の旗本知行と在地代官』清文堂出版、二〇一三年。

(5) 岩城卓二「在坂役人と大坂町人社会―大御番頭・大御番衆・加番を中心に―」(大阪教育大学『歴史研究』三九、二〇〇二年、のち同『近世畿内・近国支配の構造』柏書房、二〇〇六年所収)。

(6) 横田冬彦「「非領国」における譜代大名」(尼崎市立地域研究資料館紀要『地域史研究』二九―二、二〇〇〇年)。

(7) 註(5)岩城書。

(8) 註(6)横田論文。

(9) 米田藤博『小藩大名の家臣団と陣屋町―近畿地方―』クレス出版、二〇〇九年。伯太藩については、大越勝秋「泉州伯太陣屋村の研究」(『地理学評論』三五―九、一九六二年)。

(10) 西沢淳男『幕領陣屋と代官支配』岩田書院、一九九八年。

(11) 山崎圭『近世幕領地域社会の研究』校倉書房、二〇〇五年。

(12) 山本太郎『近世幕府領支配と地域社会構造―備中国倉敷代官役所管下幕府領の研究―』清文堂出版、二〇一〇年。

(13) なお、志村洋「近世後期の小藩・交代寄合領の大庄屋―播磨国福本池田氏領を中心に―」(『関西学院史学』四一、二〇一四年)のように、交代寄合の旗本における陣屋と藩領の関係についても検討されつつある。

(14) 吉田伸之「城下町の構造と展開」(佐藤信・吉田伸之編『都市社会史』山川出版社、二〇〇一年。のち「城下町の類型と構造」と改題して、同『伝統都市・江戸』東京大学出版会、二〇一二年所収)。

(15) 吉田伸之「北生実」(高橋康夫・吉田伸之編『日本都市史入門Ⅱ　町』東京大学出版会、一九九〇年)。

(16) 森下徹『武士という身分―城下町萩の大名家臣団―』吉川弘文館、二〇一二年。

(17) 吉田伸之「日本近世都市下層社会の存立構造」(『歴史学研究』増刊五四八、一九八四年。のち同『近世都市社会の身分構造』東京大学出版会、一九九八年所収)。

(18) 吉田伸之「江戸における宿の諸相」(同『身分的周縁と社会＝文化構造』部落問題研究所、二〇〇三年)。塚田孝「宿と口入」(原直史編『身分的周縁と近世社会3　商いがむすぶ人びと』吉川弘文館、二〇〇七年、のち塚田『都市社会史の視点と構想―法・社会・文化―』清文堂出版、二〇一五年所収)。

(19) 森下徹『日本近世雇用労働史の研究』東京大学出版会、一九九五年。同『近世瀬戸内海地域の労働社会』溪水社、二〇〇四年。同『武家奉公人と労働社会』山川出版社、二〇〇七年。同『近世都市の労働社会』吉川弘文館、二〇一四年。

(20) 松本良太『武家奉公人と都市社会』校倉書房、二〇一七年。

(21) 久留島浩『近世幕領の行政と組合村』東京大学出版会、二〇〇二年。

(22) 註(3)藪田書、同『国訴と百姓一揆の研究』校倉書房、一九九二年。なお、藪田氏は泉州には所領を越えた「地域性原理」はなく、「四郡惣代」の実態は一領限りの連合組織であったことなど、国ごとの差異も指摘している。

(23) 志村洋「近世領域支配の確立過程と在地社会」(『歴史学研究』六五九、一九九四年)、同「幕末期松本藩組会所と大庄屋・「惣代庄屋」」(久留島浩・吉田伸之編『近世の社会的権力―権威とヘゲモニー―』山川出版社、一九九六年)、同「近世後期の地域社会と大庄屋制支配」(『歴史学研究』七二九、一九九九年)など。

(24) 町田哲「泉州一橋領知における惣代庄屋について」（『ヒストリア』一七八、二〇〇二年）。山﨑善弘『近世後期の領主支配と地域社会―「百姓成立」と中間層―』清文堂出版、二〇〇七年。なお、泉州一橋領知の組合村入用の構造については、久留島浩「幕末維新期における「地域社会」と「かわた」村―泉州南王子村を中心に―」（『部落問題研究』一一七、一九九二年）がある。

(25) 朝尾直弘『近世封建社会の基礎構造―畿内における幕藩体制―』御茶の水書房、一九六七年所収、のち『朝尾直弘著作集第一巻　近世封建社会の基礎構造』岩波書店、二〇〇三年。

(26) 朝尾直弘「近世の身分制と賤民」（『部落問題研究』六八、一九八一年、のち同『都市と近世社会を考える』朝日新聞社、一九九五年、のち『朝尾直弘著作集第七巻、身分制社会論』岩波書店、二〇〇四年所収）。

(27) 水本邦彦『近世の村社会と国家』東京大学出版会、一九八七年。

(28) 水本邦彦『近世の郷村自治と行政』東京大学出版会、一九九三年。

(29) この点については、すでに町田哲『近世和泉の地域社会構造』山川出版社、二〇〇四年などにおける批判がある。

(30) 渡辺尚志『近世の豪農と村落共同体』東京大学出版会、一九九四年。同『近世村落の特質と展開』校倉書房、一九九八年。同『近世の村落と地域社会』塙書房、二〇〇七年。同『豪農・村落共同体と地域社会―近世から近代へ―』柏書房、二〇〇七年など。

(31) 吉田伸之「社会的権力論ノート」（久留島浩・吉田伸之編『近世の社会と権力―権威とヘゲモニー―』山川出版社、一九九六年、のち吉田『地域史の方法と実践』校倉書房、二〇一五年所収）。

(32) 町田哲『近世和泉の地域社会構造』山川出版社、二〇〇四年。同「地域史研究の新地平」（『部落問題研究』一六六、二〇〇三年）。

(33) 吉田伸之「所有と身分的周縁」（久留島浩ほか編『近世の身分的周縁』六、吉川弘文館、二〇〇〇年）。

(34) 塚田孝「歴史学の方法をめぐる断想―アメリカでの経験にふれて―」（『市大日本史』二、一九九九。のち同『身分論から歴史学を考える』校倉書房、二〇〇〇年所収）。

(35) 塚田孝「社会集団をめぐって」（『歴史学研究』五四八、一九八五年、のち同『近世日本身分制の研究』兵庫部落問題研究所、一九八七年所収)。

(36) 渡辺尚志「藩地域論と地域社会論―松代藩の事例から―」(『歴史評論』六七六、特集「「藩」からみた日本近世」、二〇〇六年、のち同『近世の村落と地域社会』塙書房、二〇〇七年所収)。

(37) 註(36)『歴史評論』六七六の特集「「藩」からみた日本近世」など。

(38) 熊谷光子「一七世紀から一八世紀の和泉の所領配置」(『和泉市史紀要第27集 近世和泉の村と支配』和泉市史編さん委員会、二〇一七年)。

(39) 註(1)朝尾書。

(40) 熊谷氏の整理によると、こうした動向は、和泉一国だけでなく、中河内や南河内にも共通性がみられるという(註(38)熊谷論文)。

(41) 『寛政重修諸家譜』第八巻(巻第四七八)。

(42) 和泉市史紀要第一集『旧泉郡黒鳥村関係古文書調査報告書第二集―現状記録の方法による―』和泉市教育委員会、一九九七年。

(43) 上神谷の村々については、以下のような先行研究の蓄積がある。鷲見等曜「幕藩初期の農民経営―近世本百姓批判―」(『日本歴史』一二七号、一九五七年)、同「徳川初期畿内村落構造の一考察―太閤検地=封建革命説・相対的革新説への実証的疑問―」(『社会経済史学』二三―五・六、一九五八年、「近世初頭の農民家族」として同『前近代日本家族の構造』に所収)。吉田ゆり子「兵農分離と地域社会の変容―和泉国大鳥郡上神谷を中心として―」(同『兵農分離と地域社会』校倉書房、二〇〇〇年)、同「地侍層の『家』と女性―和泉国上神谷小谷家を素材として―」(大口勇次郎編『女の社会史一七―二〇世紀―「家」とジェンダーを考える』山川出版社、二〇〇一年、のち吉田『近世の家と女性』山川出版社、二〇一六年所収)。渡辺尚志編『畿内の村の近世史』清文堂出版、二〇一〇年。

(44) 三田智子「上代村の調査と和泉の近世村落」(『市大日本史』一一、二〇〇八年)。同「泉州泉郡平野部地域における近世村の成立」(同『近世身分社会の村落構造―泉州南王子村を中心に―』部落問題研究所、二〇一八年)。和泉市史編さん委員会編『和泉市の歴史4 信太山地域の歴史と生活』和泉市、二〇一五年。

第Ⅰ部　伯太藩の陣屋と藩領村々

第一章　伯太藩の家中形成と大坂定番
――「家老」家々の来歴から――

はじめに

和泉国伯太藩渡辺家は、享保期以降、泉郡伯太村（現・和泉市伯太町）に陣屋を置いた譜代小藩である。本章では、伯太藩そのものの成立について、特にその中核をなす渡辺家「家中」の形成過程を、それぞれの家臣の来歴から検討してみたい。近世中期以降の伯太藩は、和泉国・河内国・近江国に一万三〇〇〇石の領地をもつ領主であり、藩主渡辺家とその「家中」で構成された武士の「家」集団として存在した(1)。以下では、こうした「家」としての側面に注目し、伯太藩固有の「家中」が、いつ、どのように成立したのかを明らかにする。

分析にあたっては、渡辺家が万石以上の「大名」となる契機として、大坂城での定番役就任に注目したい。近世の大坂城は、西国に対する軍事拠点として幕府直轄の城郭であった。そのため徳川家に代わる「城代」の職が置かれ、概ね五～六万石の譜代大名が、城内追手口に上屋敷、追手口外側から大坂城南西部一帯に下屋敷を与えられて警衛にあたっていた。さらに大坂城には城代の指揮下で警衛を担う大名・旗本が存在した。その一つが定番である。定番には一～二万石程度の譜代小大名二名が命じられ、大坂城代の補佐として京橋口と玉造口の二か所の警衛を受け持ち、城外にも下屋敷を拝領した。また、城内の維持・管理のため、幕府の金奉行・蔵奉行・材木奉行・鉄砲奉行・具足奉行・弓奉行の「大坂六奉行」を統括したとされる。定番には任期がなく、一八世紀中期までは一度就任すると死ぬまで勤役する事例が多かった。[2]また、城代・定番の指揮を受ける一年交代の番衆として、加番と大番があった。加番は一〜二万石の大名が四名体制で勤め、城内の山里・中小屋・青屋口・雁木坂の四か所に小屋を与えられていた。また、大番については、旗本大番組一二組のうち二組が大坂大番として在番し、大御番頭二名に大番組各五〇人が付属した。大番と加番は毎年八月に交代した。[3]

このうち一七世紀の大坂定番大名については、宮本裕次氏や菅良樹氏の研究により、着任時に畿内で一万石の領地を加増されて大名となる事例が一般的で、就任すると終身在番する場合が多かったこと、伯太藩主渡辺吉綱が定番となった寛文元（一六六一）年以降は、藩主妻子の在坂も認められたことなどが明らかにされている。[4]ただし、その時期の定番屋敷の内部構造や人的構成、大名化に伴う「家中」の形成過程については、十分に解明されていない。

こうした研究状況を踏まえて、以下では伯太藩渡辺家の事例に即して、大坂定番就任に伴う、大名としての「家中」の形成過程を明らかにし、近世伯太藩家臣団のあり方を規定した歴史的な条件――譜代藩としての特質、都市大坂や畿内の所領村々との関係、一七世紀の「家中」の実態など――を指摘することとしたい。

一　伯太藩と渡辺家「家中」の構成

1　伯太藩の成立――『寛政重修諸家譜』より

まず、一七世紀における伯太藩の大まかな動向について、『寛政重修諸家譜』[5]の記載を確認しておく。伯太藩の初代藩主となる渡辺吉綱は、渡辺重綱（尾張藩家老渡辺半蔵家）の五男として、駿河国府中に生まれ、元和九（一六二三）年より徳川秀忠に仕えた。寛永元（一六二四）～二年には、兄忠綱の旧知行所である武蔵国比企郡のうちに三〇〇〇石を与えられ、同地の新田を併せて三五〇〇石の旗本となり、江戸城の御書院番、御小姓組番頭、御書院番頭などを勤めている。寛文元（一六六一）年には大坂城の玉造口定番を命じられ、このとき畿内に一万石を加増されて一万三五〇〇石の譜代大名となった。この時点での陣屋建設については、「のち武蔵国比企郡野本に居所を営む」とあるのみで、正確な成立時期はわからない。また加増された一万石の領地は、河内国の志紀・丹北・古市郡、和泉国大鳥郡・泉郡に所在する村々で、伯太藩の地方支配単位としては、後の河州郷、下泉郷、上神谷郷に含まれる村々に相当する。[6]渡辺家は、この加増によって居所の武州野本周辺と畿内の二ヶ所に所領をもつこととなったのである。その後、寛文八年には初代藩主・吉綱の死去により定番を退き、二代方綱の頃には、近江国水口城の守衛などに任じられている。

二代目・方綱は延宝八（一六八〇）年に没し、三代目藩主には尾張藩家臣渡辺長綱家（半蔵家）から末期養子として入った基綱が就任する。基綱の代には、元禄一一（一六九八）年に武蔵国の所領が近江国内に移され、野本村の居所も和泉国大鳥郡大庭寺村に移したとされている。また、元禄一四年には再び大坂定番を命じられ、享保一三（一七二八）年に亡くなるまでの二八年間、大坂城玉造口において定番役を担った。基綱死去の前年享保一二年四月一八日には、大庭寺村から泉郡伯太村（現・和泉市伯太町）に陣屋を移したと記されている。[7]これ以後、伯太藩の陣屋や知行高などは変化せず、幕末に至った。なお、正確には享保期の伯太陣屋建設以後を伯太藩と呼ぶべきだが、煩雑となるので、それ以前の時期についてもすべて伯太藩と表記する。

2　近世後期における伯太藩「家中」の概要

次に、伯太藩「家中」の形成過程を検討する前提として、一八世紀半ば以降の家臣団構成をみておきたい。伯太藩の藩政史料はほとんど残されておらず、現在確認できるのは、家中の家に残された藩政関係文書のみである。そのため、家臣団の全体像がわかる史料も、明和期の陣屋絵図や幕末期以降の分限帳などに限定される。(8) 限られた条件ではあるが、近世後期の家中の人数や階層などを整理し、次章で取り上げる由緒書の家々が家臣団のどの層に位置したのかを確認しておこう。

表1は、宝暦一一（一七六二）年に伯太藩が作成した倹約書「従殿様差上米御頼扣・御倹約書扣」(9) のうち、家中への給米・給銀や屋敷内経費の見積もりを書き上げた「御家中渡幷諸御入用」の内訳である。支出の内容は、支給人数と銀額のみしか記されていないが、この時点の伯太・江戸詰家中・奉公人の規模をおおよそ把握することができる。支給額や奉公人数は倹約の目標値であるとしても、武士身分の「家中」の人数はほぼ実態に近いと考えてよいだろう。これによると、物成・扶持米・給銀に屋敷経費を加えた「御家中渡幷諸御入用」の総計は、伯太分が金一九八七両余、江戸藩邸分が金二三九四両余であり、財政面では江戸藩邸の比重が勝っている。しかし、人員構成をみると、伯太陣屋には「家中」八三人と奉公人七九人、江戸藩邸には「家中」一五五人と奉公人八〇人が詰め、半数以上の家中が国許の伯太陣屋に居住していた。一八世紀半ばと推測される伯太陣屋の絵図では、陣屋の「御屋形」の周囲に四一軒の家中屋敷と数棟からなる「勤番小屋」「小役人長屋」などが確認でき、大半の家中が陣屋内の屋敷地を拝領している。(10) なお、表1が倹約の見積もりである点を踏まえると、家臣団全体での「家中」一四〇人・奉公人一六〇人という規模は、知行高一万三五〇〇石余の伯太藩が自家財政で維持しうる最大人員と解釈できよう。

続いて「家中」の内部序列に注目すると、給米や給銀の渡し方では、「物成」「扶持方」「石給」「給金」「賄席」「徒士」「大流」の七つの階層が確認できる。階層別の人数は、「物成」が三九人で最も分厚く、「給金」が三一人、「大流」「石給」はそれぞれ二〇人ほど、「賄席」「徒士」も各一〇人ほどで、「賄席」は伯太陣屋にのみ計上されている。このうち、「石給」までの部分は石高で記載される給米支給、それ以下は金立ての給金支給に区別されることがわかる。

さらに具体的な家中内の序列関係について、時期が下るが、慶応期の作成と推定される分限帳（表2）をみておきたい[11]。分限帳には、伯太詰・江戸詰の区別はないものの、「家中」一六二人分の知行高（もしくは扶持高）・格付・役職が記載されている。表2によると、「家中」の内部は知行五〇石以上の部分と、それ以下の層に区分できる。このうち五〇石以上が先にみた表1の「物成」に該当すると考えておきたい。そこには、家老・用人・近習・物頭などの職掌が続き、冒頭の長坂から五〇石の林までの二七人は、苗字も全く重ならない。つまり、ここでの石高は家臣個人の知行高を示すだけでなく、上層家中の「家」=「家督」とも対応すると考えられる。ここでは、これら二七家の上層家中を伯太藩の「物成」層の家々として括っておきたい。なお、明和三（一七六六）年一一月朔日付の藩主登綱から家老共・用人共宛ての達では、以後家老の石高は一五〇石、用人の石高は一〇〇石とすることが通達されている[12]。幕末での状況は不詳ながら、概ね一〇〇石以上の家中は家臣団最上層にあたる「家老・用人」層とみることができよう。

一方、表1の「賄席」や「大流」などは、表2の家中下層部分に層として確認できる。「家」との対応は不明ながら、ひとまず「賄席（格）」「大流席」身分として一括しておこう。

また、表2によれば「物成」層から「賄席」までの間には、御近習や目付、大中小姓、独礼といった階層の家中が分厚く確認でき、これらは表1の「石給」「給金」に相当する部分と考えられる。表2でみると、御目

表1　宝暦11年「御家中渡幷諸御入用」

▼江戸御家中渡幷諸御入用

入用高	内容	備考
米209石８斗８升	物成15人	代銀９貫440匁６分
米36石３斗	扶持方６人	代銀１貫633匁５分
米15石４斗４升６合７勺	石給２人	代銀664匁２分８厘
金105　両銀12匁	給金20人	
金８両２歩	徒士２人	
金39両	大流給10人	
金48両３歩　銭13貫文	足軽13人	代銀192匁
金７両２歩	新組３人	
金11両１歩	足軽14人	
金５両１歩	陸尺４人	
金31両(ママ)　銀11匁２分６厘	両辻番給	
金106両１歩	中間46人	
金[17ヵ]両	呉服代	御子様・御両人様
金５両	呉服代	同
金１両	手廻り髪附代	若殿様
金４両	留守居物書１人	
金２両１歩	留守居物書扶持１人	
金２両□歩	合羽代	
金７両	山内小左衛門上下	
金５両	嶋五郎太夫上下	
金２両２歩	浄心坊	
金１両	もん	
金23両	御子様方女中	
金３両２歩	御乳持２人仕着代	
金162両２歩　銀４匁２歩	御時服・献上御出入	

▼伯太御家中渡幷諸御入用

入用高	内容	備考
米240石７斗２升５合	物成24人	代銀10貫805匁６分２厘５毛
米７石８斗９升	扶持方４人	代銀355匁５厘
米107石３斗８升６合	石給16人	代銀４貫617匁５分９厘８毛
金62両	給金11人	
金49両１歩	賄席10人	[重介ヵ]１人
金29両３歩	徒士７人	
金42両	大流11人	(徒士の前に記載)
金42両	足軽16人	
金17両	[郷]足軽５人	
金13両２歩	足軽14人	
金68両	中間44人	内　手廻り・厩８人
銀430匁	薬種料	
米176石	四分一(大蔵渡し)	代銀91貫680匁
米37石６斗１升	扶持方	代銀68匁５分５厘 月３石１斗３升４合
米179石７斗	扶持方賄席迄	代銀９貫883匁５分 月14石９斗７升５合
米21石４斗	大流扶持	代銀１貫890匁
米18石９斗	徒士（扶持）７人	代銀１貫３□匁５分 月１石５斗７升五合
米38石７斗	足軽12人・郷足軽５人・足軽14人	代銀２貫128匁５分
米51石２升８合	所々捨扶持・付人扶持	
銀１貫260匁	中間扶持方	
米20石	勤番知行取(増)５人	70石高の積　代銀900目
米４石	勤番石給増７人	代銀180匁
金３歩	勤番給金増２人	

金30両	御時服滞之内	
金58両１歩　銀14匁	暮[　]	
金10両	御留守居寄合金	
金２両２歩	[　]代	
金３両[　]歩	膳椀代	
金２両１歩	両替切賃	
金１両１歩	御[　]分御手掛り代	
金10両	[　]米代	
金1200両	御雑用	１ヶ月に金100両ずつ
金175両２歩	切金４人分	１ヶ月に金14両余
金65両１歩	勤番扶持代	
金[20]両	上水御用御入用	

江戸入用計　金2394両２歩　銀６匁３分４厘

典拠：国文学研究資料館所蔵小谷家文書2505「従殿様差上米御頼扣・御倹約書扣」

金１歩２朱	勤番賄席増３人	
金４両程	勤番足軽８人	椀方共
金５両	勤番中間20人	御手廻り共
金２両	看板買上代	
金２歩	塩物代	
金１両	合羽代	
銀[　]50匁	暮御入用・地方進物	
金30両	御召物代	殿様
金20両	御召物代	若殿様
米53石２斗４升７合余	地方１ヶ年御扶持方	年始用諸式惣入用高　代銀２貫396匁１分８厘
銀１貫333匁５分		
米56石	京都・大津銀主被下米扶持方	代銀　２貫496匁
銀200目	殿様・若殿様・御新造様御多葉粉代	
銀１[　]０匁	殿様・若殿様音物被下、地方音物共	
金130両	尾州御返金	卯年分
金50両	菱屋返金	
金250両	臨時	
銀900目	破損方入用	
金20両	看板物代	
銀131匁３分４厘	看板物代	
銀177匁６分	看板物代	
銀３貫399匁８分	伯太御台所惣入用	
金175両２歩	御借入三千両之利	
銀12匁５歩	[　]山徳兵衛へ被下木綿代	

伯太入用計　金1987両　銀４匁７分３厘１毛

表2　伯太藩分限帳(慶応期)

知行・扶持	格・席(役職)	名　前
150石	御家老	長坂九郎右衛門
	御中老(御政事掛)	佐竹勇三郎
130石	御物頭格(大目付御元〆・御破損兼帯)	白鳥清太夫
	御物頭格(大目付御元〆・御破損兼帯)	杉浦久太夫
120石	御家老代	武元二兵衛
110石	御近習格(御広間詰)	山田儀平太
100石	御中老(御政事掛)	中村繁右衛門
	御用役上座(御郡代兼帯)	下村察右衛門
	御用人	小林極馬
	御物頭格(大目付御元〆・御破損兼帯)	加藤直記
	御近習(御納戸助役・御馬役助)	向山雄助
	御近習格(御広間詰)	岩附弥十郎
90石	御近習	今井郡平
80石	御物頭格(大目付御元〆・御破損兼帯)	赤井央
	大目付格(御元〆助役・大目付破損兼)	天野佐右衛門
70石	御近習格(御広間詰)	竹内祐之進
60石	御物頭格(御物頭勤)	須賀竹右衛門
	御物頭格(大目付御元〆・御破損兼帯)	西川左十郎
	御給人格(御給人勤)	森理左衛門
50石	御物頭	鈴木左盛
	御物頭格(大目付御元〆・御破損兼帯)	野々村倫右衛門
	御物頭格(大目付御元〆・御破損兼帯)	太田六角
	御納戸格(御納戸助役)	宮崎平内
	御納戸格(大目付御元〆助役・御留守居添役)	山内権五郎
	御近習(御納戸助役)	麻生隼人
	御近習格(御広間詰)	林　蒐毛
13人扶持	大目付本席御医師	岩名昌山
10人扶持	御医師本席	西永隆元
	御医師本席	中山専敬
	御医師本席	太田淳庵
7人扶持	御近習格末席	山田謙良
10石3人扶持	御納戸	竹内重兵衛
	御近習格(御中目付)	稲葉静太郎
	大小姓格(表勤)	長坂要人
金9両3人扶持	御近習席(奥様御附・御納戸助役)	杉田彦兵衛
	御近習格(御金奉行・御元〆御破損兼)	水野利助
	御近習格(御銀札方)	武元良助
	御近習格(御銀札方)	田中力右衛門
金8両3人扶持	御近習役	黒崎甚之丞
	御中目付	大高鷹之助
	御中目付格(御納戸助役)	安藤幾右衛門
	御中目付格(御近習助役・御馬役)	菅武秀太郎
	御中目付格(大中小姓勤)	井田与市

	大小姓格(御金奉行・御元〆御破損方兼)	深尾善太夫
	大小姓格(御近習御雇・御祐筆)	小林助治
金7両4人扶持(御家老嫡子御給人格)	御給人格(御近習)	武元権八
金7両2分3人扶持	大小姓順席(御中小姓)	小玉官治
金7両3人扶持(知行10人扶持嫡子)	御近習役	中村斎宮
	御近習役	下村彦六
	御近習順席(御供頭)	赤井多門
	御近習役	佐竹鍾ヵ太郎
	御近習格(表勤)	鈴木衛盛
	御中目付格　御医師	中山専碩
	御中目付格(御供頭助)	麻生　環
	大小姓順席　御医師見習	岩名有文
	大小姓(御近習御雇)	杉浦小次郎
	大小姓	天野左司馬
	大小姓格(御医師見習)	西永隆甫
金7両3人扶持	御中目付格(御中目付助役)	中里友輔
	御中目付格(御中小姓)	野村喜三太
	大小姓	岡安弥次郎
	大小姓(御近習御雇)	岩附三吉
	大小姓順席(御近習雇)	椛原平三
	大小姓末席	三吉伝四郎
	大小姓末席	小山三平
	大小姓末席(御代官助役・御祐筆助)	山中久米治
	御中小姓	西川繁三郎
金6両2分3人扶持	御中小姓	松井今右衛門
	御中小姓末席(御銀札方助・御祐筆)	河原田廣吾
	御中小姓末席(御金奉行助・御祐筆)	中川隆之助
金6両3人扶持	御中目付(御近習御雇御供頭・御納戸助役)	佐竹大助
	御中小姓	高橋鏘市
	御中小姓	杉田小一
	御中小姓(御近習雇)	中川喜久馬
	御中小姓格(御近習雇)	山中善太
	御中小姓格末席	鴨田平左衛門
	御中小姓格末席(御代官助)	石井新之助
金6両1分2人扶持	独礼末席(御賄役幷御春屋・次書役兼)	片山藤内
金6両2人扶持	御中小姓	竹内真平
	御中小姓格(御近習御雇)	井伊弥五郎
	御中小姓格(御近習御雇)	水野恒吉
	御中小姓格(御近習御雇)	田中田中(ママ)
	独礼末席(御代官助役)	西野東作
	独礼末席(御破損下役・中間頭)	吉田惣右衛門
	独礼末席(表勤)	片山兵右衛門
金5両2分3人扶持	大小姓格(表勤・御祐筆)	藤田市郎
金5両1分2人扶持	御賄上座(御金奉行助)	浅井三治
	御中小姓格末(表勤)	小山鉄太

金5両2人扶持	御中小姓格末(表勤)	藤田孝太
	御賄上座(御台所詰・御門上番)	桐生為右衛門
	御賄上座(御医師)	和田恭庵
	御賄上座(御徒士目付助・御門上番)	丸谷柳助
	御賄上座(御破損下役・御中間頭)	小関弥兵衛
	御賄上座(御賄御徒目付・御春屋助)	和田波五郎
	御賄格(御祐筆助役)	小林政之進
金5両1人半扶持	御賄上座(御賄・御徒士目付)	安藤治左衛門
	御賄上座(御徒士目付助役・組小頭助)	岸田伴吾
金4両3分2人扶持	御賄役	今井要右衛門
	御賄席(御破損下役・御中間頭)	石塚市兵衛
	御賄席(御下屋敷守)	小野惣助
金4両2分1人扶持	御徒士格(下目付・組小頭助)	湯本吉兵衛
	御徒士格(御賄助役・小頭助)	岡本久治
金4両1分1人半扶持	大流末席(御仕立方)	須藤長次郎
金4両2人扶持	御賄格(御賄助役)	小山郡八
	御賄格(御賄助役)	浅井多助
	御賄格(御賄助役)	鴨田順助
	——	木寺重内
	大流順席(下目付・御料理方)	河合唯七
	大流順席(大工)	須山与兵衛
金4両1人半扶持	御賄役(次書役・御椀方・御春屋助)	吉田吉三郎
	御賄末席(御徒士見役)	岩附藤吾
	大流上座(下目付)	冨原為助
	大流上座(大坊主)	足立才治
	大流順席(下目付・御料理方)	清水平八
	大流末席(下目付)	島田伝治
	大流末席(下目付)	山村金右衛門
	大流末席(下目付)	番場亀吉
	大流末席	篠原儀八
金3両3分2人扶持	大流順席(郷掛)	山口又八
	大流末席(大工)	山本安治
	大流末席(大工)	坂尾次郎平
金3両3分1人半扶持	御徒士格	山中専吉
	大流順席(組小頭)	沢田岩三郎
	大流順席(下目付)	浅井幸治
	大流席(下目付)	小山伝次郎
	大流末席(御台所御門番)	増山治兵衛
	大流末席(御椀方助・大坊主)	坂田一平
	大流末席(大坊主)	沢田新治
	大流末席(東御殿御錠番)	守田長助
	大流末席(郷掛)	木村善兵衛
	大流末席(郷掛)	藤本儀助
	大流末席(下目付)	青木辰之助
	大流末席(下目付)	吉田周吉
	大流末席(下目付)	山中三郎

金３両３分１人半扶持	御譜代(郷掛)	中村仙助
	御譜代(新組)	藤井磯治
	御譜代(新組)	勝原田長八
	御譜代(新組)	杉山友七
	御譜代(新組)	山中清吉
	御譜代(新組)	貫野辰治
	御譜代(新組)	木村為吉
	御譜代(新組)	谷古清右衛門
	御譜代(新組)(御作事詰)	矢倉平七
	御譜代(新組)(御作事詰)	繁　　吉
金３両３分１人扶持	大流席(下目付)	和田元之進
	大流席(下目付)	安藤金次郎
金３両２分１人扶持(御家老付人)	御足軽御付人(長坂九郎右衛門)	１人
	御足軽御付人(武元二兵衛)	１人
金２両１人扶持(御用人御付人)	御中間御付人(下村察右衛門)	１人
銀２枚２人扶持(御医師嫡子勤学料)	——	太田真治
25人扶持	——	竹田尚水
10人扶持	——	忠 綱 寺
６人扶持	《幼年中》	小瀬真吉
５人半扶持	《幼年中》	三浦増吉
５人扶持	御殿様御召仕	——
４人扶持	《幼年中》	杉浦鉡之進
	《幼年中》	竹内林吉
	《幼年中》	三上勇治
３人扶持	——	鈴木左盛
	——	竜 雲 寺
	——	小林菁我
２人扶持	——	南 宗 庵

※網掛けの人物は、第２節で取り上げる家々の当主を示す。
典拠：片山浩氏所蔵史料・箱１―１。

付以下独礼末席までの家中には「家老・用人」層と同じ苗字をもつ者もあり、おそらく家老などの若年子弟も含まれる。嘉永三（一八五〇）年の家臣団名簿「萬宝御家中性《姓》名順列」(13)や、安政期に改定された家中の衣服規定(14)をみると、家老から独礼末席までは「士分」とされ、賄席・大流席などを「士分以下」と規定するものがある。すなわち、独礼末席までが概ね「士分」であり、そこには、①高五〇石以上の物成給を受け取り、順次家老や用人、物頭などの要職を勤めていく上級家臣二七家とその子弟たち、②物成ではなく扶持や石給を受け取り、納戸格・近習格などまでの職掌を勤めていく諸役人の家々、という二つの階層が含まれていたと考えておきたい。

以上をまとめると、この時期の伯太藩「家中」には、①物成高五〇石以上で、家老や用人などの要職を占める上級家中の家筋約二七家、②大目付以下独礼末席までに位置し、藩庁の諸役所で御金奉行や銀札方、祐筆、代官などの実務的職掌を担う家筋、③賄席・大流席などの「士分以下」という三つの階層があったとみられる。このうち③の「士分以下」が担う職掌は、主に足軽組小頭や中間頭といった奉公人統括や、陣屋の警衛・門番、厩・台所方などであった。そして、以上の「家中」のほかに、藩庁には少なくとも一六〇人以上の武家奉公人が存在し、③の統括下で労働に従事したと考えられる。この武家奉公人は、領内村々から「出人」として徴発された百姓が勤めており、「家中」の分限帳では把握されない存在であった。

さて、こうした伯太藩家臣団のなかで、次節で取り上げる由緒書の家々（杉浦家・向山家・小瀬家・白鳥家・今井家など）は、いずれもほぼ①の「物成」の上位に名を連ねる家老・用人層である。由緒書にもほぼ代々にわたって「家老」の肩書が記されており、近世後期には総じて伯太藩「家中」最上層の家々であった。

二　由緒書からみる「家老」家々の来歴

では、このような伯太藩の「家中」は、いつどのように創出されたのだろうか。次に、家老・用人層に含まれる杉浦家・向山家・小瀬家・白鳥家の由緒書を取り上げ、渡辺家による召し抱えの経緯について詳しくみていこう。[15]

1　杉浦久右衛門家の由緒

杉浦家の当主は代々久右衛門を名乗る場合が多く、伯太藩では家老や郡代などを勤めた有力家中である。[16] 杉浦家には、文化四（一八〇七）年頃に整理された家譜や系図などが残されている。これらは、遠戚にあたる尾張藩徳川家家臣の杉浦五郎左衛門が、杉浦久右衛門家に宛てて杉浦家の先祖について問い合わせた書状や、五郎左衛門家の系図の写しなどとともに伝来したもので、尾張杉浦家への返答のために収集・整理されたものと思われる。

このうち、表紙に「系統記」[17]と記された杉浦久右衛門家の系図によると、杉浦家は元々「犬塚」の姓を名乗って徳川家康に仕えたとされ、「三州一揆合戦」（三河一向一揆）の後に杉浦と改姓し、この頃に久右衛門家・五郎左衛門家など、五つの家筋に枝分かれしている。久右衛門家の初代・久右衛門祐玄は、尾張藩の付家老となる渡辺守綱・重綱親子に仕えたあと、重綱の五男で後に伯太藩主となる旗本・渡辺吉綱の家老を勤め、万治元（一六五八）年に六六才で亡くなったと記されている。祐玄の記載部分に付された文化四年の貼り紙によると、祐玄は文禄元（一五九二）年生まれで、「両度共大坂御陣、重綱公御供ニ随準」ともあり、近世初期の初代より一貫して渡辺家の家中であるとされている。

なお、祐玄の妻については「祐玄室、武州野本浪人女、法名釈妙庵大姉」と記載され、この時期の渡辺家の知行所である比企郡野本村住の浪人との間に縁戚関係があった点は注目される[18]。そして祐玄の子・久右衛門重則は、三代基綱の時代に渡辺家の家老となり、物成一七〇石を拝領している。

以上をまとめると、杉浦家の場合は、初代久右衛門祐玄の頃より尾張藩家老となる渡辺守綱・重綱家の家臣であった。そして、重綱から分家した五男吉綱家（伯太藩初代）の家老となって、そのまま伯太藩家中に定着したという由緒をもつことがわかる。

2　向山儀右衛門・九十九兄弟の「先祖書」

次に取り上げる向山家も、杉浦家と同様に代々家老職を担った有力家中である。向山家には、一八世紀半ばに作成されたと思われる由緒書が何点か残されている。ここではまず、宝暦一〇（一七六〇）年一二月に、向山家三代目・九十九勝秀が藩主登綱へ差し出した由緒書の下書きを取り上げたい[19]。

〔史料1〕（括弧内は筆者が補う）

（端裏）「向山家先祖書」

宝暦十年辰十二月　登綱公江此書認差上候下書也

右者勝秀長命ヲ祝ソ是を申上

此節、泉州・河州御領地御拝領百年ニ及ニ付、御祝之事有之ニ付、百八十ノ年数、三代目勝秀堅固ニ而相勤候段申上ニ付、左之通及披露者也

一、寛文元年之冬、大坂ニおひて私父利右衛門儀、丹後守様江被召出候、尤大坂御城番（定）被為蒙仰候者八月也、利右衛門被召出候月日者覚不申、十月・十一月之内ニ而可有御座与奉存候

一、元祖向山出雲儀者、私曽祖父也、永禄（ママ）年中桔梗原合戦ニ深手負、働難相成、勿論勝頼公御討死時節老衰仕、弥身体不任心ニ、祖父儀者幼少御座候故、天目山之供不仕、信州高遠ニ引籠罷在候、然所松平肥後守正之公高遠御拝領被成候之節被召出候、私父利右衛門儀末子ニ而其節幼少、後保科弾正忠正景公江被召出候処、弾正様於大坂御死去被成、御暇ヲ取、大坂ニ罷有候処、為御代丹後守様被蒙仰、大坂江御登被遊候節、十五人扶持ニ而御給人ニ被召出、手跡能候間言上御請等御頼ニ而相認候由、道閑様（二代藩主方綱）御代ニ大目付被仰付、其後奥御家老相成、御用人兼帯ニ而相勤、利右衛門儀基綱様御代私二歳之時相果申候、先儀右衛門九歳之節十人扶持被下置候、右之訳ヲ以、御前御存被遊候通、基綱様命ニ依候而、先儀右衛門儀、御中小姓ゟ直ニ奥家老被仰付、御加恩被成下、新知六十六石御拝領仕、御用人格ニ而相勤、其後登綱様御代罷成、弐十石幷加扶持三人扶持御加恩拝領仕、御用人兼帯御留守居相勤候事

一、勝頼公江信玄公ゟ被附候面々

公儀江被召出之由　秋山伯耆守
向山出雲
小原下総
同　丹後
公儀江被召出之由　竹内与五左衛門
同断　小田切孫右衛門
同断　安部五郎左衛門

甲陽先書ニ茂右之趣者御座候之由、但私所持之書付ニ名有之候也
一、勝頼公天目山討死者天正十年壬午三月十一日、凡今年迄百八十年及候由、年数百八十年之内、亡父利右衛門ゟ私ニ而百三十年也、跡五十年祖父、且又利右衛門行年五十六歳卒ス、私七十四歳都合百三十年也、祖父ゟ勝秀迄三代也、出雲ゟハ四代、祖父ゟハ三代
一、先儀右衛門儀、右之由緒仍而御前被遊御存候通、肥後守正容公へ御目見奉願被成御逢、高遠御譜代之旨御意有之、御懇之蒙御意御出入仕候、儀右衛門不幸之節茂、御香典迄被下置候事

本国甲州　　向山九十九　印

七十四歳

但、向山ハ上曽根ト下曽根ノ間也

宝暦十年辰十二月

登綱公江右之趣御覧ニ入書付者、御前江御留被遊候事
向山出雲先祖ニ紛無之段者、保科左中将正之公三代目、左中将正容公乍恐御証人与奉存候、右儀右衛門御目見願候刻、御吟味有之、高遠御普代之筋与被成下御意、御懇意御出入被仰付、御懇意之趣、委細登綱公被遊御存候間、乍恐由緒茂慥か相成冥加相叶候事、勝秀長寿ニ依而、向山出雲先祖之儀正趣、登綱公江茂此書付差上、尤難有御意被下成候事
右之段末々之面々書面者勿論、他言他見慎可被申者也

奥書ハ勝秀以自筆書置者也

この由緒書は、伯太藩の泉州・河州領分拝領から百年目にあたる宝暦一〇年に、向山九十九勝秀が自家の勤

功をまとめたものである。由緒書の差し出し部分によると、向山九十九の本国は「甲州」とあり、本貫地は甲府盆地南東部の「上曽根」と「下曽根」の間に位置する「向山」とされている。一条目によると、向山家と伯太藩との関係は、九十九の父利右衛門が、寛文元（一六六一）年の冬に大坂で、その年大坂定番を命じられた渡辺丹後守吉綱に召し出された時に始まる。ここで注目すべきは、伯太藩の「家中」となる契機が、前項でみた杉浦家の召し抱えよりもかなり遅れ、渡辺家の定番就任とされている点である。

この点について、二条目前半には、一七世紀中期までの向山家と譜代大名・保科家との関係が記されている。まず、九十九の曽祖父・出雲は、武田信玄によって勝頼に付けられた家臣の一人であった。しかし「桔梗原合戦」の際に負傷し、その息子（九十九の祖父）もまだ幼少であったため、勝頼が討死した天目山の戦いには参加せず高遠に引き籠もっていたところ、戦後、高遠の地を拝領した松平（保科）肥後守家に召し抱えられたとされている。

この部分には、歴史的事実とは異なる内容も目につく。武田家時代の記述はともかくとして、高遠を拝領し、九十九の祖父を召し抱えた保科家の当主は「保科正之」ではなく、少なくともその養父「正光」以前の人物に遡る。さらに、九十九の父利右衛門が保科弾正忠「正景」へ召し抱えられ、弾正忠が大坂で死去した際に暇を願い、大坂にいたところ、渡辺丹後守吉綱へ召し抱えられたとの記述にも誤りがある。保科家は、正光の弟・正貞が猶子となったが、徳川秀忠の末男・正之の入家により廃嫡となる。[20] 正貞はその後、旗本として大御番頭などをつとめ、慶安元（一六四八）年には大坂定番を命じられて一万石を加増され、上総国飯野藩の初代藩主となった。そして、〔史料1〕で出雲を召し抱えた「正景」は、寛文元年に正貞の後を継いだ二代藩主の名前で、延宝五（一六七七）年に玉造口定番となるまで着坂経験を持たない。つまり、保科弾正忠「正景」とある部分も、保科「正貞」の誤記と考えられよう。このように、旧主・保科家についての記述は全体として正確さに欠けている。

続いて二条目後半には、伯太藩での勤功が列挙され、三条目以降はふたたび武田家臣としての由緒や保科家との関係について詳述している。特に五条目では、「先」の儀右衛門が会津藩・保科肥後守正容[21]に御目見えを願い、「高遠御譜代」の家格を認められて「御出入」を許されたことに言及している。これが事実かどうかは確認できないが、この由緒書が本貫地甲州や高遠とは関係のない伯太藩宛てだからこそ、出自を裏付ける根拠として、保科家による由緒公認に触れたのであろう。

なお、現存する利右衛門の親類書をみると、利右衛門には嫡子平右衛門（貞享二（一六八五）年に早世）、次男儀右衛門、三男九十九の三人の男子があった[22]。〔史料1〕の五条目に登場する「先」儀右衛門はこの次男のことで、享保一四（一七二九）年に死去しており、宝暦期には子どもの「今」儀右衛門へ代替わりしていた[23]。〔史料1〕の五条目に関しては、「先」儀右衛門が会津藩保科家へ提出するために作成した「先祖書手扣之書付」も現存している。渡辺家による利右衛門召し抱えの経緯にも触れているので、全文を引用しておきたい[24]。

〔史料2〕

先祖書手扣之書付

一、祖父　　向山伊兵衛

一、父　　向山七郎兵衛

理（利）右衛門改

右祖父伊兵衛方ゟ、十六才之節、江戸表江会津ゟ罷出、慶安年中保科弾正忠正貞様へ被召出、大坂御定番御勤番中相勤、明暦元未年依御願御役御免御出府被成候刻、御暇申請、其以後浪人ニ而、摂津弾正忠様御在所ニ罷在候而、寛文年中ニ　渡辺丹後守吉綱大坂御定番被相勤候中、被呼出相勤申候、夫ゟ丹後守・越中守・当備中守（三代基綱）迄三代迄相勤、元禄元辰年病死仕候、拙者拾歳之時分ニ而御座候間、委細之儀承知不仕候、御家罷出候者、亡父理右衛門罷出候而、弾正守様へ被召出候、夫ゟ旦那家へ被呼出勤仕候、尤旦那家へ被呼出候節之親類書、役人共方ニ可有之候を吟味仕候而可申上与奉存候所、去ル酉年極月廿八日類焼仕節焼失仕候由、尤亡父認置候書物も御座候へ共、其刻宿元江罷帰候儀難相成勤仕候ニ付、自分ニも焼失仕候、尤若年之節愚父相果申候付、巨細之議不奉存候

月日

この書付は文中に「丹後守・越中守・当備中守迄」とあることから、伯太藩三代藩主・渡辺基綱が元禄一四（一七〇一）年に「備中守」に叙任されてから、享保一三年に死去するまでに書かれたもので、文中で保科家のみに「様」の敬称を用いており、保科家宛ての先祖書である。[25]一方、史料中の「旦那家」は現在の主家である渡辺家を指す。この先祖書によると、儀右衛門の祖父・伊兵衛は、先掲〔史料1〕の向山出雲の息子で、その子が向山七郎兵衛＝利右衛門となる。利右衛門は保科家が転じた会津で育ち、一六才の時に江戸へ出て、慶安年中には保科家より分家した保科弾正忠正貞へ召し出され、正貞の大坂御定番在任中に保科家の家中に抱えられたとされている。

当該期の定番は、先述したように、就任時に一万石を加増され大名として着坂するのが一般的であった。『寛政重修諸家譜』によれば、保科正貞は定番着任まで七〇〇〇石知行の旗本で大番頭を勤め、慶安元（一六四八）年に玉造口定番となって一万石を加増されている。[26]つまり、保科家が向山利右衛門を召し抱えたのは、大坂定番を命じられ、新規一万石の加増分で大名としての「家中」を創出するためだったのである。保科家は

慶安元年から万治三（一六六〇）年まで一二年間定番を勤め、その間利右衛門も玉造口定番屋敷で生活したと考えられる。しかし、保科家が定番を退き帰府することとなった段階で主家に暇を乞い、「浪人」のまま摂津国の保科家領地にとどまった。そして、翌年定番となった渡辺丹後守吉綱に召し抱えられ、伯太藩の「家中」となったのである。

利右衛門が渡辺家に抱えられた時の待遇は、〔史料1〕によると一五人扶持の「御給人」とされ、屋敷内での職掌については、「手跡能候」ために言上書や御請書の作成を担当したと書かれている。[27] 利右衛門は前任定番の保科家でも定番家中としての経験を積んでおり、定番役の職務に関してはそれなりの知識を持つ「浪人」であったとみられる。つまり、別の大名に抱えられることを見越して大坂で「浪人」となったのであり、抱える側の渡辺家においても、利右衛門のような「浪人」を引き抜くことで在番体制を整えたと考えられる。

こうして渡辺家に入った利右衛門は、二代藩主方綱の時に大目付から奥家老へ昇進し、御用人も兼帯するなど、まさに「家老」の家筋として定着したようである。[28] また三人の男子のうち、儀右衛門と九十九の履歴書付によれば、儀右衛門（「先儀右衛門」）は利右衛門が五六才で亡くなった時、九才で中小姓として抱えられ、父と同じ奥家老をへて、知行八六石の御用人・留守居兼帯となり、享保一四年に亡くなった。また、その子儀右衛門も、父の死後、幼少のため「家督六〇石」を拝領し、御小姓として抱えられた後、宝暦四（一七五四）年に御給人から御物頭へ昇格している。一方、利右衛門三男の九十九も元禄一一（一六九八）年より御側勤をはじめ、同一六年の元服後、近習格一〇石三人扶持となり、享保一三年には新知五〇石を得て御給人に、元文元（一七三六）年には御物頭となる。

このように向山家の場合は、大坂定番となった飯野藩保科家に召し出されて大坂へ入り、保科家の定番退役後は摂津国内で「浪人」となっていたところ、寛文元年に定番となった渡辺家へ抱えられた。そして、二代藩主方綱までの時期を経て、御用人や物頭といった家格を獲得し、渡辺家の「家中」として定着したとの来歴をもっていたのである。

3　小瀬伝左衛門の「先祖略記」

最後に取り上げるのは、慶応三（一八六七）年に記された小瀬家の由緒書「先祖略記」である。小瀬家も、天保期までは代々家老職を勤め続けた家柄である。ところが、この「先祖略記」を執筆した幕末の当主「小瀬伝左衛門」の名前は、伯太藩の家老としてよりも、安政五（一八五八）年八月の「戊午の密勅」事件で、孝明天皇の勅書を預かった水戸藩京留守居役・鵜飼幸吉が東海道通行の際に用いた「変名」として知られてきた[29]。鵜飼と「小瀬伝左衛門」の関係は特に検討されてこなかったようだが、明治期に小瀬家代々の履歴をまとめた「旧伯太藩設置以来御仕へセシ扣」[30]には、伝左衛門は渡辺家の「家老」であったところ、「勤王派・佐幕派ノ軋轢ニヨリ辞職ス」「文久二年八月ヨリ水戸中納言家来トナリ維新前迄水戸藩蔵邸詰トナル」とあり、文久期に水戸藩の大坂蔵屋敷詰家臣になったと記されている。

この記述に関わる史料として、小瀬伝左衛門の嫡子隼之助（＝楠太郎）の妻の実家である大坂玉造稲荷社の社家栗岡家の文書のなかに、文久三（一八六三）年八月の日付をもつ「水戸殿家来小瀬伝左衛門」の「親類書」が残されている[31]。そこには、伝左衛門の亡祖父・茂左衛門、亡父・衛士はともに「渡辺備中守家老職」と記され、伝左衛門の二男は「北条美濃守殿家来」の朝比奈三太郎、三男は「清水寺□侍職　光乗院」、四男武之助は「手前ニ罷在候」と書かれている。三男の「清水寺光乗院」は、尊王派で知られた京都清水寺・月照の弟子で、明治初期には清水寺や興福寺の再興に深く関与した僧侶・園部忍慶のことである[32]。

こうした関係からみても、幕末の小瀬伝左衛門は、伯太藩の「勤王派」に属し、「佐幕派」との「軋轢」のなかで「家中」を出たと考えられる。小瀬家所蔵史料のうち文久三年と推測される「亥正月」付の書状によれば、伝左衛門は水戸藩の大坂蔵屋敷詰役人として、藩主の上京費用一万五〇〇〇両の調達に奔走している[33]。早くも安政五年段階で鵜飼に名を貸した経緯は判然としないが、「戊午の密勅」で使用された「小瀬伝左衛門」の名前が、伯太藩の元「家中」で、水戸藩大坂蔵屋敷詰役人となった小瀬のものだったことは間違いないだろう[34]。ただし、こうした水戸藩家中としての身分は、廃藩を待たず途絶えたようである。

次に示す小瀬伝左衛門の「先祖略記[35]」は、慶応三年六月、伯太藩初代吉綱二百回忌に領内へ「大赦」が触れ出されたのをうけて、伝左衛門が「末男」への名跡相続と小瀬家の伯太藩復籍を願い出た史料である[36]。つまり、この頃の小瀬家は、既に水戸藩を離れ、伯太藩への復帰を模索していたことになろう[37]。「先祖略記」には、伯太藩「家中」としての代々の功績が列挙されているが、ここでは本章の目的に沿って、初期の伯太藩と小瀬家の関係に注目したい[38]。

〔史料３〕

「（表紙）
先祖略記
」

小瀬又五郎

小出大和守殿ニ而知行千弐百石、家老役相勤

嫡子　小瀬七左衛門

二男　小瀬伝兵衛

一、伝兵衛嫡子　　　　　　　　　　　　　　　　　小瀬茂兵衛

茂兵衛忠美者、甲斐庄喜左(右)衛門殿長崎御奉行御勤之節、知行弐百石被下、与力相勤罷在候処、御先祖丹後守様御代御側ゟ大坂御定番被蒙　仰候砌、壱万石御加恩御拝領ニ付、諸浪人多被　召抱、奥様ニ者高木主水正様御息女ニ而、甲斐庄喜左衛門殿ニ者御由緒ニ付、主水正様江御貸貰被成候、同組与力吉田清太夫与申者与祖父茂兵衛也、御加増も又々御拝領被成候ハヽ、弐百五拾石ニ可被成下候間、世上江者右之通申達、先弐百石ニて罷出候様ニ与　御約束ニ而被　召出、直様御物頭被　仰付、方綱公御代、諸家御留守居役始候節、　公辺巧者ニ付、御留守居役御用人相勤、病死、貞享二年子(丑)十二月、江戸浅草御蔵前西福寺寺中真行院江葬

一、　　　　　　　　　　　　　　　　　　　　　　小瀬伝太夫

貞享三(ママ)年茂兵衛病気差重候ニ付、未跡願差出候処、当時御難渋ニ付、弐百石知行難被下、百五拾石被下、直様大目付役被　仰付相勤居候処、延宝(宝永五)三年子十二月廿五日大坂玉造御役屋敷ニ而死去、天満寺町西福寺江葬、伝太夫事始政右衛門与云（以下略）

（中略……小瀬衛士と祖父小瀬茂左衛門の経歴）

一、　　　　　　　　　　　　　　　　　　　　亡父　小瀬衛士

文化三寅年五月朔日御用人役被　仰付、天保六未年七月迄御役三拾ヶ年無滞相勤申候

右者当年六月十九日

吉綱院様弐百回御忌被為　当候ニ付、小瀬家名跡相続之義可奉歎願之処、五月ゟ病気ニ取合殊之外不相勝、此頃少々快方ニ付、乍延引別紙ヲ以奉願候、承候ハヽ、御領分中江茂大赦被　仰出候趣、何卒御憐愍ヲ以不調法之末男江小瀬家名跡相続之義、幷私共御出入被　仰付候様奉歎願候、出格之御取扱を以、可然様御

執成之程奉願候、以上

小瀬伝左衛門

この「先祖略記」によると、小瀬家の初代は小出大和守家にて知行一二〇〇石を拝領し、家老役を勤めた小瀬又五郎で、その次男・伝兵衛の子孫が小瀬伝左衛門の家筋に続くとされている。伝兵衛については記述がなく、具体的な経歴はわからない。小瀬家と伯太藩との繋がりは、伝兵衛の嫡子・茂兵衛の代からである。

茂兵衛は、甲斐庄喜右衛門が長崎奉行に就任した際、知行二〇〇石で与力につけられたとされており、当初は幕府御家人身分であった。甲斐庄喜右衛門が長崎奉行を勤めたのは、承応元（一六五二）年一月から万治三（一六六〇）年六月までで、当該期の長崎奉行には与力五騎・同心二〇人が預けられたとされている。[39]つまり、甲斐庄が長崎奉行を退任した翌年に、渡辺吉綱が大坂定番となり、新たに大坂で多くの「諸浪人」を抱えようとしていたことになる。前年まで与力であった小瀬家は厳密には「浪人」とは言えないものの、吉綱の妻の実家・高木主水家と関係があった甲斐庄家から高木家へ「御貸貰」うこととなり、定番渡辺家に召し抱えられたのである。

また、小瀬とともに渡辺家中に移ったとされる同組与力・吉田清太夫の名前は、一七世紀末以降の伯太藩領内の村方文書において、年貢免状の発給者として確認できる。[40]つまり、伯太藩家中となった小瀬家と吉田家は、渡辺家に抱えられる以前、ともに幕府の御家人として長崎奉行与力を勤めており、寛文元年になって他の「諸浪人」と共に渡辺家へ抱えられた由緒を持つのである。ここでの「諸浪人」には、前項でみた向山家の事例が当てはまる。

なお「先祖略記」によれば、小瀬茂兵衛は召し抱えの時点で表向き二五〇石（実際には二〇〇石）の知行高を拝領し、御物頭に命じられており、当初から最上層の「家中」として抱えられている。年貢免状発給者として確認できる吉田清太夫も、小瀬家とほぼ同格の上層家中であったと判断できよう。小瀬茂兵衛の場合、二代藩主方綱の代には江戸藩邸で御留守居役御用人を勤め、貞享二（一六八五）年に亡くなったとされる。その跡をついだ伝太夫も、一五〇石の知行を与えられ、大目付を勤めたのち、宝永五（一七〇八）年に「大坂玉造御屋敷」で死去し、天満寺町の西福寺に葬られた。伯太藩では、三代基綱も大坂定番を勤めており、伝太夫が詰めた「玉造屋敷」は、まさに大坂城玉造口定番屋敷を指している。このように、小瀬家・吉田家などは、幕府御家人の与力層を出自として、寛文期に大坂で抱えられた来歴をもつ「家中」だったのである。

三　一七世紀大坂での「家中」召し抱え

1　伯太藩「家中」の特質

ここまで、代々家老職などを歴任した有力家中の由緒から、個々の家臣の召し抱えについて検討してきた。その結果、伯太藩の「家中」は、旗本時代からの「家中」だけでなく、寛文元年に大坂周辺で召し抱えられた与力・浪人層も含むことが確認できた。前者にあたるのが杉浦家であり、その由緒では、大坂の陣への言及や、一七世紀の親族関係に知行所武蔵国比企郡野本との繋がりが見えるなどの特徴があった。しかし、現存する由緒を見る限り、こうした由緒をもつ家よりも、向山家や小瀬家、吉田家のように、寛文期に召し抱えられた家々のほうが多かったと推測される。つまり伯太藩「家中」で藩政を統括した有力家中の大半は、一七世紀半ば以降に抱えられた比較的新しい家臣たちだったのである。

なお、伯太藩「家中」の由緒書としては、もう一つ、宝暦八（一七五八）年に作成された白鳥家の家譜が残されている。[41] 白鳥家も初代より家老を勤めたとの記載がみられ、杉浦家と同様に初期からの「家中」と考えられるが、初代五郎右衛門には実子がなく、おなじ伯太藩「家中」の今井家から養子・乱之助を迎えている。この乱之助の実家・今井弥一右衛門家も伯太藩の家老を勤める有力「家中」の一つで、白鳥家の家譜では今井弥一右衛門家の由緒について、次のように記している。

〔史料4〕

右弥一右衛門殿ハ　古丹後守様大御番頭御勤被遊候節、御組之与力ニ而有之候処、平生御咄ニ茂被出御相口ニ而有之、其上大御番頭被　仰付候節、御家来之者右御役筋之儀甚不案内故、御組扱等之儀功者故、三百石ニ而被召抱候者ニ而有之候事

これによると今井弥一右衛門家は、もともと幕府の御組与力であったが、旗本の渡辺家が大御番頭となるにあたって、「役筋之儀」に詳しく「御組」が扱う事柄にも慣れているとの理由から、三〇〇石もの知行を与えられて召し抱えられたとされている。ただ、渡辺家が大御番頭を勤めたことはなく「大御番頭被仰付候節」とあるのは、慶安三（一六五〇）年から承応三（一六五四）年までの御小姓組番頭か、同年から万治二（一六五九）年までの御書院番頭の時期を指すと考えられる。つまり今井家の場合も、寛文元年以前からの「家中」とはいえ、江戸での番方の役職にともなって与力から召し抱えられた、比較的新しい家臣であった。このような番頭就任時の与力層の召し抱えなども考慮すると、旗本渡辺家は、番方の役職を経験するなかで「役筋」に必要な「家中」を段階的に召し抱えていったとも理解できよう。しかし、大坂定番として一万石加増された時点での召し抱えは、小瀬家由緒書の「諸浪人多被　召抱」が示す通り、それまでとは異なる大人数の「家中」召

し抱えであった。その際、家中に多くの「浪人」層を含み込んだ点も含めて、伯太藩家臣団の形成における重要な画期となったのである。

こうした召し抱えで注目されるのは、第一に、向山家の由緒書でみたとおり、渡辺家の直前に大坂定番であった飯野藩保科家でも同様の新規家中召し抱えが行われたことである。つまり、大坂定番就任にあたっての一万石加増は、大坂周辺での役知としての所領獲得にとどまらず、新たな「家中」の創出を要する加増でもあった。そうした条件のなかで、当該期の大坂定番には、着坂と同時に定番大名として必要な「家中」を召し抱えることが求められたのである。

2　大坂における召し抱えの実態

それでは、こうした定番大名家による新規召し抱えは、どのような条件のなかで行われたのだろうか。最後に、大坂定番就任後の渡辺家が書き留めた一七世紀大坂の法史料「大坂諸公事覚書」(42)をもとに、家中召し抱えの実態について補足しておきたい。この「大坂諸公事覚書」は、寛文元年に大坂定番となった渡辺家が、大坂市中の基本法令や大坂城守衛に関わる文書などを引き継ぎ、写し留めた帳面とされており(43)、寛文期までの町触、書付などとともに、若干ではあるが、大坂での家中召し抱えと家中取り締まりに関する規定も留められている(44)。

そのうち寛文元年五月二七日の書付「覚」は、渡辺家の前任者にあたる玉造口定番石川播磨守総長と京橋口定番板倉内膳正重矩が就任にあたって老中に提出した伺いで、①定番付属の与力・同心、②定番大名の家中と藩直属の奉公人、③与力・同心および家中の抱える奉公人の召し抱え方針を上申したものである。

この伺いのなかで、家中と直属奉公人に関する二条目、与力・同心・家中召し抱えの奉公人に関する三条目には、次のような内容がみえる。

〔史料5〕
一、（二条目）私共召仕之侍、生国に無構由ニ候、慥成者、或私共家ニしたしミ有之者、随分遂吟味召抱可申と奉存候
付、足軽・中間は知行所之者ハ不及申、本国・生国ニ無構、慥成者を撰、召抱可申と奉存候
一、（三条目）与力・同心幷私共家来之召仕男女ハ、従遠国召抱候儀ハ不罷成候ニ付、只今迄保科弾正忠・阿（安）部摂津守も慥成者を撰為召抱、本国・生国構無之、知行所之者ハ不及申召抱申候

まず、二条目の「私共召仕之侍」については、一七世紀の「侍」が又者・若党を指す事例も多いものの、三条目が陪臣についての箇条であることは明白であり、石川や板倉自身が抱える家中を指すと考えられる。その家中の召し抱えにあたっては、「生国」がどこであるかは問わず、身元のたしかな者や、それぞれの家に親しみのある者を、本人をよく吟味したうえで召し抱えたいと上申している。「生国」への言及は、引用を略した一条目で、大坂定番付属の与力を召し抱える条件として、老中が「弥九州・四国・中国・五畿内之本国・生国ヲ除」と指示した文言をうけており[45]、二条目の家中召し抱えでは「生国」の条件は除かれている。ここでの「生国」とは、召し抱えられる家中個人の出生地を指すと考えられる。一方の「本国」は、先にみた向山九十九の肩書に「本国甲州」とあることから、「家」としての本貫地を示すと解釈できよう。つまり、与力召し抱えについての老中の指示は、家と個人の双方において、畿内・西国を出自とする者の召し抱えを忌避するものだったのである。その背景には、この時期の畿内・西国に残存する豊臣家もしくは豊臣系大名に出自をもつ存在への警戒を想定すべきであろう。一方、二条目の付けたりでは、藩が抱える足軽・中間について、「本国・生国ニ無構」く身元の確かなものを召し抱えたいと上申している。なお、主文の家中については「本国」に言

及していない。

三条目では、与力・同心や家中が抱える男女奉公人（陪臣）について、遠国から抱えることは不可能なので、前任定番の保科弾正忠正貞や安部摂津守信盛がしてきたように、身元の慥かな者を召し抱えさせ、本国・生国には関係なく、知行所の者は当然のこと、その他も召し抱えたいと上申している。陪臣については「為召抱」とされており、基本的に与力・同心・家中の相対抱えであったことがわかる。また、そうした方法をとる限り、遠方での相対雇用は不可能であり、知行所を一次供給源とするほか、主として大坂市中での雇用が目指されたと考えられよう。

いずれにせよ、定番となった大名らは、着任後まもなく与力・同心・家中・直属奉公人、家中は奉公人を個別に召し抱えなければならず、幕府側はそれについて、畿内・西国における浪人層の出自を問題とし、畿内以西を本国・生国とする者の召し抱えはなるべく忌避しようとする姿勢をもっていたことになる。

以上より、慶安期から寛文期にかけて定番となった譜代大名は、いずれも定番役を担うために、主に大坂近辺から新たな家中を召し抱えようとしていたことが確認できた。伯太藩「家中」の由緒書で見る限り、その供給源は浪人や幕府の与力など、かなり多様な出自をもつ武士層であった。特に小瀬家や吉田家などの与力層の動向は、当該期の与力・同心などがまだ地付役人として定着しきらず、浪人層や諸家家中の身分を流動する存在であったことをも示唆している。小瀬家の「先祖略記」における「浪人」を多く召し抱えたとの記述は、当該期の都市浪人層の実態を反映したものだったのである。

なお、先行研究においても、一七世紀の京都や大坂では豊臣方に出自を持つ者や、改易によって生み出された浪人が滞留していたことが指摘されている[46]。こうした中で、寛永一三（一六三六）～一七年以降の大坂では、浪人が仕官の意志や可能性を残したまま家屋敷を所持するか借家人となる場合には、毎年その身元をよく吟味したうえで、大坂三郷の惣年寄による請判を得て、町奉行の許可のもとで居住するよう命じられている。そしてこの請判の制度は、慶安元年の都市法整備のなかでも再確認され、大坂での浪人居住に関する基本法令として引き継がれていく。

この時期の浪人の監視と統制は、武家地・町方双方における治安上の課題となっており、以上の動向は、大坂城周辺の武家地取り締まりとも連動していた。その一例として、寛文元（一六六一）年に大坂城代が大坂城の守衛にあたる諸大名・旗本に対して出した城内の取り締まりには、「家中」の者と浪人の付き合いを禁じる規定や、門内に浪人を入れないよう監視すべき規定が含まれている。

〔史料6〕

一、（一〇条目）他家中之者幷浪人之付合可為無用、但、不叶筋目有之者ハ可被窺、付、浪人ハ不及申、他所之者面□屋敷ニ一宿も不可被留置、併親子・兄弟・伯父・甥・舅・小舅・孫幷不叶筋目之者有之ハ、窺候而指図次第ニ可留之事

ここでは、他家中の者や浪人との付き合いを厳禁し、浪人や他所の者を定番屋敷や加番屋敷などに泊めてはならないと定められている。本章でみたような定番家中の実態を踏まえれば、それぞれの大名家自体も、浪人層を出自とする「家中」を少なからず抱えていた。そうした「家中」のなかには、大坂城在番諸藩への仕官以前から在坂し、他家中や他の浪人と日常的な繋がりをもつ者があったと考えられる。当該期の浪人は、市中の治安や大坂城内の守衛において警戒すべき存在である一方、定番など「家中」の供給源でもあり、蔵屋敷や在番大名の「家」と都市社会との接点をなす存在として、大名屋敷の家内統制と、町奉行による市中浪人統制の両面を規定していたのである。

また、新規に召し抱えられた「家中」は、召し抱えの当初からかなりの知行高を与えられており、定番屋敷等では大身の家臣として、定番としての実質的職務を担う存在であった。由緒書ならではの功績の強調があるとしても、召し抱えの時点の知行高や給人・用人としての待遇は、近世後期に召し抱えられた中・下層家中のそれとは異なる。大坂周辺で仕官先を探して滞留する「浪人」の中には、大坂城の守衛にあたる小藩の家老クラスに転じる存在も相当数存在したとみることができよう。この点については、先行研究においても、一七世紀中期の浪人の中に、旗本の弟など大身の浪人がいたことも明らかにされている。さらに言えば、一八世紀に入り、「浪人」層が各大名家などに定着していく時期の前後では、大坂における「浪人」のあり様も変化したことが推察されるのである。

おわりに

以上、伯太藩「家中」の家々に残された由緒書を通じて、家臣団の形成過程とその特質について検討してきた。そのなかで注目したかったのは、近世中後期に「家中」最上層の家々が提出した由緒書で、渡辺家での召し抱えを寛文期と記載している事実である。伯太藩において「家中」編成の画期となったのは寛文元年の大坂定番就任であり、その際に渡辺家は、大坂やその周辺に逗留する「浪人」や、いまだ地付役人として定着せず、流動的なあり様をもつ「与力」層などを数多く召し抱えたことが確認できた。

また、こうした動きは、保科家・板倉家・安部家など当該期の他の定番大名にも共通しており、定番役に就任すれば、一万石の加増をもって終身在番し続けるという当該期の定番の勤め方と密接に関わるものであった。旗本から譜代大名となり、「家」を挙げて定番を担うこととなった定番大名にとって、大坂周辺での与力や浪人の召し抱えは、役職遂行のための「家中」形成に不可欠なものだったのである。一方、大坂で召し抱えられた「家中」のなかには、定番の交代を見越して大坂に留まることで、複数の家中を渡り歩くような「浪人」層も多かったと考えられる。

ただし一八世紀に入ると、新規家中の召し抱えを要する一万石加増や終身在番などの制度は、相次いで消滅していく。その結果、各家に抱えられた「浪人」たちは、伯太藩など仕官先の大名家において譜代の「家中」に落ち着いていったと考えられる。伯太藩では、この時期に抱えられた「家中」の多くが家臣団最上層の家老・用人の家筋となって定着し、享保一三（一七二八）年の定番退役以降は、新たに建設された伯太陣屋に屋敷を拝領して幕末に至った。伯太藩「家中」の形成過程には、当該期の大坂定番に求められた体制や、旗本から大幅な加増を得て番方の役を担うこととなる譜代小大名としての条件が反映していたのである。

こうした点は、個々の家臣たちと所領村々との関係を考えるうえでも重要である。伯太藩の「家中」では、武蔵国知行所の「浪人」と縁戚関係をもつ杉浦家などの事例を除いて、領内の在地社会に出自や縁戚関係を持つ家はわずかだったと考えられる。定番就任時の加増地に含まれた河内国・和泉国の所領村々は、大坂城玉造口定番屋敷での地方支配や、伯太村への陣屋移転を通じて、家臣団とのかかわりを深めていったのである。

なお、大坂で召し抱えられたのは武士身分の「家中」だけではなく、定番屋敷で働く藩直属の武家奉公人や、与力・家中らに抱えられる家中奉公人なども含まれていた。こうした存在がどのように調達されたのかという点については、本書第四章を参照いただきたい。

〔註〕

（1）大名の家中を一つの社会集団として捉える視角については、九〇年代以降の身分的周縁論における武士身分の捉え方が示唆的である。本章の分析も、森下徹氏による萩藩家臣団についての研究（森下徹『武士という身分―城下町萩の大名家臣団―』吉川弘文館、二〇一二年）などに学んでいる。

（2）宮本裕次「大坂定番制の成立と展開」（『大阪城天守閣紀要』三〇、二〇〇二年）。菅良樹「大坂定番制度の変遷」（同『近世京都・大坂の幕府支配機構―所司代・城代・定番・町奉行―』清文堂出版、二〇一四年）。

（3）岩城卓二「在坂役人と大坂町人社会―大御番頭・大番衆・加番を中心に―」（大阪教育大学『歴史研究』三九、二〇〇二年、後に同『近世畿内・近国支配の構造』柏書房、二〇〇六年）。

（4）註（2）宮本論文。

（5）『寛政重修諸家譜』第八巻（巻第四七八）。

（6）和泉国で藩領となる村々のうち、春木川村と池上出作（二〇八石分）はこの段階ではまだ幕領（代官支配）であり、元禄一四年に伯太藩領に編入された。

（7）『寛政重修諸家譜』での陣屋移転の時期は、幕府から陣屋移転許可を得た日付が記されている。実際に伯太陣屋が建設されるのは、渡辺家が定番を退いた享保一三年のことである（拙稿「伯太陣屋の成立過程と陣屋元村の特質」〈『和泉市埋蔵文化財調査報告第七集　伯太藩陣屋跡発掘調査報告書』和泉市教育委員会、二〇一二年〉）。

（8）近世後期の伯太藩家臣団については、山下聡一「春木川村からみえる伯太藩役人」（『和泉市史紀要第10集　松尾谷南部の調査研究』和泉市史編さん委員会、二〇〇五年）において、領内の村方文書からみた家臣団と地方支配機構の特質が明らかにされている。

（9）国文学研究資料館所蔵和泉国大鳥郡豊田村小谷家文書二五〇五。

（10）大阪府立岸和田高校所蔵「泉州伯太陣屋之図絵」。

（11）片山浩氏所蔵史料・箱1―1。

（12）向山家所蔵史料C―1―7。

「（端裏）御書頂戴之写　十一月朔日」

家老共幷用人共小身ニ而家々之格式ニ者不相応ニて外響旁心ニ掛候得共、打続差支共有之、無是非其通ニ打過候、然所及年来勝手□直候迄見合候而者限無之□、依之家老共百五十石高、用人共百石高申付候、尤此度加増申付度候得共、少存寄茂候而無其儀候、追而□可申付候、主殿江茂此旨申達候、先表向者足高加恩与可相心得候、近年之内可申付候、随分出精可相勤候、以□

明和三年戌十一月朔日　登綱

家老共
用人共

(13) 向山家所蔵史料A―3―2「萬宝御家中性名順列」(『和泉市史』第二巻収載)、一部焼損。
(14) 和泉市黒鳥町浅井竹氏所蔵史料・箪笥5―66―3―3―4。
(15) 本章で取り上げる由緒書は、いずれも和泉市史編さん事業で調査された伯太藩家中各家の史料群に含まれるものである。このうち、杉浦家と向山家の所蔵史料については、『和泉市史紀要第14集　伯太藩関係史料目録』(和泉市史編さん委員会編、二〇〇七年)に、調査概要および史料の細目録が掲載されている。また、杉浦家文書については、紀要刊行後の二〇〇九～一一年にも追加調査(第二次調査)が行われている。本章で使用した由緒書は、いずれもこの第二次調査で新しく確認された史料群に含まれる。
(16) 『和泉市史紀要第14集　伯太藩関係史料目録』和泉市史編さん委員会、二〇〇七年。
(17) 杉浦家文書・箱―41③。
(18) この段階の渡辺家は旗本であり、野本はまだ陣屋元村とされていない。つまり、江戸詰めの家中と、知行所野本村に居住する浪人との縁戚関係ということになろう。
(19) 向山家所蔵史料C―1―15。なお、同史料には後年の付紙が二紙施されているが、本章では引用を略した。
(20) 以下、飯野藩保科家については『寛政重修諸家譜』第四巻(巻二五〇)に拠る。
(21) 『寛政重修諸家譜』第一巻(巻四九)によると、保科正容は天和元年に家督を継ぎ、享保一六年に死去している。

(22) 向山家所蔵史料C—1—10。
(23) 向山家所蔵史料C—1—11。
(24) 向山家所蔵史料C—1—12。
(25) 〔史料1〕での保科肥後守家（会津藩）への御目見願との関連から、〔史料2〕の宛先は、飯野藩保科家ではなく、会津藩保科家と考えた。
(26) 『寛政重修諸家譜』第四巻（巻二五〇）。
(27) 「先」儀右衛門の息子である儀右衛門の作成した覚書によると、祖父の利右衛門は「手跡瀧本流学候処、公儀江之言上・御請書ハ折節御頼可被成之ニ而間々言上・御請書相認上候之由」と記されている（向山家所蔵史料C—1—3）。
(28) 以下、向山儀右衛門・九十九についての履歴は、向山家所蔵史料C—1—11およびC—1—13に拠る。
(29) 東京大学史料編纂所編『大日本維新史料　類纂之部　井伊家史料』八巻・一〇巻。勅書降下直後の安政五年八月頃に作成された京都町奉行与力渡辺金三郎書状（同書八巻・六七号文書、彦根藩系譜編集用懸長野義言宛）では、鵜飼幸吉と同行者鵜澤信三の京都出立について「道中名前者両人共替名いたし、大坂貸附会所掛り之者之名前ニ而、駕籠弐挺・供弐人召連出府仕候由」と記されている。また、事件後の捜索過程で作成された九月一二日付彦根藩長野義言書状（同書一〇巻・二七号文書、同藩側役兼公用人宇津木六之丞宛）によると、鵜飼幸吉は下行途中の八月八日夜、大津で「水戸大坂御仕法懸り　小瀬伝左衛門」と称して江戸へ下ったと書かれており、「小瀬伝左衛門」は水戸藩大坂蔵屋敷の資金調達に携わる存在として位置づけられている。
(30) 小瀬家所蔵史料・箱1—41。
(31) 玉造稲荷社栗岡家文書「水戸殿家来小瀬伝左衛門　親類書」（大阪市史史料第六九輯『東成郡神社関係史料』六七頁）。
(32) 『清水寺史』第二巻および小林丈広「近代南都仏教史の課題」（奈良大学総合研究所編『総合研究所報』第二二号、二〇一四年）。なお、明治期以降に作成された小瀬家の略系図「旧伯太藩代々之長臣小瀬本家々系仮図」（小瀬家所蔵史料・箱1—2）にも、「園部忍慶」が伝左衛門三男として記されている。

(33) 小瀬家所蔵史料・箱1—31。この史料により「大坂蔵屋敷詰」役人としての伝左衛門の活動の一端がうかがえる。なお、伯太藩は大坂に蔵屋敷を持っていない。

口上書

水戸殿勝手向近来不如意罷成、年増難渋相嵩、湊方差支候ニ付、大坂町人共ゟ金壱万五千両御借入之上、借用被成度段被御願候ニ付、是迄種々御運方茂被下候趣之処、町人共諸家用金多ニ而、何分壱万五千両調達方出来兼、漸壱万両之請致し候旨、町奉行懸り之者より承知罷在、然ル処此度中納言殿俄ニ上京ニ相成候ニ付而ハ、過分之入用相掛、其上京地江被相越、何程入用相懸候哉、未タ更ニ見当不相附、平生不繰合之処、尚更差廻、就而者是非壱万五千両急速相整不申候而者、実以差支候ニ付、右之段当　御旅館江可申立旨中納言殿被申候趣、今般仕立飛脚を以申越、依而不取敢上京仕御願申上候、何卒御評儀之上、可然御取扱奉願上候、以上

亥正月

大坂蔵屋敷詰
小瀬伝左衛門㊞

(34) 小瀬家は伝左衛門から三代前の政右衛門（＝衛士）の代に、政右衛門の次男弾之助に高八〇石を分知している。この時期以降、後の伝左衛門につながる政右衛門嫡男の家筋は、弾之助の家筋と区別して「上ノ小瀬」と呼ばれていたようである。嘉永三（一八五〇）年の家中分限帳「萬宝御家中性名順列」（向山家文書A—3—5、『和泉市史』第二巻）での「小瀬與四郎」および本章表2の分限帳での「小瀬真吉」は、いずれも弾之助系統の小瀬家当主であり、「上ノ小瀬」伝左衛門家の家筋ではない。以上の小瀬両家の関係については、参考として、小瀬家の家譜『我等の家』などをもとに復元した略系図を示しておく。

(35) 小瀬家所蔵史料・箱1—3。

(36) 引用史料によると、「末男」への名跡相続が出願されているが、結果的に伯太藩に復籍したのは、嫡男の楠太郎であった（註(37)参照）。「末男」と記された事情は不明である。

(37) 小瀬家所蔵史料によると、この復籍願は認められたようである。年代不明だが、伝左衛門長男の小瀬楠太郎

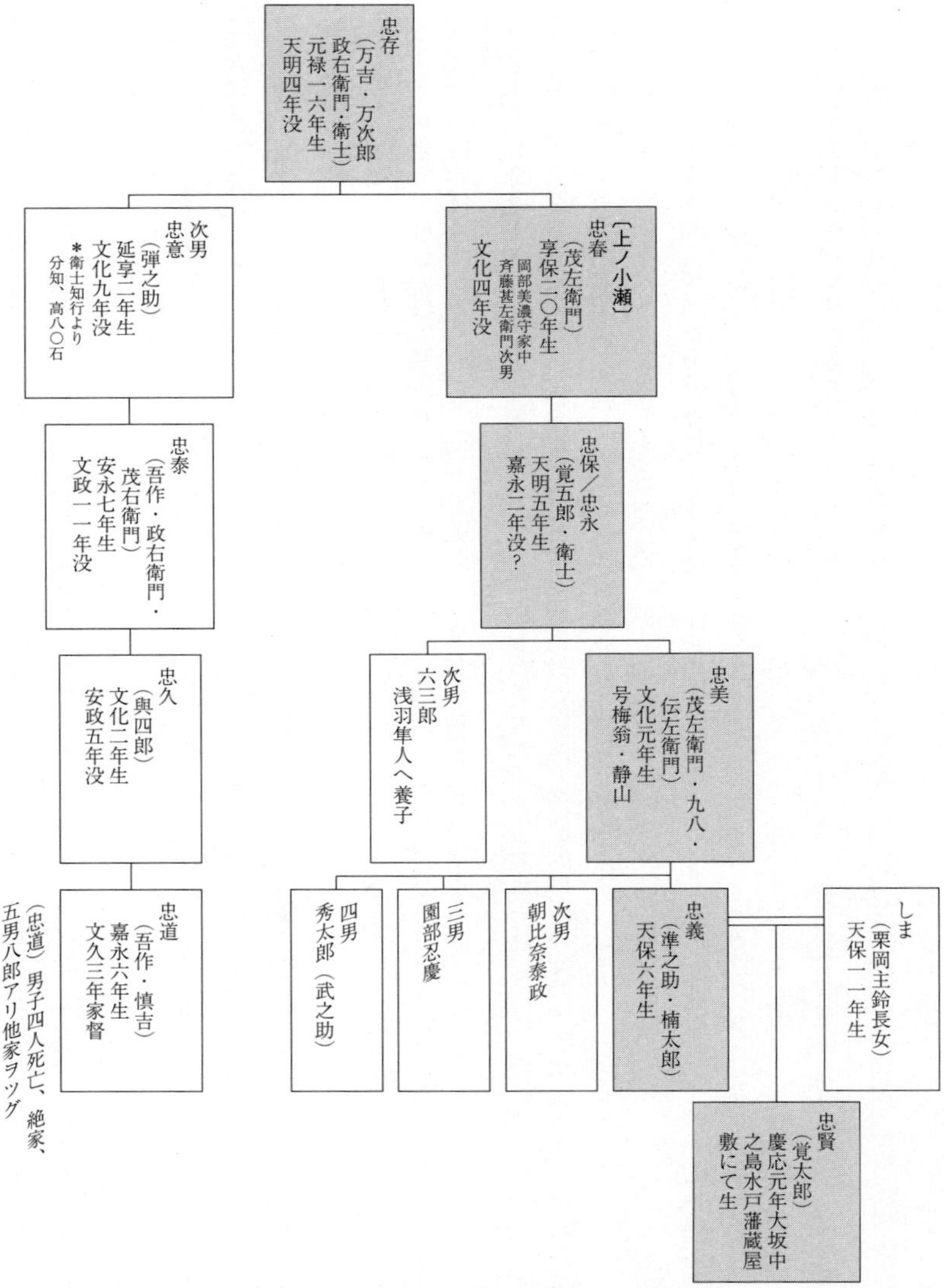

参考略系図　小瀬両家の関係図（政右衛門忠存以降。本論と関わる人物のみ摘記）

「先祖略記」、小瀬家の日記のうち「小瀬忠賢ノ出生地幷経歴扣」などをもとに作成。
斜体：小瀬家所蔵史料・箱１−２「旧伯太藩代々之長臣小瀬家々系仮図」より補う。

から藩庁宛ての願書（小瀬家所蔵史料・箱1—43）によれば、「私義、復籍願之通被　仰出、其上此度御救育被下置候道モ被為立、結構ニ御扶持方等被下置候様、更ニ被　仰付、冥加至極難有仕合奉存候、然ル処、復籍之節、家族共親類方江預ケ置、私壱人帰属仕居候処、老母儀唯今大病之趣、今朝浪花玉造栗岡之方ゟ早便ヲ以申越候ニ付（以下略）」とある。すなわち、伯太藩に認められたのは楠太郎のみの帰属であり、伝左衛門は明治期も大坂玉造稲荷の社家・栗岡家に暮らしたことがわかる。

(38)　小瀬家所蔵史料・箱1—3。

(39)　『国史大辞典』。

(40)　国文学研究資料館所蔵和泉国大鳥郡豊田村小谷家文書三〇九六「豊田村酉年免状」など。

(41)　白鳥隆興家所蔵史料3「白鳥氏家譜」。

(42)　九州大学所蔵附属図書館所蔵。本史料は、塚田孝編『「大坂御法度書巻」「大坂諸公事覚書」「諸事被仰渡判形帳」—近世大坂町触関係史料5—』（大阪市立大学大学院文学研究科都市文化研究センター、二〇一五年）に全文が翻刻掲載されている。

(43)　山下聡一「「大坂諸公事覚書」について」（註(42)史料集の解題）。

(44)　当該期の大坂定番による家中召し抱えと家中取り締まりの実態については、別稿（塚田孝編『論集三都・大坂』東京大学出版会、二〇一九年刊行予定に収録）で論じている。

(45)　慶安期以降、各大坂定番には、与力三〇騎、同心一〇〇人が付けられている。

(46)　塚田孝編『史料から読み解く近世大坂　試行版Ⅱ』二〇一二年。また、河野未央氏は一七世紀の大坂の町触を検討するなかで、一七世紀半ばの慶安事件をうけて、市中での牢人居住に関わる取り締まりが、従来の統制方法に依拠しつつあらためて徹底されていくこと、ただし、寛文期までは正月一一日の年頭に触れられるなど発令間隔も密であったが、寛文一〇年を境に間隔が長くなっていくことを指摘している（同「コラム　牢人統制について」（塚田孝編『近世大坂の法と社会』清文堂出版、二〇〇七年））。

第二章　伯太藩による藩領支配の展開

はじめに

本章では、一七世紀後半〜享保期に大坂定番を担った伯太藩渡辺家による藩領支配の展開と特質を明らかにしたい。

これまで大坂定番については、定番制成立過程を検討した宮本裕次氏により、①一八世紀初頭までは、任命時に摂河泉に一万石を加増され大名となり、生涯在職すること、②寛文期に幕府が妻子在坂許可令を出したことで、定番屋敷は藩邸としての性格ももったこと、③しかし一八世紀中期に①の慣習が途絶え、藩財政も江戸・大坂・在所に三極化するという変化が指摘されている(1)。こうした在番体制は、都市大坂での家中の存在形態や、所領となった畿内の村落社会との関係を考えるうえでも非常に重要である。ただしこれまでのところ、定番屋敷の人員構成や、在所や所領の具体的状況、所領支配の実態などについては明らかにされておらず、個別の藩および藩領に即して具体的に検討することが必要である。

以上の点は、畿内における領主支配の展開を地域社会からどう捉えるかという問題にも繋がっている。畿内近国地域を対象とした研究では、これまではどちらかといえば地域社会に対しての幕府広域支配と個別領主支配の関係に注目した研究が進められてきた[2]。一方で、そうした支配の位相から地域社会を捉える研究への批判として、個別の村の村落秩序に内在し、地域社会の実態を構造的に明らかにすることの重要性が提起されている[3]。領主支配の問題は近世の地域社会を考えるうえで決して小さくはないものの、村落支配の実態や藩領社会の動向、対応などを地域に即して具体的に分析することが課題となっていよう。

伯太藩領を対象とした研究では、これまでに和泉国大鳥郡上神谷豊田村や同国泉郡黒鳥村に関する村落構造分析が蓄積されている。このうち豊田村については近世初頭より上神谷の「山代官」を勤め、伯太藩支配下では上神谷の触頭をつとめた豊田村庄屋小谷家について多くの研究蓄積がある[4]。また泉郡の黒鳥村に関しては、相給と集落（生活共同体）との関係や一八世紀以降それまでの庄屋家にかわる「社会的権力」の台頭が見られることなどが明らかにされてきた[5]。本章ではこれらの先行研究の成果も踏まえつつ、一七世紀末以降の伯太藩と村々の関係について整理することとしたい。特に、一七世紀末～一八世紀中期まで上神谷の「触頭」であった小谷家文書には、当該期の伯太藩財政や地方支配に関する史料も含まれており、伯太藩の領主支配を考察する上で重要な手がかりを得ることができる。以下では、伯太藩渡辺家が譜代大名となって以降の所領・陣屋の変遷と実態、藩領社会に対する領主支配の展開を中心に検討していく。

一　享保期までの伯太藩

1　所領の変遷

ここではまず、藩の在所（陣屋）と所領が確定するまでの大凡の変化について、『寛政重修諸家譜』[6]や、その下敷きになったと考えられる寛政二（一七九〇）年作成『御家譜写』[7]の記載事項を整理し、あわせて当該期の地方支配における変化を指摘しておく。

『寛政重修諸家譜』によれば、渡辺家は武蔵国比企郡に三五〇〇石の知行所をもつ旗本で、寛文元（一六六一）年、初代吉綱の大坂定番就任にあたって畿内に一万石を加増され、武蔵国比企郡野本村に陣屋を置く一万三五〇〇石の譜代大名となった。このとき加増された領地は、河内国志紀・丹北・古市郡、和泉国大鳥・泉郡の村々である。第一章でみたように、この時の加増では、多くの浪人や元与力などが大坂周辺で召し抱えられた。二代藩主正綱は寛文八年に大坂城加番、同一一年に近江国水口城の城番、延宝五（一六七七）年に大坂城加番を勤めた。なお『御家譜写』によると、三代目基綱も貞享四（一六八七）年・元禄七（一六九四）年に大坂城加番を勤めた。

また、元禄一一（一六九八）年には武蔵国の所領を近江国に移され、陣屋も和泉国大鳥郡大庭寺村に移転したと記されている。この所領変更は、関東に旗本知行所を創出する「元禄の地方直し」に伴う措置で、渡辺家の陣屋があった野本村は旗本など九領主に分郷された[8]。一方、所領移転先の近江国内では、渡辺家の他にも複数の小藩が関東から替地を与えられている。

渡辺家はこの陣屋移転から間もない元禄一四年に、再び大坂定番を命じられ、享保一三（一七二八）年の死去まで二八年間大坂城玉造口の警衛を担った。『寛政重修諸家譜』には、基綱死去の前年にあたる享保一二年四月一八日に、大庭寺村から泉郡伯太村（現・和泉市伯太町）に陣屋を移したと記されている。

このように一七世紀末の伯太藩は大坂定番・加番への就任機会が多く、特に最初の定番就任は一万石の加増による大名化を伴った。定番就任の際、畿内に一万石を加増される例が多かった点は宮本氏の指摘するとおりで、この時所領となった泉河村々が定番大名の役知としての性格を有したことは明らかであろう。なお、取り立てに伴う居所（本拠）の設定については『寛政重修諸家譜』に「のち武蔵国比企郡野本村に居所を営む」とあるのみで、正確な設置時期は不詳である。

2　五つの郷と触頭

次に、当該期における地方支配の枠組みについてみておく。寛文期段階の地方支配については、史料が少なく検討できないが、武蔵国の所領が近江国に移された直後の元禄一一年には、領内の地方支配区分として「郷」の枠組みが設けられたと考えられ、以後幕末まで基本単位となった。和泉国の村々は、大鳥郡域が上神谷郷、泉郡域が下泉郷となり、河内国の村々は河州郷、近江国の村々のうち湖西地方は西江州郷、湖東地方は東江州郷に分けられた。このうち、寛文期以来の所領である上神谷郷・下泉郷・河州郷は「泉河三郷」とも総称される。

さらに各郷には、地方支配の末端として「触頭」の役職が置かれた。「触頭」の職務内容についてはいくつかの先行研究でも指摘がみられる[9]。それによると、触頭は代官と各村庄屋衆との間にたち地方支配の末端を担う存在で、泉河三郷の触頭については概ね伯太村に陣屋が移転されるまでの期間存続し、上神谷郷では小谷家、下泉郷では板原村根来新左衛門家が世襲し、河州郷でも大井村松尾吉兵衛や通法寺村児玉七郎兵衛など限定された家々によって担われたことが確認できる[10]。上神谷郷の小谷家には、触頭就任を示す史料として元禄一二年八月一二日の「起請文前書」[11]と「触頭勤書」[12]が現存する。このうち「触頭勤書」に示された触頭の職掌は、①「軽き御用」の触伝達、②村々出入の内済、③年貢納入の監督、④諸事出願の取りつぎ、⑤雨乞の許可などで、領内の地方支配において、郷内の庄屋中よりも強い権限を有したことがわかる。

なお、触頭の任命は泉河三郷だけでなく、近江国の領分村々でもほぼ同時に実施された。例えば、近江国蒲生郡西宿村の庄屋伊庭兵右衛門から伯太藩家中宛ての閏九月六日付書状[13]には「然ハ倅喜八郎儀、五ヶ村触頭被仰付、御米被下置難有仕合ニ奉存候」と記され、兵右衛門の悴喜八郎が東江州郷の村数と同じ「五ヶ村」の触頭となったことがわかる。また、伊庭家文書にも上神谷郷小谷家と同文の閏九月付「触頭勤書」が現存する。元禄一一年の所領替えから翌年秋にかけて、所領村々を五つの組合村＝「郷」に再編し、有力庄屋家の者を触頭に任じたのである。

各郷の触頭は、郷内庄屋中の上位に位置するだけでなく、「触頭中」と称される集団として結集していた。その一例として、三郷勘定・五郷勘定の仕組みを挙げておきたい。上神谷郷小谷家文書に残る宝永二（一七〇五）年より享保五（一七二〇）年までの郷入用帳[14]の形式は、いずれも泉河三郷の触頭から東西江州の触頭に宛てて作成されている。帳面では泉河三郷割・泉河江五郷割の内訳に続いて「右之通立会吟味之上相違無御座候、若相違之義有之候ハヽ、立合相改可申候」との書留文言が付されており、泉河三郷の触頭による算用を東西江州触頭に通知する形式であった。この時期の触頭は、領内各郷を統括する存在であると同時に、泉河三郷や泉河江五郷の「触頭中」としてまとまり、郷方入用を算用・管理していた。

二　畿内移転後の陣屋変遷と領内支配

1　大庭寺村への陣屋移転

続いて、元禄一一年の畿内への所領移転にともなって建設された大庭寺村の陣屋について、どのような機能をもつ施設だったのか確認しておこう。

元禄一一年から享保一二（一七二七）年まで存続した大庭寺陣屋の施設配置や居住家臣に関しては、後に作成された断片的な史料から推測するほかない。元禄九年に大坂町奉行所へ提出された「上神谷村高人家寺社大坂番所え指上ケ申候写」によると、大庭寺村の山年貢三石八斗四升一合のうち一斗八升が「地頭役人屋敷下ニ成引」とされ、すでに村山の一部が何らかの役所として収公されていたことがわかる。(15) なお、弘化三（一八四六）年の大庭寺村免状では、山年貢高が三石六斗六升一合に減り、別に八石九斗七升六合八勺の「御陣屋跡新開」と、四升の「御陣屋跡山年貢」が賦課されている。(16) つまり、元禄九年までに山年貢地の大庭寺村山のうち一斗八升分が役人屋敷となり、それを陣屋に転用したものが大庭寺陣屋となり、享保期に泉郡伯太村に陣屋が移された後は再び山年貢地に戻され、そのうち六升分は近世後期までに高八石の新開田畑として開発されたとみられる。

また、大庭寺村の陣屋所在地については法務局所蔵の旧土地台帳に「陣屋跡」という小字の田畑・山林が確認できる。この小字の地番を法務局所蔵旧公図で確認すると、「陣屋跡」は三木閉村との村境付近に計二八筆存在し、面積は合計二町八畝余となる。ちなみに廃藩置県後の伯太陣屋の面積は、①旧藩士屋敷地からなる民有畑・宅地が計八町七反、②「元陣屋跡官有地」の山地が一六町七反の計二五町四反と記されている。(17) 家中の屋敷地に相当する①のみで比較しても、大庭寺陣屋は後の伯太陣屋よりかなり狭小であったとみてよい。

ただし大庭寺陣屋には、隣接する三木閉村に「三木閉御屋敷」「三木閉御林」などの付属施設が確認できる。三木閉村は、延宝期に藩主導の新田開発によって成立した新田村である。延宝三（一六七五）年の新田用地収公にあたり、藩役人が地元村豊田村に宛てた「覚」(18) には、「豊田村みきとうし山年貢六斗」と「同村多米栗林山年貢五斗」の二口分が「御屋敷下并新田場ニ卯年ゟ挽置」(引) と記されており、新田開発と同時に「御屋敷下」用地が確保されていた。この「御屋敷下」については、一八世紀中期に書かれた小谷家の由緒に、寛文八年大坂定番退任から延宝四年まで藩役人が上神谷に引き移り、小谷次太夫宅を一時的な仮役所としたとの記載がみられる[19]。詳細は不明ながら、畿内での大坂定番退役や加番就任などに伴って、延宝二～四年にかけて大庭寺村・三木閉村一帯に役所が設置されたと考えておきたい。なお、元禄一一年以降の三木閉御屋敷には、牢屋敷や蔵・小役人長屋が置かれたようだが、蔵と長屋は享保五年に入札により売却される[20]。陣屋周辺に小役人の居住がうかがえるものの、享保五年の段階では不要となっていた。

ところで、大庭寺陣屋・三木閉御屋敷にはどのような家中が居住したのだろうか。この時期の陣屋には郡代梶原九右衛門と「代官衆」のほか、少なくとも小役人数名の居住が確認できる。例えば、豊田村の留帳「御触状之写幷諸事覚帳」（以下「諸事覚帳」とする）[21]によると、年貢収納に関する達は全て代官から庄屋宛の形式をとり、陣屋維持に要する人足・藁の徴発に関する達は、山中作兵衛・同七郎右衛門・多米長左衛門・浅野善左衛門などから村役人宛の形式で通達されている。山中・多米・浅野は上神谷郷の村出足軽の名前と一致する。建設当初の大庭寺陣屋には、少なくとも地方支配の拠点として郡代・代官が詰め、その手代として数名の足軽が抱えられていた[22]。

2　定番就任期の陣屋

元禄一四年、渡辺家は再び大坂城の玉造口定番を命じられた。『御家譜写』では、同年三月二八日に定番に任じられ、六月一四日に大坂へ到着、翌日に城入したと記されている。この時の上神谷郷内の動きを小谷家の「諸事覚帳」からみると、五月二六日に御雇御奉公人として上神谷郷に足軽一〇人、中間一一人が割り当てられ、また八月四～七日には同郷より御雇足軽二八人、御雇中間四〇人が出坂した。また「御代官衆中様大坂へ御引越」に伴って荷物運搬人足一五〇人が徴発され、陣屋詰代官三名が大坂に引っ越したことがわかる。ここでは家中引っ越し後の陣屋の実態について、年貢納入や陣屋施設の管理を検討しよう。

まず年貢米収納については、津出しを指示する際の通達ルートに変化がみられる。定番就任以前の元禄一二年分の年貢は、年貢免状によって取米が通知されると、藩が派遣した「納方之者」の立会のもと、各村郷蔵への納所が行われた[23]。郷蔵の年貢米は三分一銀納・江戸廻米・在払いの三通りで納入され、近在有力百姓や穀商人に売却される分は、「御売米村割」によって津出し先と米高が指定されていた。この「御売米村割」は、定番就任前年の元禄一三年分までは、代官から村々庄屋・年寄中宛の形式で通達されたが[24]、元禄一四年分の「御売米村割」は、代官から村々庄屋・年寄中宛の通達に、触頭小谷助之丞から村役人宛の廻状が添付されている[25]。また納入先に加えられた大坂屋敷への扶持米廻送では、触頭小谷助之丞が代官の「御状」を受けとり、村々郷蔵の残米を大坂へ送るよう指示している[26]。おそらく大坂定番屋敷詰の代官から各郷触頭を経て村々に指示が下り、触頭が津出しを差配する体制がとられたと考えられる。

次に陣屋の施設管理について、大坂玉造口定番屋敷の代官森新右衛門が触頭小谷父子に送った、武家奉公人の入牢に関する達書をみておきたい[27]。

〔史料1〕

(前欠)落(欠落)致所、御尋被仰付候得ハとらへ参申候、夫ニ付当分籠へ御入被成候付、明日暁方ニ爰許御出し被遣候而、三木閉新田村籠屋へ御遣候間、早々村々ゟ人足を呼寄被申候、大工共も被召寄候而、方々吟味被致こしらへ置可申候、明日七ツ過ニも爰元出可申候、多米長左衛門・川原田三左衛門居合候ハヽ、早々呼寄被申候、新田村へ被参候而、惣かこ井ニ竹ニ而垣致し、すいふん〳〵出来次第明日中こしらへ可申候、出来かね申候ハ、明日成とも可□□□

一、番人夜五人、昼四人、昼夜ニ十人ニ而有之候
一、朝夕給物之儀、前々も新田村ニてこしらへ給させ申候、庄屋ニ可被申出候
一、籠屋錠かきとも浅野善左衛門方ニ有之哉しれ不申候ハ、新田村之清兵衛前々之様子承合可被申候
一、右六尺不届もの召連被参候衆
御歩行目付衆
御足軽目付
其外足軽・中間共
（以下、中略）
十一月八日　森新右衛門（花押）
小谷太兵衛殿
同　太八殿
尚々、此書状も多米長左衛門・川原田三左衛門へも見セ可被申候、番人共へ火之用心旁々すいふん〳〵念入ヲ以可申付候、以上

この書状によると、代官森新右衛門は、大坂で欠落した六尺を三木閉御屋敷の牢に収容するため、牢屋の修復・番人の招集、多米長左衛門・川原田三右衛門らの召喚を小谷父子に命じている。多米・川原田・浅野はいずれも足軽であり、この時点では郷内居住を認められ、在郷足軽となっていた。つまり陣屋に藩役人は存在せず、触頭小谷父子とその指示をうける在郷足軽および郷内庄屋中のみが対応していたのである。

以上から明らかなように、大庭寺村への移転後間もなく命じられた大坂定番とそれに伴う家中の大坂移転に

より、大庭寺陣屋は空屋敷となった。この時期に作成された代官宛の諸願書は、領内村々から玉造口定番屋敷に直接持参されており[28]、所領支配の拠点となる地方役所は玉造口定番屋敷の中に置かれていた。享保五年の「泉河江立会算用」で、触頭小谷家居村・豊田村の立て替え分を確認すると、他郷村々や大坂への人足派遣入用が数多くみられる[29]。大庭寺陣屋は渡辺家の「在所」とされ続けたが、地方支配における実質的機能は失われたのである。

こうした在所の状況を踏まえて、玉造口定番屋敷の人員構成について補足しておきたい。享保一三年板行の『浪花袖鑑』[30]には、城代・定番・加番の在坂家中が掲載されている。定番渡辺家の項には、家老・用人各三名と取次九名の名前がみえるが、いずれも上層家臣であり下層まで含めた配属状況はわからない。在坂家中の構成については、享保七年一〇月の「泉河江御物成米銀払凡積」が参考となる。これは、領内での賄方仕送りにあたり年貢米使途を見積もった帳面で、在地側の上神谷小谷家に伝来したものである。ここではその内容をまとめた表1より、年貢米から支出される家中扶持米・諸入用の構成をみておこう。なお、定番は数年ごとに江戸参府を行うが、この年は大坂に在番中であることが確認できる[31]。

表1　享保7年　泉河江御物成米銀払凡積

項　目	銀　額
大坂　**物成**（347石2斗）	19貫443匁2分
〃　**切米**（86石7斗）	4貫725匁
〃　**金給分**（金166両）	10貫43匁
〃　役□薬種利	860匁
〃　上ケ金125両	7貫562匁5分
〃　正月物万端入用	6貫匁
〃　9月・10月雑用	14貫213匁
〃　11月・12月雑用	10貫匁
江戸　**物成**（141石）	7貫896匁
〃　**切米**（27石）	1貫471匁5分
〃　**金給分**（金160両・女中同値段）	9貫680匁
〃　上ケ金30両	1貫815匁
〃　9月・10月雑用	11貫522匁6分5厘
〃　11月・12月雑用	13貫915匁
河州村々丑三分一過出銀	1貫468匁6分6厘
在方未進・奉公人とも	24貫匁
奈良屋茶代	7貫700匁

典拠：国・小谷345　享保7年「泉河江御物成米銀払凡積」。

まず、藩財政は雑用銀・家中扶持米とも大坂分と江戸分に分けられ、大庭寺陣屋分の経費は立てられておらず、大庭寺陣屋における家中の不在は、この点からも裏付けられよう。また大坂・江戸の家中に対する支出割合は、家中扶持米・給金の三分の二を大坂分が占める。これを物成・切米・給金の階層別にみると、大坂分は物成層のうち七〇％、切米層では七六％、金給分で五一％となり、定番屋敷への配置は上・中層の家臣において顕著で、家中の大半を在坂させていたとみることができる。また家中以外の武家奉公人については、領内から徴発された中間（未進奉公人）を居村の宗旨改帳で確認すると、定番就任以前は江戸屋敷詰と記されていたものが、全て大坂詰に変化している[32]。

つまり、移転後すぐの大庭寺陣屋には、地方支配を担う一部家中や足軽などが居住したが、間もなく命じられた定番就任によって陣屋を離れ、大坂玉造口の定番屋敷詰めとなった。これ以後、泉郡伯太村へ陣屋を移転するまでの二八年間、地方支配機構も含めて藩の拠点は定番屋敷に置かれた。その結果、大庭寺村での家中居住は移転直後のわずかな期間に限られ、陣屋元村としての内実を欠くまま名目上の「在所」とされ続けたのである。

三　伯太藩財政と触頭・郷惣代

1　定番期の藩財政と郷内

以上、伯太陣屋建設までの伯太藩の陣屋と所領の変化についてみてきたが、本節では当該期の藩と領内村々との関係について検討しておきたい。第一節でみたように、元禄一一年の所領替え以降、藩領内では五つの

「郷」を単位とした地方支配が進められ、その統括者として各郷に触頭が任命された。ただし、二度目の大坂定番期の触頭については、町田哲氏や小酒井大悟氏の研究によって、宝永年中頃より藩への御用銀立て替えに関与するようになったことが指摘されている。(33) 当該期の伯太藩御用銀は、年貢の石代銀納分を先納させる方式がとられており、藩から村への返済は毎年の年貢算用を通じて銀納分との差し引きで決済されるものであった。(34) そして、和泉国の下泉郷内や上神谷郷内での御用銀の調達では、①触頭が藩に対する御用銀の納入責任を負い、②触頭が郷内村々に対して御用銀の割り振りを行う、③郷内に負担できない村がある場合は、触頭がいったん立て替えて藩に納入するので、触頭と当該村の間に利貸関係が生じる、④触頭や村々が自力で用立てられない場合は、堺や周辺村の有力者に「銀主」となってもらい、銀子を借用して納入を果たす、という実態が明らかにされている。

たしかに、上神谷郷豊田村や下泉郷黒鳥村・池上村の村方文書で各村での調達についてみてみると、正徳四（一七一四）年頃より江戸参府銀調達などを理由とする御用銀賦課が相次ぎ、いずれの村でも触頭や村々の有力百姓を介した他借・立て替えが急増している。(35) このようななかで藩は享保三年より藩財政への御賄方仕送り人の導入を計画し、その請印を領内各村に求めた。(36) それに対し泉河三郷村役人は、他借による上納銀三〇〇貫目が未返済である以上、村々が承知しても銀主が反対するだろうとの論理で上納銀完済を要求している。にもかかわらず、享保五年六月には厳しい家中倹約を条件として仕送り方導入が開始され、同一〇年一月になると領内村々が藩に歎願書（「乍恐以書付奉願上候」）を提出するにいたる。以下、その二条目を見ておこう。(37)

〔史料2〕

一、先年江村萩右衛門殿御金筋之義被申立、依之御郡代職被為　仰付、一廉御知行被下置候得共、自分ノ

才覚ハ相見不申、何茂百姓ノ印形以御要用相達候、然ル上ハ萩右衛門へ被下置候御知行ハ、百姓ゟ申請拝領被成候道理と奉存候、其後武田新十郎殿御抱被成候節、御物成方不残相渡シ可申との印形御領分之庄屋・年寄共へ被仰付候得共、決而不実之謀計と奉存、印形不仕候處、愚意之私共推量之通、右新十郎何方江立退被申候ハヽ、行末も不相知様ニ及承候、就夫ひしと御手支ニ罷成、諸役人様方之御了簡ニも難及之思召候ハヽ、百姓之仕送り違而御頼被為仰出、其上御入用之御帳面迄被下置候ニ付、無拠御為と奉存、数年高弐分之加免差上申候、此儀ハ世上ニ類も無之儀ニ御座候得共、至極御大切ニ奉候、殿様御心頭ニも御懸り被為遊候ハヽ、広大之御倹約ニも可被成と奉存候處、其功も曽而無御座、年々御他借相増歎ヶ敷奉存候、然處間宮平次郎と申仁仕送り方相勤来候ハヽ、六兵衛と申町人へ御拝領之御物成不残相渡し申候ハヽ、御用金八千両差出シ可申と御対談被致候由、其節ノ御米直段ヲ以相考候所、御物成ニ大分之不相応被申上候得共、其御考も不被為　遊御聞届之上、過分ノ知行被下置、既ニ御召抱被遊候様ニ罷成候而、度々私共被召出御難題之筋共被仰出、御大切ニ奉存候百姓共ハ、却而御見放被遊候御尊意と奉察、千万歎ヶ敷奉存候（以下略）

この歎願書によると、伯太藩では享保一〇年までに江村萩右衛門・武田新十郎・間宮平次郎らが抱えられ、金策や仕送りを請け負ったことがわかる。このうち江村については、豊田村小谷家文書において、享保元年に郡代を勤めていることが確認できる。(38)〔史料2〕の村側の主張によると、江村は「御金筋」を進上して家中に抱えられ郡代職を命じられたが、実際の資金調達では自らの資本・責任に拠らず百姓に請印を命じ、村々の反発を招くこととなった。また、武田新十郎も、領内の物成米請取を前提とする金策を進言したため、村々は「不実の謀計」として承引せず（武田はそれをうけて立ち去り）、そのかわりに加免を受け入れる。しかし藩の御他借は増え続け、新たに召し抱えられた間宮についても仕送りでの物成米運用をめぐる不正・私欲が糾弾されている。江村ら三名はいずれも金策請負にあたって知行を下付され、家中に召し抱えられており、扶持米給付と物成米運用によって生じる利益に目をつけ、藩財政に吸着する請負人であった。

さらに、ほぼ同時期に作成された、家中一八名から河州・上神谷両郷触頭および三郷庄屋中への覚書もみておきたい。(39)

〔史料3〕

覚

旧蠟被仰出年中仕送之儀、泉河江相頼、根来新左衛門屋鋪江引越、諸事調物等迄仕上ケ候様被仰付候、然ル上者泉河江之御納米高を相渡候間、右代銀を以致差引、其余者古借之方江可致返済候、勘略無之諸事入次第之様ニ而者、聊御為ニ不罷成候間、前々之勘略より者何事茂減候様諸役人随分心を付、新左衛門申合、御為ニ罷成候義者当り障ニ遠慮有之間敷候、若御勘略ゆるミ候様ニ及見候ハヽ、早々存寄可申上候、且又御極之内、金銀大分差出御仕送之手筋なと申候へ共、泉河江之納米渡置事ニ候へ者、不及其沙汰義候間、新左衛門落着キ御勝手向之□□出シ、心之および申程相働可申候、依之御勝手向之義者新左衛門江遂相談候様諸役人江被仰付候、先年茂両度迄御勘略之義被仰付候得共、不情ニ罷成候、此度者諸役人江右之趣急度相守候様被　仰渡候条、其旨可被相心得候、仍テ一札如件

享保十乙巳年□月

林権左衛門　印

岩尾三左衛門　印

（以下一六名　印）

松尾吉兵衛殿
小谷権之丞殿
三郷御庄屋中

「（裏書）表書之通無相違者也　巳二月（印）」

この一札では、藩は泉河郷のなかから下泉郷触頭の根来新左衛門に賄方仕送りを依頼したことがわかる。村々の強い反発をうけた藩側は、領外の請負人ではなく、泉河郷村々による仕送りを承知させたのであろう。新左衛門が請負った内容は、玉造口定番屋敷に詰め、領内から物成米を預かり、家中賄分を差し引いた残額を「古借之方」に返済するというものであった。宛先は河州郷・上神谷郷の触頭である松尾家・小谷家と三郷庄屋中であることから、新左衛門は泉河三郷の意向をうけ触頭として仕送りを承知したと考えられる。正徳期・享保期の泉河各郷の触頭は、元禄期の「触頭勤書」にみえる領内取り締まりのみならず、大坂・江戸双方における藩・家中の賄方捻出や借財返済といった経済的側面でも、領内での御用銀調達やその立て替え、仕送りの請負などにまで深く関与することとなったのである。

2　伯太陣屋成立後の郷内

以上のような藩財政の状況は、藩が定番を退き、陣屋を伯太村に移した享保年中まで持続した。しかし、伯太陣屋への移転以前に、郷内では上神谷郷の小谷家が病気を理由に触頭退任を出願したほか、この時期を境として他郷でも触頭の役職自体が確認できなくなる。触頭の廃止理由は不詳だが、地方支配において村を超える問題は各「郷」によって処理されることとなったのである。たとえば、かつては触頭が集団的に算用していた泉河江立会算用や泉河三郷勘定は、史料が残されている元文期以降、郷宿に各郷の「惣代」二〜三名ずつが集まって惣勘定を行う行事へと様変わりする。その勘定を記した立会算用帳は、享保五年までの作成方法とは異なり、各郷の庄屋から選ばれた「惣代」が「右之通、立会算用相違無御座候」との文言を添えて連印する形式に変化している。(40) 形式上は、触頭による算用から、各郷の惣代中による算用へ変化したと考えられよう。しかし、こうした動きを、触頭の不在化による庄屋中（惣代たち）の「民主的」郷運営として評価しうるだろうか。そこで注目されるのは、各郷における「惣代」の担い手である。

まず元文期以降の「惣代」について、泉河立会勘定帳の連印者（泉河三郷のみ）を整理した表2を見ておく。惣代の人数は各郷二、三名で、また惣代経験者も比較的固定している。なかでも顕著な例が下泉郷で、元文期から文化期まで、黒鳥村庄屋黒川武右衛門が惣代を勤め続けている。近世黒鳥村の村落構造を明らかにした町田哲氏の研究によれば、黒川家は享保期まで黒鳥村年寄をつとめ、所持地も村内で五五石を持つようになり、村に課された多額の御用銀の大部分を立て替えるなどして、享保一七年以降文政期まで庄屋役を世襲した新興有力庄屋であった。(41) もう一名の惣代は、伯太村・春木川村・（下条）大津村・池上村の庄屋が入れ替わりで勤めるが、板原村や黒鳥上村は一度も確認できない。春木川村と伯太村の庄屋は延享期までほぼ交代で勤めており、黒川武右衛門につぐ有力な庄屋であったと考えられる。このうち春木川村の惣右衛門は延宝期から続く庄屋家で、「善六」はその惣右衛門家の系図に七代目当主宗助の三男として記されている。(42) 以上から、この時期の下泉郷では、黒川家を定惣代とし、もう一名の惣代は庄屋在勤年数の長い者が担ったと考えられる。また寛延期以降は、伯太村の庄屋も黒鳥村黒川家とともにほぼ「定惣代」といいうる状況になっている。伯太村の庄屋が惣代を勤めた回数は黒川に次いで多く、陣屋元村庄屋として下泉郷内の主導的立場に浮上したといえよう。

このように「定惣代」をつとめる黒川武右衛門だが、当該期の下泉郷では比較的在勤年数の少ない庄屋家で

表2　泉河各郷の郷惣代（立会勘定の連印者）

	肩書	河州郷		上神谷郷			下泉郷			典拠史料（番号）
元文2	—	〔古室〕 武右衛門	〔？〕 平右衛門	〔三木閉〕 徳兵衛	〔？〕 角兵衛		〔黒鳥〕 武右衛門	〔春木川〕 惣右衛門		泉河江州立会算用帳 （国・小谷87）
寛保元	—	↓	〔蔵之内〕 伝兵衛	↓	〔豊田〕 長左衛門		↓	〔伯太〕 甚左衛門		同上（国・小谷2229）
寛保2	—	↓	↓	↓	↓		↓	〔春木川〕 善六		同上（国・小谷90）
寛保3	—	〔北木ノ本〕 重右衛門	〔大黒〕 平九郎	↓	↓		↓	〔伯太〕 儀左衛門		同上（国・小谷91）
延享元	惣　代	↓	〔蔵之内〕 伝兵衛	↓	〔？〕 六之丞		↓	〔春木川〕 善六		同上（国・小谷94）
延享2	惣　代	〔古室〕 武右衛門	↓	↓	↓		↓	〔伯太〕 徳兵衛	〔大津〕 弥五平	同上（国・小谷95）
延享4	惣　代	↓	↓	〔田中〕 佗十郎	〔畑〕 弥惣兵衛		↓		↓	同上（国・小谷96）
寛延3	惣　代	〔林〕 仙助	（同上） 兵九郎	〔三木閉〕 徳兵衛	〔豊田〕 長左衛門	〔大庭寺〕 与左衛門	↓	（同上） 儀左衛門		同上（国・小谷93）
宝暦元	惣　代	↓	↓	〔田中〕 池田 甚太夫	↓		↓	↓		同上（国・小谷2230）
宝暦2	惣　代	↓	↓	↓	↓		↓	↓		同上（国・小谷2231）
宝暦6	郷惣代	↓	↓		↓	〔小代〕 喜左衛門	↓	（同上） 与一		同上（国・小谷2232）
明和6	惣　代	↓	↓	（同上） 安右衛門	〔釜室〕 藤右衛門	〔大庭寺〕 与左衛門	↓	（同上） 甚左衛門		三郷支配銀并上神谷支配勘定帳 （国・小谷2233）
明和9	惣　代	〔古室〕 与惣右衛門	↓	↓	↓		↓	↓		三郷支配勘定帳 （国・小谷97）
安永2	郷惣代		↓		↓	（同上） 定右衛門	↓	↓		三郷支配勘定并谷支配打帳（関大・小谷203）
安永8	郷惣代	〔大井〕 得左衛門	〔国府〕 勝兵衛	（同上） 仁之助	（同上） 左太郎		↓	↓		三郷勘定帳 （国・小谷2234）
文化元	郷惣代	〔飛鳥〕 真右衛門	〔北木ノ本〕 政太郎		〔畑〕 茂兵衛	（同上） 芳次郎	↓		〔池上〕 角右衛門	泉河立会勘定帳 （関大・小谷237）
文化8	郷惣代	〔駒ヶ谷〕 勘兵衛	↓	（同上） 池田 甚太夫	↓	（同上） 伊之助	↓	（同上） 甚三郎		同上（関大・小谷250）
文化11	泉河月 番惣代	〔飛鳥〕 権右衛門				↓			〔大津〕 平八	肥し代銀返納日延願 （国・小谷4351）
文政4	郷惣代	↓	（同上） 樋口政太	（同上） 池田直作		↓		（同上） 甚左衛門	〔池上〕 角右衛門	泉河立会勘定帳 （山本家2－187①）
万延2	郷惣代		（同上） 浅野吉 左衛門		〔豊田〕 左太夫	〔大庭寺〕 山中豊 左衛門	（同上） 浅井市 右衛門			御救米下付願 （国・小谷4978）

〔　　〕内は村名（村名が記されていない場合、前後の帳面から判断して記入したものもある）。「↓」は継続を示す。

ある点に注意したい。武右衛門が黒鳥村の庄屋となったのは享保一七年のことで、その数年後の元文期には既に物代を勤めている。一方、黒鳥上村の三右衛門は元禄期から庄屋を勤め、池上村の角右衛門も正徳期には既に池上出作の上泉一一四石分において庄屋職にあった。[43] にもかかわらず、新参の武右衛門が定物代となった背景には、どのような事情があったのだろうか。

次にやや時期が下るが、文化五（一八〇八）年に黒川武右衛門が伯太役所の代官に提出した歎願書を検討しておきたい。

〔史料4〕[44]

（端裏付紙）「御役所へ歎き願書」

乍恐御書付を以奉願上候

御銀札元黒鳥村
黒川武右衛門

一、祖父武右衛門之節、御上様ゟ銀子御用達之儀被為仰付、右武右衛門年々御用達仕候銀子御滞り高、都合三百五拾貫目余御証文被為　下置御座候処、右御証文不残奉差上候、其後御召出之上、恐多茂御書下ケを以、苗字帯刀御合印御上下頂戴仕、幷御扶持方米永々被為　下置候、尤帯刀之儀ハ大作仕候私シ家之義ニ御座候得ハ、乍恐御断奉申上候、其節帯刀格ニ被為　仰付、難有御請奉申上候、御書付弐通共所持仕罷在候御事

一、亡父武右衛門之節、御用達被為　仰附、毎年御残り銀高都合百三拾三貫目余御滞りニ相成御座候処、右銀高之内過半御減少之上、銀子六拾貫目弐拾ヶ年御年限ニ被為成下、毎年黒鳥村御物成米御引当テ之御証文ニ御書入被為　下置候、然ル所御当分ハ御極通り御渡シ被為　成下候得共、其後年々御減少、二

十ヶ年之処三十九ヶ年ニ相成り、漸々去ル丑年迄ニ御皆済被為成下候、此儀も御下ケ銀手当ニ仕候得ハ、纔宛御渡被成下、甚難渋仕罷在候御事

一、亡父武右衛門之節、岩附弥左衛門様御代官御役中、去ル宝暦四戌年毎度私シ宅江御光来被下、御銀札御用御内談之上、翌亥年御銀札出来仕、其節ゟ御銀札元印形御頼被為成、当時他国迄も通用仕、乍恐奉恐悦候、最早当辰年迄年数五十四ヶ年ニ相成申候得共、無滞御用相勤罷在候、然ル所十五ヶ年以前寅年、前代未聞之大凶作ニ付、必至与差詰り難渋仕、其後年々凶作相続キ、殊ニ近年肥シ代銀高直ニ罷成、下人給銀も相増シ候得者、百姓引合不申、困窮廻り候様ニ罷成、他借仕度奉存候得共、御銀札御用相勤罷在候得ハ、銀主へ引当テ差入候而も銀子取替不申、乍恐御上様之御外聞ニ茂相成、御銀札故障等御座候而ハ奉恐入候ニ付、親類手寄り之ものゟ内借仕、是迄相凌申候ニ付、近年来逼塞同様ニ仕罷在候段、去ル丑年乍恐先　御郡代様江御内意書付を以御願奉申上候処、江戸表江御窺被　成下候様ニ被　仰下候処、其後御死去被為成候ニ付、御願奉申上候義茂差扣罷在候処、去ル寅年十一月御代官様方江御願奉申上候処、当時御検（倹）約被仰出候得ハ、先々差扣候様被仰下候御事

右前書之趣奉願上候通、近年凶作ニ付農業大作仕候ものハ格別難義強ク御座候、然ル処先年祖父幷親共義、御奉公同様ニ銀子御用達仕候得共、年隔り候得ハ、当時御見捨ニ相成、私シ名跡相続無覚束成行候哉と歎ヶ敷奉存候、此段被為　聞召訳ケ、恐多茂新御銀札弐拾貫目、十五ヶ年之間御利足御減少被成下、拝借銀奉願上候、尤御返銀之義者、十五ヶ年御割合御利足付ニ而、毎年御元利共無滞急度返上納可仕候、右御銀札拝借御聞済被為　成下候ハヽ、御摺立御入用之義ハ私シゟ相弁奉差上候、此段乍恐江戸御役人様御用ニ付、御逗留被為　有候義奉承知候ニ付、何卒御憐愍を以御銀札拝借之儀御聞済被為　成下候ハヽ、名跡相続仕、御慈悲難有可奉存候、以上

文化五年辰五月廿一日

黒川武右衛門（印）

河原田順吾様

小山郡右衛門様

稲葉仙右衛門様

ここでは、黒川武右衛門が文化期に歎願を出すまでの伯太藩との関係を窺うことができる。その一つは、「銀子御用達」としての活動である。一条目によると、祖父武右衛門の代には「年々」に渡って都合三五〇貫目の銀子を上納し、藩の借入証文を「不残奉差上」、その債権を放棄したことで「苗字帯刀格」と扶持米を獲得した。また父武右衛門の代にも銀子調達を続け、藩からの未返済銀六〇貫目を黒鳥村物成米を引き当てとして二〇年賦で返銀する旨の証文が作られたが、渡し米が減少した結果、「去丑年」（文化二年）まで三九年かけて漸く完済された。年数を逆算すると、父武右衛門の銀子調達時期は明和期と推定される。

もう一つは、伯太藩の藩札（銀札）に関わる業務である。三条目によると、父武右衛門は宝暦五（一七五五）年に代官の内談をうけて銀札発行をはじめ、跡を継いだ武右衛門まで五四年に渡って札元を勤めた。しかし、「十五ヶ年以前寅年」の寛政六（一七九四）年には不作で経営が傾き始める。ところが銀札発行元という性格上、諸方の銀主も立て替えを望まず、仕方なく親類などから「内借」を重ねて凌いできたと主張する。銀主が銀札発行元への融資を渋るのは、領主の介入による踏み倒しを危ぶむためであろうか。武右衛門は「御奉公同様ニ銀子御用達」を行った経緯を縷々述べ、新しく発行する銀札のうち二〇貫目の拝借を歎願している。

以上の歎願書より、定物代にあった時期の武右衛門について、二つの側面に着目したい。第一に、御用銀の上納と債権放棄が苗字帯刀格の特権獲得につながり、おそらくそれが郷内庄屋中との関係に影響を与えたと考えられる。下泉郷では、黒川武右衛門没後の文政七（一八二四）年に庄屋間秩序をめぐる争論が惹起するが、その内済状には「郷分立会席定者、苗字帯刀□方格別、其余者古役ゟ上席可有之事」との箇条がみられる(45)。おそらく苗字帯刀を上席とする特権は争論以前からのもので、藩への銀子上納は郷内でのヘゲモニーを獲得する足掛かりになったと推測される。

第二に、こうした「銀子御用達」や銀札発行は、黒川家の経営拡大や郷内での台頭を後押しした一方で、経営にとってはリスクにもなった。願書によると、経営悪化は寛政期の凶作にはじまり、一度退転しはじめると、銀札元の立場で他借することは困難であった。その後の武右衛門は、町田哲氏の研究で明らかにされているとおり、文政四年に亡くなり、武右衛門が抱えていた「諸方大借」は、武右衛門家の所持田地計四一石を村内の「引負人」が買い受け、その代銀と堺奉行所の貸付銀で諸方銀主へ返済し、堺奉行所への返済については引負田地に応じて債務を割り、一〇年季で返すことになった(46)。そして翌年には黒鳥村の庄屋役も退役した。

なお、一八世紀後半の武右衛門は、村内外に対して多くの融通や貸付を行っており、その範囲は周辺の他領村々にも及んでいる。例えば、寛保三（一七四三）年〜延享元（一七四四）年には、黒川武右衛門の子武三郎が伯太藩領池上出作庄屋角右衛門を口入にして、大和小泉藩領の組合村である近隣の黒鳥坊村・豊中村・肥子村・池上村本郷に御用銀四八貫二〇〇目を調達している(47)。武右衛門家は居村の黒鳥辻村内に五四石余の土地を所持し、同じ黒鳥村内の集落である大和小泉藩領黒鳥坊村においても「黒鳥村之内主膳正殿出作百姓ニ而、高も多ク所持仕罷在候、殊ニ外出作百姓とハ由緒御座候百姓」とされるほど田地を集積していた。大和小泉藩領村々への銀子調達では、延享元年の限月が過ぎた翌年七月に、武三郎から奉行所へ訴状が出されている。相手方の領主小泉藩役人が一五年賦での内済案を示すと、武三郎は「内済之儀、年賦と申てハ得心不致候、伯太表へも大分銀子出シ有之候間、其かまいニも相成候故」と述べ、伯太藩への多額の出銀を理由に、年賦返済での内済を断っている。この黒川武三郎とは、訴訟時期からみて、〔史料4〕の祖父武右衛門と同一人物であろう。つまり、相給領主の村々など密着した地域社会内での利貸経営・御用銀立て替えと、藩への銀子の「年々御用達」はほぼ併行して行われ、手元の有銀による調達のみならず、返済分の利益を見込んださらなる上納や貸し付けが常態化していたのである。

黒川武右衛門は、伯太陣屋に隣接する黒鳥村の庄屋であり、陣屋移転後の藩財政においては、それ以前に領内の立て替えなどを担った触頭中の集団にかわって、御用銀上納や銀札の発行業務などを一手に引き受ける存在となっていた。こうしてみると、一八世紀の伯太藩財政は、陣屋に隣接した黒鳥村の有力者・黒川家の活動にかなりの程度依存していたといえる。黒川家は、以上のような藩との関係を背景として、藩領を含む泉郡平野部の「社会的権力」として成長したが、同時にそこに内包された矛盾から一九世紀前半には没落してしまったのである。

おわりに

本章では、伯太藩の所領村々に残る史料から、一八世紀中期までの伯太藩による藩領支配の展開と領内の触頭および郷惣代のあり方を検討した。

伯太藩渡辺家は、寛文期の大坂定番就任に伴い、泉河で一万石が加増されて譜代大名となったが、後の「泉河三郷」の村々はほぼこのときの加増地に含まれ、武蔵国比企郡の所領とは異なり、定番の領地としての性格をもつ村々として藩領に編成されることとなった。寛文八年～延宝四年には、定番退任後の役人の一部が上神谷に移住し小谷家を仮役所としたとする記載が小谷家の由緒に見え、和泉国大鳥郡大庭寺村・三木閉村の一部が屋敷地として収公されるなど、定番退役やその後の加番就任による移動の過程で、畿内の所領においても仮陣屋が設置された。

元禄一一年、所領替えにより武蔵国の領地が近江国に移され、伯太藩の在所はすでに仮陣屋の屋敷が存在する泉州大庭寺村に移された。このとき、多くの家中と奉公人は江戸藩邸詰めとなったと考えられるが、大庭寺村にも代官以下地方支配機構の役人などが詰めるようになった。また、領内村々は所領替えをうけて五つの郷に再編され、各郷に触頭が任命された。触頭は、所領・陣屋移転後の新たな地方支配体制のもとで「触頭中」として村々の取り締まりを担った。

ところが大庭寺陣屋への移転後間もなく、伯太藩は大坂定番となり、元禄一四年より享保一二年までの間、家中の約七割が大坂の定番屋敷に詰め、大庭寺陣屋は家中不在の「在所」となった。この時期、郡代・代官をはじめとする地方支配機構は定番屋敷にあり、定番屋敷は定番の詰所であると同時に、藩領村々の地方役所としての側面をもった。そして享保一三年、渡辺家の定番退任に伴って伯太村への陣屋移転と陣屋諸施設の急普請が実施されたのである。

こうしてみると、一八世紀半ばまでの伯太藩の地方支配体制と陣屋元村の実態は、所領配置や大坂定番・加番という職制に規定されて流動的であったといえる。定番大名の中には、旧来の在所に陣屋を持ち続け、そこに地方役人が残される場合もあるが、家中の大半を大坂に配置する体制や、畿内役知領の村々に対する地方支配のあり方は、伯太藩とも共通する可能性がある。定番屋敷についても、都市大坂での定番の藩邸としての側面に加えて、所領の支配役所としての性格を持つ点に注目する必要があるだろう。

また、陣屋の支配機構についても、享保期までは、所領変更や番方の役職動員に伴って不安定であった。本章で検討した大庭寺村・伯太村の両陣屋を比較すると、当該期の陣屋のあり方は家中の居住や地方支配機構の所在という点において対照的である。そのようななかで地方支配の末端として比較的強い権限を与えられた存在が各「郷」の触頭だったのである。近世中期における小藩の定着過程やその陣屋元地域の特質を考える際、所領の加増などに加えて、陣屋元村の実態や地域社会との関係などをも具体的に明らかにする必要があろう。

藩領社会においては、元禄期の所領変更以後、村々の散在性は強いものの全所領が畿内に集められることとなった。この所領移転後に編成された組合村の単位が「郷」である。各郷の触頭は扶持米を下付され、新開の許可、村々間争論の内済、年貢納入の監督などの権限を許され、郷方入用は五郷の「触頭中」によって集団的に算用・管理された。触頭の存在は享保一一年頃までは史料で確認できるが、一八世紀初頭に藩財政が逼迫しはじめると、新たに触頭および郷中による上納銀立て替え・郷借などが増加した。その上納銀調達をめぐっては、郷内村々のなかで、さらには各村の村内においても触頭や有力村役人の利貸関係が広がり、そうしたなかから後に定惣代となる黒川武右衛門が村レベル、郷レベルにおいて触頭中にかかわる有力庄屋として台頭した。伯太村へ陣屋を移した伯太藩は、隣村の有力庄屋となった黒川家に目をつけ、その資金力や利貸活動にかなりの程度依存することで財政維持を図ったとみることができる。黒川家はそうした関係を背景として、伯太藩領を含む平野部村々の社会的権力として成長し、そこに内包された矛盾から一九世紀前半に退転していくのである。

伯太陣屋の成立以後、郷運営のあり方は触頭の不在化によって大きく転換する。郷という枠組みは、藩によって任命された触頭中の中間支配領域ではなく、形式的には庄屋中を代表する「惣代」の結合体へと変化した。ただし、惣代の選出は、各郷の内部秩序によって規定され、下泉郷においては元文期から文政期まで黒川武右衛門が定惣代であり続けた。黒川家は陣屋元周辺地域の有力庄屋として、藩への銀子用達を契機に苗字帯刀格を獲得し、領内の別格庄屋として郷惣代・四郡所領惣代の地位を占めた。一八世紀中期以降の藩領社会――泉河三郷および下泉郷の運営――を主導したのは、在方において藩財政を請け負う存在となった陣屋元地域の有力庄屋だったのである。

〔註〕

（1）宮本裕次「大坂定番制の成立と展開」（『大阪城天守閣紀要』三〇、二〇〇二年）。

（2）水本邦彦『近世の村社会と国家』東京大学出版会、一九八七年、同『近世の郷村自治と行政』東京大学出版会、一九九三年。

（3）町田哲『近世和泉の地域社会構造』山川出版社、二〇〇四年。

（4）吉田ゆり子「兵農分離と地域社会の変容―和泉国大鳥郡上神谷を中心として―」（同『兵農分離と地域社会』校倉書房、二〇〇〇年）、渡辺尚志編『畿内の村の近世史』清文堂出版、二〇一〇年。

（5）町田哲『和泉市史紀要第４集　近世黒鳥村の地域社会構造』和泉市史編さん委員会、一九九九年、同「近世黒鳥村の村落構造と運営」（『歴史評論』五七五・五七六、一九九八年、のち同『近世和泉の地域社会構造』山川出版社、二〇〇四年所収）。

（6）『寛政重修諸家譜』第八巻（巻第四七八）。

（7）白鳥隆興氏所蔵文書（『和泉伯太藩上屋敷跡―地下鉄七号線溜池・駒込間遺跡発掘調査報告書１』一九九四年）。

（8）佐々木栄一『相給村落の成立と形成―武蔵国比企郡野本村を事例として―』東松山市史編さん室、一九八二年。

（9）註（4）に同じ。

（10）国文学研究資料館所蔵和泉国大鳥郡豊田村小谷家文書六四五九。各郷触頭については、同六四三〇（以下、同館所蔵の小谷家文書については「国・小谷史料番号」と表記する）。

（11）国・小谷六四二四。

（12）国・小谷六四二五。

（13）立教大学所蔵・近江西宿村伊庭家文書213。なお、同家文書により、近世後期の西宿村伊庭家は、東江州郷の在地代官のような役職にあったことがわかる。また『日本歴史地名大系25　滋賀県の地名』（平凡社）では大供村（西江州郷）に伯太藩の代官所が置かれ、代官は代々古我家（元触頭）が勤めたと記されている。飛び地領である東西江州郷では、元触頭の二家が引き続き代官として登用され、地方支配の一部を担当したと考えられる。

(14) 国・小谷七二、七三、八六、二二二三～二二二六。
(15) 国・小谷一〇〇五。
(16) 国・小谷三二九四。
(17) 和泉市池上町南清彦氏所蔵史料・箱19―120「明細帳」。
(18) 国・小谷五一一六。
(19) 国・小谷二七四三、延享三年「御役人方江急ニ指出候由緒貫書之趣為心得記」。
(20) 国・小谷五一二六。
(21) 国・小谷二六三二（元禄一三年）・二六三三（元禄一四年）。
(22) 納所の際に各村郷蔵への納米を監督する「納方之者」は在郷足軽が勤めた。
(23) 国・小谷二六三一。
(24) 国・小谷二六三二、元禄一三年「御触状之写并諸事覚帳」。
(25) 国・小谷二八五、（表紙欠）〔諸事触書控留帳〕。
(26) 国・小谷二六三四、元禄一五年「御触状之写并諸事覚帳」。
(27) 国・小谷三五七八。
(28) 南清彦氏所蔵史料・箱10―93。
(29) 国・小谷二二二七。
(30) 大阪市史史料集五三輯『難波雀・難波袖鑑―近世大坂案内―』。
(31) 『御家譜写』（註(7)）。
(32) 当該期の武家奉公人の実態については、本書第四章を参照。

(33) 註(5)町田論文。小酒井大悟「近世前期の地域社会における土豪の位置」(渡辺尚志編『畿内の村の近世史』清文堂出版、二〇一〇年、のち同『近世前期の土豪と地域社会』清文堂出版、二〇一八年所収)。

(34) 本城正徳「伯太藩在払とその市場的条件」(『日本史研究』一八六、一九七八年、のち同『幕藩制社会の展開と米穀市場』大阪大学出版会、一九九四年所収)。

(35) 南清彦氏所蔵史料・箱11―136「享保二用事後代亀鑑」。本史料では御用銀をめぐる触頭と池上村との関係について次のような証文が確認される。

受負申銀子之事

一、銀弐〆八百四拾五匁五分六厘

右ハ御地頭備中守様ゟ当郷へ被為仰付候御用銀割方ニ候処、当分村ニ而調不申候故、郷中壱所ニ他借成被下候様ニ御願申候ニ付、借用被成上納成被下忝奉存候、万一御返弁御遅引被成候歟、又ハ銀主之好ニ而済替等之儀有之、御入用候ハヽ、何時成共取立返済可申候、若小前滞儀御座候者、連判之者ゟ急度埒明、各々之御苦労ニなと罷成申間敷候、為後日受負証文仍如件

享保三年戌二月十日

銀請負人
池上出作百姓　武右衛門
〃　徳左衛門
〃　太左衛門
〃　八兵衛

同　御年寄中
郷中　御庄屋中殿
根来新左衛門殿

これは池上村の伯太藩領(出作)の「銀請負人」から、下泉郷触頭の根来新左衛門ほか郷中に宛てられたものである。まず二貫八四五匁余の御用銀は「当郷へ被為仰付」とあり、触頭が郷内から集銀し、上納したと考

えられる。この史料で注目すべきは、宛先が触頭や郷中であるにもかかわらず、池上村の「百姓」から出されたことである。池上出作の庄屋桃田理左衛門は、相給の大和小泉藩領（本郷）の庄屋役でもあったが、両方の御用銀返済に差し支えて、大和小泉藩から庄屋役の罷免を命じられている（本書第六章）。そのため百姓が銀請負人となって、他借で調達した御用銀の返済を約束したのである。なお、本郷で桃田とともに庄屋役にあった岸田武右衛門も、この直後に身体限りとなって破産する。この史料では、銀子調達は「当分村ニ而調不申候」と記されているが、それは右のような状況で村内に銀主がなく、また庄屋退転によって村借もできない事態を指すものと考えられる。そうした時期に御用銀が賦課されたため、「郷中」の保証による他借で対応したのである。「郷中壱所ニ」とあることから、銀主に対しては触頭と郷中が請人となり、郷中と池上村の間ではこの証文が効力をもつという、二重の債務関係だったと考えられる。池上村では、岸田武右衛門や組頭徳左衛門らが「銀請負人」となり、村内小前からの取り立てを約束している。

(36)　国・小谷四五七二。
(37)　国・小谷四五五五、同四五五六。
(38)　国・小谷六四三〇、享保元年「乍恐以書付御断申上候」。
(39)　国・小谷四五五四。
(40)　国・小谷八七～九七、二二二八～二二三四。
(41)　註(5)町田論文。
(42)　春木川町・中塚家系図。
(43)　註(5)町田論文、本書第六章。
(44)　室堂町横田家文書・冊3―27―2。室堂村横田家と黒川家の間には縁戚関係があった。
(45)　黒鳥町浅井竹氏所蔵史料・箪笥4―2―1「御用留」。
(46)　註(5)町田論文。
(47)　南清彦氏所蔵史料・箱12―52「銀子出入日記」。

第三章　伯太陣屋と陣屋元村

はじめに

伯太藩は、享保期以降、幕末に至るまで、和泉国泉郡伯太村の陣屋を在所とした(1)。本章では、伯太陣屋の特質と陣屋元伯太村の構造について具体的に明らかにすることとしたい。

伯太陣屋の空間構造については、大越勝秋氏や米田藤博氏による研究(2)がある。特に大越氏の研究では、陣屋内部を「伯太陣屋村(3)」と捉え、歴史地理的な視点から陣屋内の施設配置の特質や、所領配置における陣屋の軍事的役割などが指摘されている。しかし、陣屋元村全体を捉える視角は弱く、伯太村の都市的要素や陣屋と村との具体的な関係などは見落とされている。近世伯太村のあり様に即して、伯太藩の「在所」であった陣屋元村の全体像を把握し、さらには藩領社会と陣屋元村との関係を具体的に明らかにする必要があろう。

こうした点で、陣屋元村の研究として参照すべきは、吉田伸之氏の城下町論である。吉田氏は前近代の主要な都市類型の一つである城下町の生成から展開までを、中世の武士の「イエ」を祖型とする「原・城下町」から、近世の「巨大城下町」に至る発展段階として位置づけた(4)。さらに近世の陣屋元村を「近世においても不断に再生」される「城下町の幼生＝プロト城下町」として把握し、①「所領の支配・行政・司法の中枢」である陣屋の所在、②町場＝「街区」の展開と、農間渡世として商手工業に携わる者たちの存在、③寺院の集中といった「都市性」を城下町の初期段階として抽出している。[5] 藩領社会における都市として陣屋元村の内部構造に言及し、諸藩城下町との比較類型的捉え方を指摘した点が重要であろう。一方で陣屋元村では①～③の諸点にも「村」の秩序に規定される側面を残しており、「都市性」の形成という点では、陣屋元「村」が都市化する契機や、村社会と陣屋の共在関係といったプロト城下町の実態を具体的に明らかにすることが必要である。さらに、初期的な城下町の都市性としては、①～③の他にも社会的分業の進展度を反映するものとして、陣屋元村における家臣団の存在形態や「日用」的存在の形成にも注意を払いたい。

また、近年の幕領支配研究では、幕領における代官陣屋や出張陣屋の機能について、各代官所や陣屋元地域に即した具体的分析が蓄積されている。それらの研究では、陣屋の人員構成や維持管理の局面に加えて、代官所機構の外部から地方支配を補完した郷宿や陣屋元村名主の役割なども検討されてきた。[6] 郷宿や陣屋元名主は政治・支配拠点としての陣屋元地域に広くみられ、領内の惣代庄屋制とともに脆弱な領主支配を支える存在であったとされている。こうした諸存在についても、小藩での存在形態を明らかにするとともに、陣屋元村伯太村の社会構造や藩領社会との関係のなかで、その成立や特質を把握したい。[7]

対象とする伯太村は泉州泉郡に位置する村落で、近世の村高は五六三石余、藩領では中規模の村である。『和泉市史』第二巻には、伯太村の村方文書として、同村の庄屋をつとめた青木家の古文書一六点が翻刻されている（ただし、市史編纂以降、原本の所在は確認されていない）。青木家文書によると、一八世紀半ばの村内人口は五五一人、[8] 後述する明和期の触には一〇五名の請判がみられるので、家数は一〇五軒程度となる。村内には称念寺・西光寺・常光寺・龍雲寺の四ヶ寺があり、このうち常光寺まで三ヶ寺が浄土真宗西本願寺派で伯太村の檀那寺であった。[9] なお、元禄一六（一七〇三）年に堺奉行所に提出された「寺社改帳」の写しによると、伯太村には右の三ヶ寺のほか、上堂天神社（上の宮、現・伯太神社）、下堂天神社（下の宮、旧・菅原神社）、熊野権現（現・丸笠神社）の三社があった[10]。このうち上堂天神社境内には「地蔵堂」、熊野権現の部分には「薬師堂　禅宗東福寺派堺大安寺下　新宮山東光院龍雲寺」とあり、熊野権現の境内寺院として龍雲寺が存在した。

以下、第一節ではまず陣屋元村伯太村の空間構造を検討し、続く第二節・第三節で陣屋建設による村内の変化や、陣屋を含む伯太村の村落秩序について検討していきたい。

一　近世伯太村の空間構成

1　陣屋建設以前の伯太村

伯太藩は寛文期に大坂定番を勤めるまで、武蔵国比企郡に三五〇〇石の知行所をもつ旗本であり、定番に就任して譜代大名となった後も、元禄一一（一六九八）年までは比企郡野本村に陣屋を置いた[11]。その後、「元禄の地方直し」によって武蔵国の所領を近江国内に移されると、陣屋は泉州大鳥郡大庭寺村に置かれる。ただし同一四年に再び大坂定番を命じられ、享保一三年に伯太陣屋へ移転するまでの二八年間は、大坂定番屋敷に藩庁が置かれた。

伯太陣屋が建設された場所は、泉郡北部の信太山丘陵上にあたり、一七世紀後半までは草山として利用されていた。陣屋建設以前の用益形態がわかる史料として、延宝六（一六七八）年の山論裁許状をあげておきたい[12]。

〔史料1〕

覚

今度渡辺越中守知行所泉州泉郡伯太村と小堀源兵衛代官所・片桐主膳・渡辺越中守入組知行所同国同郡□黒鳥村之内上村・坊村・辻村三ヶ村と致山□候ニ付、遂僉儀候処、黒鳥三ヶ村之内百姓□之由申候、伯太村ゟハ入組ニ而無之旨□にも無之候、然処近在信太郷□次第ニ申付候様ニと前廉相互ニ双□書物迄いたし候ニ付、右七ヶ村之者共召寄、様子相尋候処ニ、信田（太）七ヶ村之者とも申候ハ、論山ハ伯太村地内之山由申候、其上伯太村田地等も論所之内ニ有之候へハ、伯太村地面ニ相用候間、自今以後、黒鳥三ヶ村之者論山へ一円入□申間敷候、右之□□□迄相互ニ守り可申候、少も違背仕におゐ□ニ可申付候、為後□双方へ書付相渡□

延宝六□四月九日　日向　印

□代官

この裁許状は、伯太村と伯太村の南側に位置する黒鳥三ヶ村（黒鳥村は幕領の上村・大和小泉藩片桐家領の坊村・伯太藩領の辻村の三集落からなる）との山境論に関するものである。争論は京都町奉行所において争われ、黒鳥村は係争の山について伯太村との入会を、伯太村は自村のみの村持山であると主張した。京都町奉行は、伯太村北側に隣接する信太郷七ヶ村の者を召喚して事情を尋ねたうえで、係争地を伯太村地面であると裁定しており、陣屋建設以前の丘陵部は伯太村の村山や田畑として用益されていたことがうかがえる。なお、寛文五（一六六五）年に起こった信太郷・黒鳥村・一条院村の間での信太山境界争論の裁許絵図では、後に伯太陣屋となる一帯は「伯太村山」とされている[13]。以上から、陣屋建設地はもともと伯太村百姓が用益する「伯太村

山」であり、その谷筋内には伯太村百姓の田地も存在したことを確認しておく。(14)

2　陣屋建設後の村落景観

次に、建設後の陣屋を描いた絵図から、近世中期以降の伯太村の空間構造をみておこう。

図1は一八世紀半ばのものと推定される「泉州伯太陣屋之図絵」(15)である。図中に「渡辺越中守在住」とあることから、作成時期は伯太藩主が「越中守」と称した登綱（享保二〇年～明和四年）・豪綱（天明三～四年）・則綱（天明八年～天保三年）の時代に限定され(16)、各屋敷の家臣名も併せて考えると、登綱期のものと推測される。また、図2は「和泉国泉北郡伯太御陣屋跡」の題が付された明治初年頃の陣屋絵図(17)である。

図1と図2では陣屋内の空間構成はかなり変化しているものの大手門は小栗街道に面して設けられ、丘陵上に御屋形や家中の屋敷が広がっていた。そして、陣屋のすぐ東側は他領の信太郷七ヶ村立会山に、南側は黒鳥村の村山にそれぞれ接していた。両山との境界は、図1では山道や山・谷などによって隔てられているにすぎないが、図2段階では陣屋周囲を囲繞する土塀が描かれている。伯太藩では明和七（一七七〇）年頃に大規模な陣屋普請を実施したことが確認できるので、図1は明和期の修復前に作成されたと考えてよいだろう。

続いて陣屋内の施設配置をみておきたい。まず陣屋の中心である「御屋形」は、図2では陣屋の最奥に位置したが、図2では陣屋の前方部に移されている。家臣団屋敷についても、図1では「御屋形」周辺が「御林」や池などで区切られ、その外側に家臣団屋敷が広がるのに対して、図2では御殿を囲むように屋敷が配されており、中心部の屋敷は御殿方向に玄関を設けている。これらの家臣団屋敷は、図1で四一軒、図2では六九軒を数える。屋敷数の増加は、後述する明和期の普請の影響と、家中の新規召し抱えや分家による増加を想定しておきたい。このほか下級役人や武家奉公人の生活空間として、図1では「御屋形」北側に「御厩」「勤番小

①総御門
②西番所
③組部屋
④御作事
⑤馬屋
⑥中元(中間)
⑦御蔵
⑧御馬屋
⑨御蔵
⑩民政所
⑪武元権八
⑫太田淳庵
⑬竹田祐之進
⑭竹内真平
⑮渡辺栄三郎
⑯岩附八角
⑰太田鉄男
⑱高見宗馬
⑲須賀真平
⑳向山雄助
㉑吉田定助
㉒山中善太
㉓和田泰庵
㉔田中田中(ママ)
㉕浅井三治
㉖片山藤内
㉗西野又一
㉘小寺重内
㉙稲葉静右衛門
㉚沢内岩三郎
㉛坂田一平
㉜廣田晋治
㉝石井新之助
㉞足立文助
㉟鴨田順助
㊱岸田伴吾
㊲沢田新二
㊳井田由治
㊴田中乙二
㊵武元良助
㊶長坂要人
㊷□□廣吾
㊸佐竹勇三郎
㊹宮崎平内
㊺加藤直記
㊻長坂九郎右衛門
㊼森理左衛門
㊽岡安好
㊾中川菊馬
㊿丸谷柳助
51富原順助
52表御殿跡
53東御殿跡
54清水丞八
55小山勝治
56青木辰
57山中粂治
58杉浦寛吾
59下村彦六
60今井貫平
61鈴木一馬
62林橘夫
63山田謙良
64白鳥貞興
65西川殿治
66西川佐十郎
67野々村倫右衛門
68山田儀兵太
69天野左右衛門
70梶原平三
71坂尾治郎平
72麻生環
73畠地
74桐生為右衛門
75中川隆之助
76三上勇治
77柳井吾助
78井田与一
79鴨田積
80小山文治
81浅井幸治
82山中三喜
83東御門
84火薬庫
85御外庭
86丸笠御門

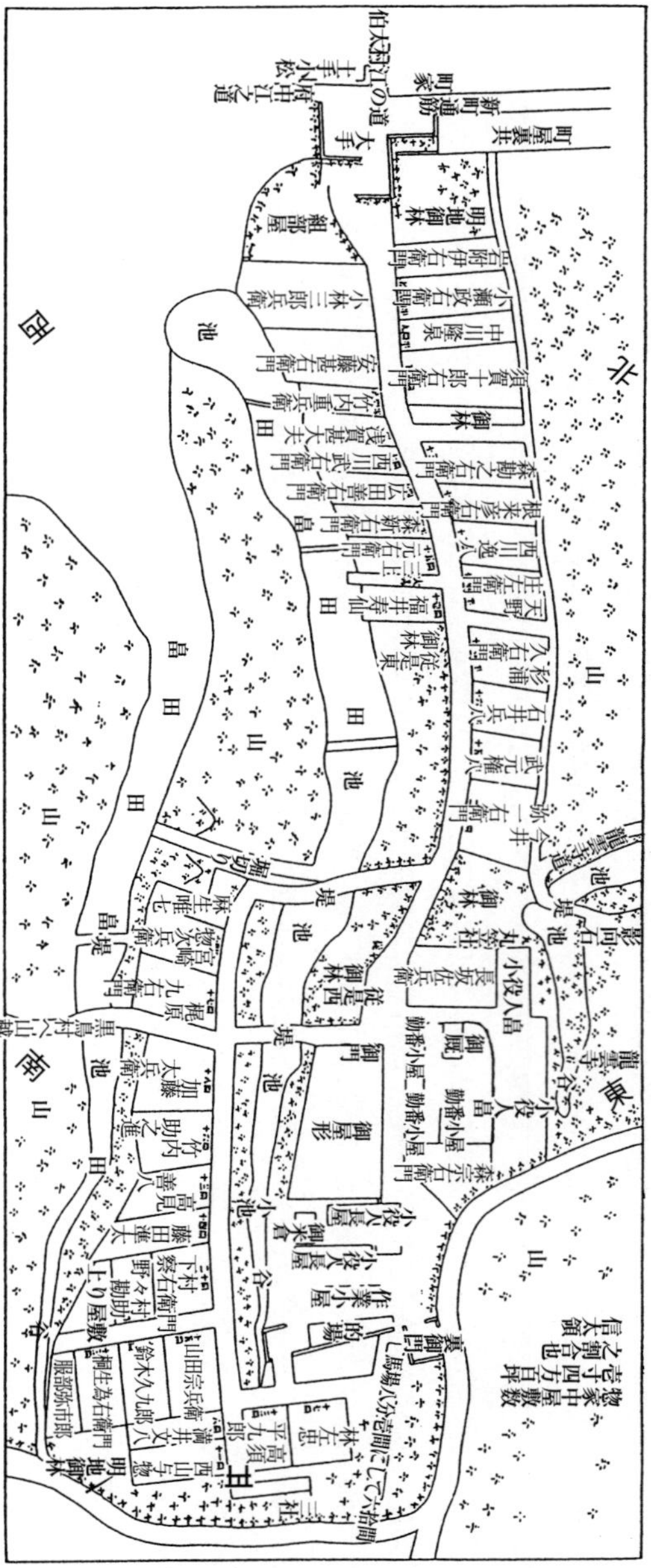

図１　「泉州伯太陣屋之図絵」岸和田高校蔵（20-26）（『和泉市史紀要第10集松尾谷南部の調査研究』和泉市史編さん委員会、2005より転載）

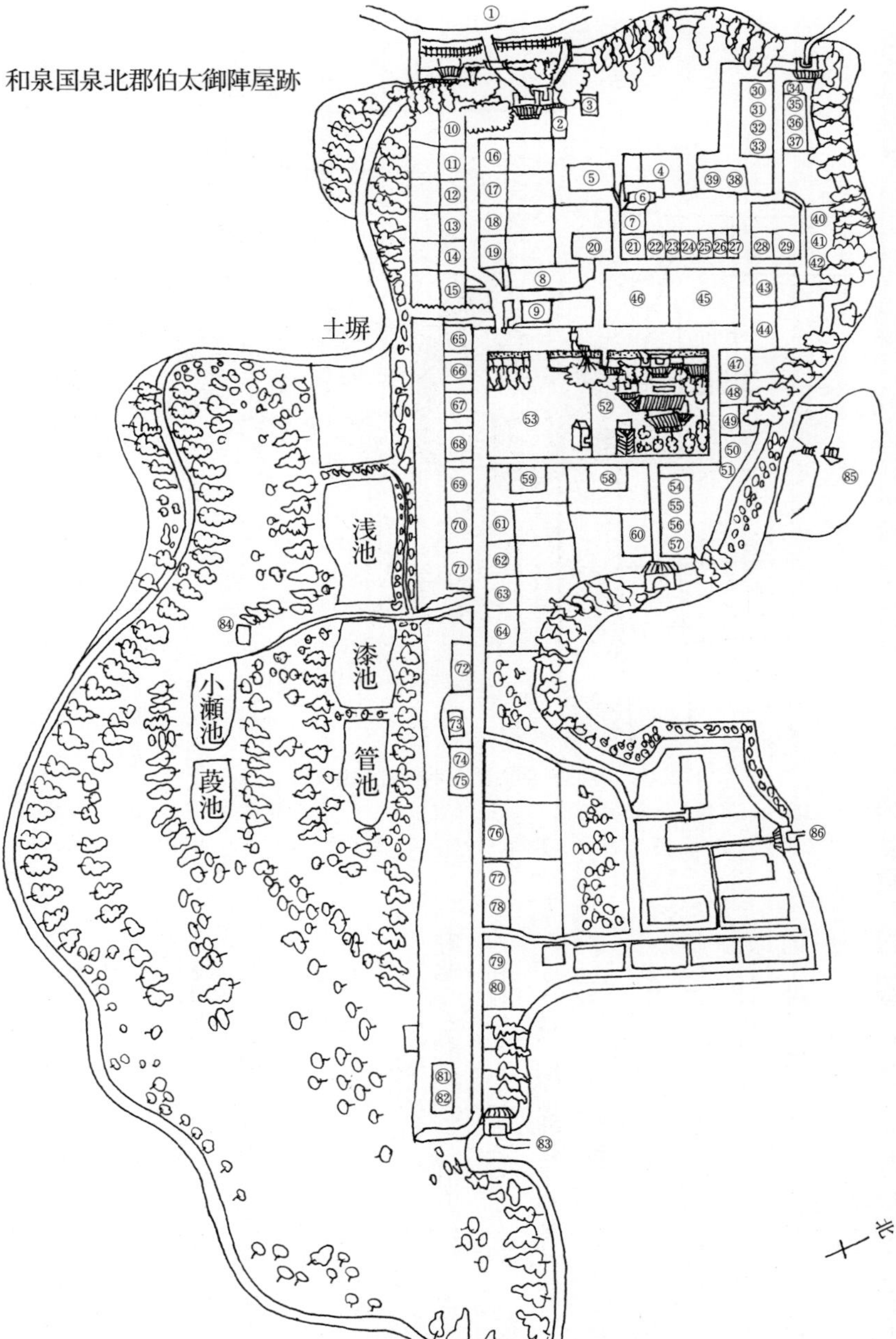

図２　明治初年頃の伯太陣屋絵図（大阪歴史博物館所蔵の絵図をトレースして作成）

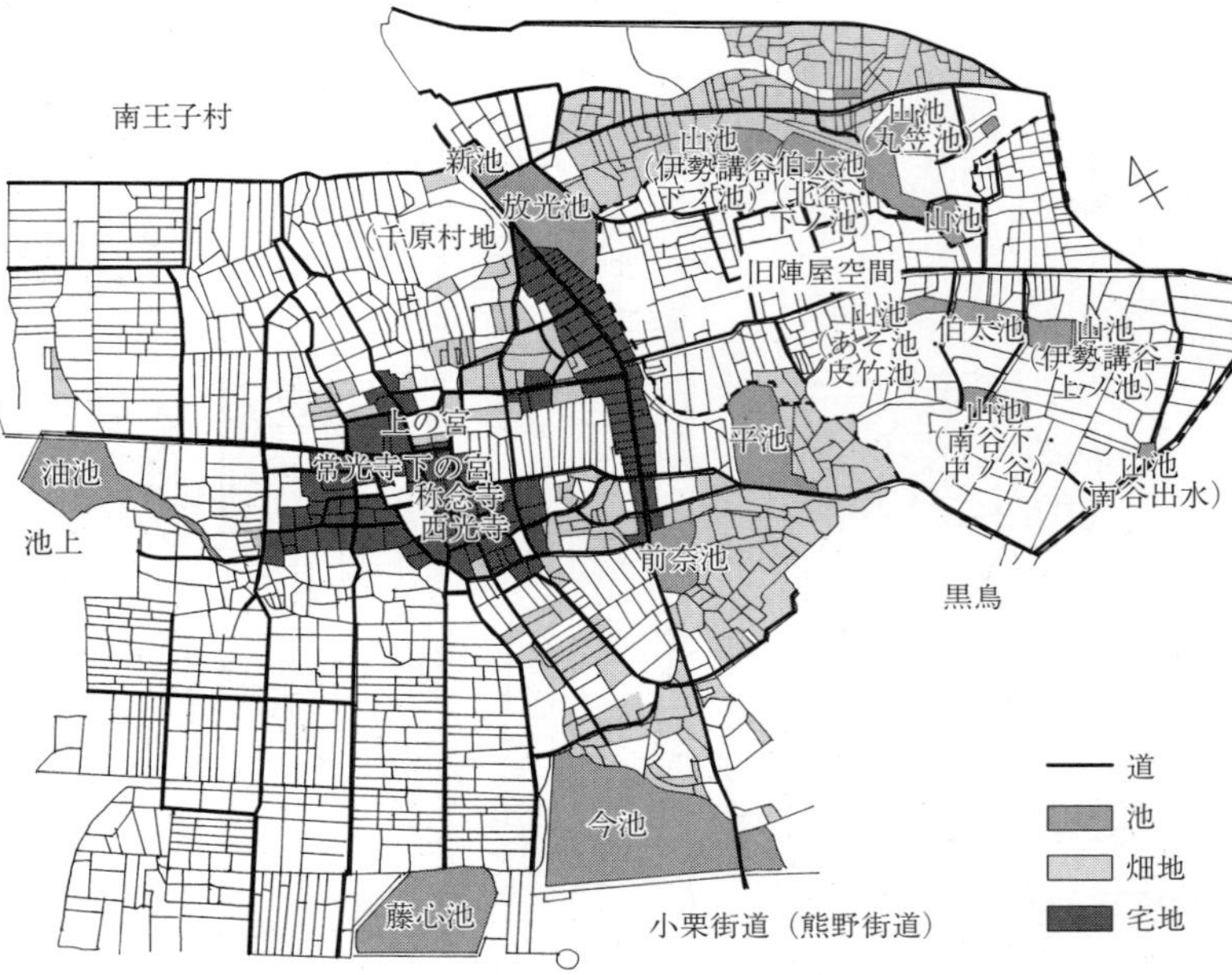

図３　明治期後半の伯太地籍図

伯太実行組合所蔵文書「今池・藤心池・平池・前名池・放光池法郷絵図」をもとに加工（同絵図については、『市大日本史』17、2014年に掲載されている。溜池との関係上、旧陣屋空間内の詳細な土地利用については不明）。

屋」、東側に「小役人長屋」などがみえ、図2では陣屋の総御門付近に「御蔵」「御作事小屋」「馬屋」「中元（間）」「組部屋」が所在した。

陣屋外部の状況については、図1左端の陣屋大手門が面する小栗街道（熊野街道）には「新町通筋」と記され、この道筋にそって「町家」「町屋裏」が描かれている。また新町通りと直交して「伯太村江の道」が存在する点にも注意したい。

図3は、明治期後半の地籍図をトレースしたものである。伯太藩領は一八七一（明治四）年七月の廃藩置県により伯太県となるが、同年一一月には堺県に編入される。このとき伯太村では、旧陣屋部分のみで「伯太在住」という行政単位をつくり、その後一八八六年に伯太村と合併す

るまでの間、独立した村として存続した。「伯太在住」の範囲は図の右側丘陵一帯に相当し、内部には比較的大きな区画が連続している。一方、「伯太在住」の西側を通る小栗街道の両側には短冊型の宅地群がみえ、さらにその西側にも少し離れて集落がある。図1と対照すれば、「町家」「町屋裏」は街道沿いの町並みにあたり、「伯太村江の道」の先に伯太村百姓集落があった。

隣村池上村の庄屋南家に残る一八七五（明治八）年の「明細帳」には、伯太村と「伯太在住」それぞれの戸口・人口が記載されている。[18] それによると、伯太村は家数一六五戸、人口六七一人、「伯太在住」は一〇三戸四六五人とある。伯太村については近世を通じて人口が増加し、「伯太在住」に関しては廃藩置県後にも一〇〇戸を超える旧家臣団が居住し続けた。このように近代初めの旧伯太陣屋元村は、①「伯太在住」＝旧陣屋部分、②小栗街道両側の家並、③街道からはずれた村の中心集落という三つの屋敷群からなっていたのである。

二　陣屋移転と伯太村

1　伯太陣屋の建設とその背景

以上の空間構成を踏まえて、本節では伯太陣屋建設の過程と、その背景を検討する。

伯太陣屋の移転時期について、『寛政重修諸家譜』では、享保一二（一七二七）年四月一八日に「大庭寺の居所を同国泉郡伯太にうつす」と記され、翌年の七月一九日に藩主が「大坂にをいて卒」し、定番を退任したと記載されている。[19] ところが、領内の上神谷郷豊田村庄屋小谷家が書き留めた「御公儀御用・村方諸事用之控」（以下「御用・村用控」と略す）[20] には、享保一二年四月二四日付の代官達書に「然者下泉伯太村へ□休所替御願被遊候所、御願之通、此度江戸表ゟ申参候」とあり、『寛政重修諸家譜』の移転時期は、幕府から「御休所替」の許可が下った時点を指すことがわかる。では、実際の陣屋移転はいつどのように進められたのだろうか。「御用・村用控」の中の達書や人足・材木等の供出記録をみると、四月の居所替え赦免以降、移転関係の通達が最初に確認できるのは、享保一二年八月付の二通である。そこには「下泉伯太村□□《（御陣カ）》屋普請ニ付、高百石ニ付人足八人掛り被仰付候、来ル九日ゟ御普請被仰付」とあり、領内より高掛人足が徴発されている。人足は「伯太村地普請人足」とも記され、この段階では地普請が開始されたばかりであった。そしてこれ以後翌年三月まで、普請に関する通達や人足徴集は途絶え、三月一五日になって「伯太村御陣屋地普請ニ付、明十六日ゟ罷越候、見分之上地割ニて村々へ相渡可申」との通達により、各村に地普請の担当範囲が割り当てられている。

その後、五月下旬から七月初旬には陣屋内施設普請に関する達書や人足・材木供出に関する記録が頻出する。それらによると、五月末から六月の木材伐採・運搬人足徴発は九回に及び、六月以降、陣屋普請そのものが本格化している。材木・竹に関しては上神谷郷の「三木閉山」（三木閇御林）での伐採が確認できるが、次に掲げた家中両名から小谷権之丞宛の書状[21]には、六月中旬の上神谷における供出状況が示されている。

〔史料2〕

一筆申遣候、（中略）然者御陣屋御普請ニ付、左之通之材木御入用ニ付、三木閉御林之内為伐申候、只今ゟ挽セ申候、廿日頃ニ御入用ニて候、万一間ニ合申間敷哉と存候、委細之義善左衛門へ申遣し御相談給候、其元ニ若ひき置可有之哉、無左候ハ、何れニて成共御才覚可給候、廿日頃ニ調候へ者能候、今明日ゟ為挽申候ハ、、間ニ合不申候ハ、、善左衛門ゟ相談可致候間、宜御相談可給候

一、壱丈壱尺之三寸

五十本程　壱寸八分ニ二寸ぐらい

一、弐間ノ三寸

五六十本程

一、厚六分ノ松敷板

十坪斗

急御入用右之通ニて候、委細者善左衛門罷越相談可致候間、左様御心得、宜御相談可給候

右可申入候、如此候、已上

六月十日

浅賀甚太夫

岩尾三左衛門

小谷権之丞殿

書状によると、三木閉御林で伐木・製材が開始されたものの、材木が必要となる二〇日には間に合う見通しがなく、「急御入用」の材木三種一〇〇本余りについて小谷家保管分を確認すると同時に、なければ他での調達を依頼している。このように御用材の多くは谷内随一の山持である小谷家の持山や上神谷山々から伐出されたと考えられる。

また、七月には材木運搬ではなく竹・縄・麦わらの供出が目立つようになる。この時期の普請は、家中の浅賀甚太夫が小谷権之丞に宛てた七月五日付書状に「井堀之義」は「御普請御急ニ付、諸事急ニ申付」や「左程上手ニて無之候ても不苦事」と記されるほど突貫作業で進められた。そして七月一九日には藩主が死去し、伯太藩は定番の任を解かれた。八月下旬には家中の岩尾三左衛門から小谷権之丞に、妻の伯太村への引っ越しの

ため荷物運搬人足の調達を依頼する書状が確認でき[22]、家中の移転が開始される。

以上の経過をみる限り、居所替え認可後の約一年間、伯太村の陣屋予定地は地普請も完了せず、更地状態であった。しかし、享保一三年六月に急きょ普請が始められ、陣屋と家中の屋敷群はわずか数か月の突貫工事で造作された。伯太村での新陣屋建設は、藩主の死と定番退役が決定的となるなか、玉造口定番屋敷詰家中の移転先を確保するために浮上した事業だったといえよう。

伯太陣屋への移転以降、伯太藩の家中らは、藩主の役職就任などにかかわらず、幕末まで陣屋に定住することとなった。移転直後の人員構成を示す史料は現存しないが、宝暦一一（一七六一）年に作成された倹約見積書「御家中渡幷諸御入用」には、江戸・伯太詰家中の人数と、物成米・扶持米・給銀の見積もりが記されている[23]（第一章表1参照）。これによると伯太陣屋・江戸藩邸の両方に家中と奉公人が存在し、伯太陣屋詰は家中八三人、奉公人七九人であった。家中における陣屋詰の割合は、物成層で六二％、扶持方四〇％、石給八九％、給金三三％となり、陣屋には上層家中や中堅の石給層が分厚く配置されていた。また、台所方の下役や陣屋の施設管理を担う賄席・徒士などの役人も多くみられる。一方、所領から調達される足軽（「新組」も含む）・中間など奉公人層は、組名に若干の差異がみられるものの、江戸とほぼ同人数であった。このように、伯太陣屋には地方支配役人のほか、藩中枢の上層家中や諸役人ら武士身分だけでなく、下役や武家奉公人といった非武士身分が集住したのである。

定番退任の際、大庭寺陣屋が放棄された理由としては、定番就任中に空屋敷となり、敷地も伯太陣屋に比べて狭小だったなどの事情が考えられる。一方の伯太村には、街道に面した丘陵上に、広大な未開発の山地が存在し、藩庁や多数の家臣屋敷を配置するには好適と判断されたのであろう。伯太陣屋への移転は、藩主の死期が近づくなか、大坂詰家臣の屋敷地を確保するために計画された可能性が高い。

2　伯太村への家中移住

それでは、この陣屋移転に際し、家中の移住はどのように進められたのだろうか。まず、移住当初の家中の状態を示す史料として、明和期の陣屋修復に際する次の書状が注目される(24)。

〔史料3〕

（端裏）「御領分不残村々へ御頼被成候書付写」

御屋敷構他領境ニ而今度不宜候故、御時節連々御移り替御家作被成、御家中も四十一年余在宅ニ而村々も可及恐恐候ニ付、近々屋敷内江御引取被成候積り候得共、御時節柄故今年迄延々ニ相成り候、元来大坂ゟ御引移り候節、俄ニ御建作有之故、古家・古材木を以仮御住居建候事故、近年及大破候也、御修復等為積候所、建直シ同様御物入多候故、当時御不如意之御時節柄ニ而候得者、先御見合も被成御座候得共、来年者　殿様御初入ニ候得者、何連も御修復無之ニ而ハ不相済候、建（ママ）修復等夥敷御物入候ゟ是非一度ハ家作無之而ハ公辺も不宜候故不被得止事、当御屋敷凡之場所移替御普請被仰付候、右御入用積りゟハ多ク入候故、尤御居間御家作之義候得共、郷中村々ゟ近年困窮之百姓一両年麦作不宜、夫食等相願候程之義、且又先年加免も指上候故、不被及其義候、右御入用不足銀所々銀主江御願被成、五ヶ年ニ御返済可被成候筈候、然ル共右返済之引宛無之候間、来卯年ゟ未年迄五ヶ年之間、高壱石銀壱匁ツヽ致上納候様御願被成、右上納銀を以、毎暮銀主へ御戻し可被成候、五ヶ年過候ハヽ、申年ゟ利分相添御戻し可被成候、其節如上納指継米毎年御年貢を以引取可申候、此旨申達候様、従江戸表被仰下候由

寅六月十五日

これは、陣屋詰役人から領内村役人宛ての書状で、伯太陣屋普請費用として村々に御用銀上納を要請したものである。年欠だが、干支や小谷家文書に含まれる他の普請関係史料より、明和六（一七六九）から九年にかけての陣屋修復に関わって、同七年（寅年）六月に作成された書状と判断できる。[25]書状には「御屋敷構」と家中屋敷地について、普請の必要性が記されている。まず「御屋敷構」については、他領境に位置するのが不都合なので移転が必要とされている。「他領」とは、図1に見える「信太領」のことであろう。一方の家中屋敷については、伯太村への移住後四一年にわたり家中が「在宅」し続ける状況に村々が恐々としており、近々に陣屋内へ引き移す見込みであったが、財政的事情から先延ばしされてきたことがわかる。現在の陣屋家作は大坂からの移転時に古家・古材木を用いて俄かに建てた「仮御住居」で既に大破し、建て直し同様の費用が必要となる。伯太藩はその不足銀を五年賦で借用したが、その返済銀を高掛御用銀として上納するよう求めたのである。ここでは、移転当初の陣屋の状況について、以下の三点を確認しておきたい。

第一は、陣屋の御殿空間についてである。特に、陣屋家作そのものが「大坂ゟ御引移之時節」すなわち定番退役に伴って急普請された点が重要である。先述したような急普請の結果、御殿空間にさえ古材木が使用され、明和期には既に「大破」し、荒廃した状況がうかがえる。

第二に、家中のなかに、明和七年まで約四〇年余も「在宅」状態の者が存在したことである。「在宅」に恐々とする村側の反応や、「屋敷内江御引取」が目指される状況から、「在宅」は陣屋構内の外部、つまり伯太村領に居住する状態を示すと考えられる。一部の家臣は陣屋内に屋敷地を建設できず、明和期まで陣屋外での生活を持続したと考えられよう。

第三は、右の状況を収束させた今回の普請の意義についてである。書状によると、この普請では従来の御殿空間の移転とともに「在宅」家中の屋敷内引き取りが企図されている。つまり、先掲図2のように周囲を土塁が囲み、伯太村からも明確に区画された陣屋空間は、明和期の修復普請によって形づくられたものだったのである。

3　新町の形成

では、大坂定番退役を契機に突如として陣屋元村となった伯太村では、どのような変化が見られたのだろうか。ここでは伯太村百姓らの対応について検討したい。次に掲げた史料は小谷家文書の書状綴りに含まれる家中安藤氏からの書状である(26)。共に綴られた書状類の作成年から、享保一三年の陣屋移転後間もなくのものと推定される。

〔史料4〕

尚々、無理ニ宿ニと相頼申ニて無之候、勝手ニあしく候ハヽ、勝手次第之事ニ候、勝手ニも能候ハヽ、宿ニ被致候様御頼ニて給候、河州辺ハ先日長右并国府之又左衛門江相頼、何茂心得候由、昨日長右・又左衛門物語□□申候、何分宜頼入候事、追而此中預置候諸道具おこし忝無相違請取申候事

其後者不懸御目候、太兵（衛脱）初皆々御無持（事）候哉承度存候、頃日者弥兵之進被遣、如被仰越、三郎右衛門大坂表首尾能引渡相済、此許へ引移太悦申候、然共眼病勝不申難儀申候、然者拙者宿久左衛門姉聟播磨屋庄兵衛と申者、陣屋之外ニ屋敷を建申候而、宿屋をいたし候、尤ぬし細工人与両様心かけ普請大概出来申候、其辺庄屋此表江出用事も有之、止宿歟又昼支度・休息等も右庄兵衛方ニて休有之候様ニ致度候、毛頭けんづけ（権付）ニハ頼不申候、貴殿并太平寺村長兵衛江相頼候間、外々江御取持頼入度候、近日其辺庄屋中江庄兵衛相廻り候様ニ申付候、参候ハ、宜御指図頼入候、三郎右衛門儀も我等同然ニ宿之縁家之事ニ候間、懸

御目候ハ、相頼可申候得共、其元薬御腹用之由ニて、懸御目候程も不相知候間、態々人頼如是ニ候、尚待面上候、恐々謹言

十月廿八日　　　　　　　　　　安藤□□　□□（書判）

小谷権之丞殿

本書状の作成者である安藤某は、享保一三年板行『浪花袖鑑』の定番渡辺氏の項に、家老に次ぐ役職として掲載された御用人の安藤甚右衛門と推測される(27)。本書状により、伯太村に移住した上層家中と伯太村百姓との関係について、次の点が明らかとなる。

第一に、安藤の居住形態についてである。安藤は「此許」すなわち伯太村に既に移住し、同輩家中の「三郎右衛門」も後任定番家中へ職務や屋敷の「引渡」を終え、伯太村に移ったことを知らせている。この「三郎右衛門」は、『浪花袖鑑』に伯太藩家老として記載された小林三郎右衛門と推定される。つまり、この書状が作成された一〇月頃に、藩の定番職務と後任定番への玉造口定番屋敷の引き継ぎが完了したといえよう。また先に伯太へ移った安藤の居所は陣屋の拝領屋敷ではなく、百姓久左衛門家を「宿」とする借宅である。書状の最後には、三郎右衛門も「宿之縁家」と記されており、安藤と同じく久左衛門家に借宅していた。〔史料3〕の「在宅」とは、このような百姓家での借宅を意味し、当初は家老・用人層の上層家臣でさえも、借宅するような状況だったのである。

「在宅」については、家老筋の小瀬家が幕末に作成した「先祖略記」にも、「同拾三年《享保》申七月十九日、基綱院様御逝去被遊候ニ付、御家中大坂御役屋敷引払、泉州御知行所在家江引越候ニ付、我等義茂八月廿三日泉州伯太村在家江引越(28)」との文言がみられる。おそらく移転当初は大半の家中が百姓らの「在家」に借宅する形を

とったのであろう。

第二に、家中の移住に対する伯太村百姓の反応に注目したい。書状によると、安藤の宿主である久左衛門の姉婿庄兵衛は、「播磨屋」の屋号で陣屋外に屋敷地を普請し、宿屋を始めた。その営業は、御用のため陣屋に赴く領内村役人への止宿・休息場所の提供で、典型的な郷宿業者といえよう。この播磨屋をめぐって注目されるのが、領内庄屋中との得意関係の形成と、安藤による仲介である。安藤は上神谷郷の有力庄屋衆豊田村小谷権之丞と太平寺村長兵衛に対して、郷内の庄屋中への「取持」を依頼している。また「尚々書」では、「毛頭けんづけニハ頼不申」という表現に、婉曲ではあるが家中としての立場が表明されている。また「尚々書」では、河州郷村々の庄屋二名にも同様の斡旋を持ちかけ、既に了承を得たことが示されている。このように伯太村百姓の一部は「在宅」する家中との関係を梃として郷宿や御用商人・職人となり、大手門前の小栗街道に屋敷地＝「町家」を構えはじめた。小栗街道沿いの「新町通」はこうした動きによって形成された新たな町場だと考えられよう。

以上から、建設当初の伯太陣屋では、定番屋敷の引き継ぎと家中移住が優先された結果、諸施設や屋敷普請は後回しにされ、上級家臣さえも百姓家に在宅せざるをえない状況であった。それは伯太村の百姓たちを「恐々」とさせるだけでなく、久左衛門・庄兵衛のような積極的な反応をも呼び起こし、陣屋元村に都市的な空間〈新町通〉が成立する契機ともなった。元文期以降の「泉河三郷立会勘定帳」によると、伯太村の郷宿は大坂屋庄兵衛・河内屋久兵衛の二軒にほぼ固定されている。[29]〔史料4〕の播磨屋は大坂屋と同じ「庄兵衛」を名乗ることから、同一の家であろう。また、こうした郷宿以外にも、伯太村には風呂屋・酒屋・瓦屋・日雇頭や「福田屋佐兵衛」「府中屋嘉兵衛」などの屋号をもつ百姓が確認でき、[30]新町の両側には、陣屋需要に特化した営業者・職人が軒を並べたと考えられる。

三　陣屋元村の都市性と村落秩序

1　藩領における新町の都市性——郷宿と日雇頭

こうした陣屋元村の形成過程を踏まえて、本節では一定の都市化を遂げた伯太村のあり様と村落秩序との関係を明らかにしておきたい。

伯太村の都市性としてまず注目されるのは、前節で指摘した「新町通筋」の様相であろう。文政四（一八二一）年に作成された「泉河三郷」の郷入用帳「泉河三郷立会勘定帳」[31]（表1）によれば、三郷入用として勘定された費目のなかに、三郷惣代参会の場として「河内屋」「大坂屋」の郷宿二軒が確認できる。また、三郷参会のため酒十飯分を調達した「畑茂」や、藩主の発駕後に補銀を遣わした伯太村の日雇頭などの存在も注目される。

郷宿については、文化五（一八〇八）年に伯太藩から大鳥郡豊田村に出された申し渡しの端裏書に「豊田村之者、伯太新町と云処迄、何か願事有之しか、大せゐ参、トガ被仰付」とあり、その本文に、豊田村の百姓らが「伯太新田町」へ押し掛け、村役人を介さずに役所へ越訴することを企てたことへの処罰が記されている[32]。ここから伯太村の「新町」は「伯太新田町」とも呼ばれる村内町を形成したこと、さらに領内の村役人が役所に出願を行う際の滞在地であったことがわかる。さらには、領内の百姓らを滞在させ、訴訟や出願の世話を行うことも業務としていた。

このうち大坂屋については、文政七年に起った「下泉郷分一統」の争論[33]で、伯太村庄屋の甚左衛門と下泉郷

表１　文政４年　泉河三郷立会勘定帳

勘定内容	銀額（匁）	支払先（含立替）
上神谷惣代上下６人15日夕飯代	9.00	河内屋
〃	6.00	大坂屋
〃	6.00	下　泉
年中茶代（例年の通り）	75.00	河内屋
〃	75.00	大坂屋
泉河三郷惣代算用の節上下48人分	72.00	大坂屋
三郷算用の節紙墨筆代	10.00	大坂屋
三郷勘定につき付補	15.00	大坂屋
近年多用につき補、例ならず	60.00	郷部屋
〃	15.00	伯太歩行
日雇頭差遣補、例ならず（発駕後）	10.00	伯太村日雇頭
御国勤中間２人補（例年の通り）	30.00	下　泉
〃	30.00	河　州
〃	30.00	上神谷
郷部屋新出井上伊三郎補半方	30.00	上神谷郷
去辰暮11月27日三郷相談の節酒10飯代取替え元利	48.88	「畑茂」
４月15日御奉公人の儀につき三郷相談飯代	18.10	河内屋
三郷用につき人足２人（伯太村まで）	6.00	河　州
三郷相談の節飯代	33.80	大坂屋
三郷相談の節河州出勤上下６賄飯代	7.00	河　州
岸田新左衛門殿よりよんどころなき願いにつき取替え銀	180.00	岸田新左衛門
総　計	766.98	

典拠：和泉市教育委員会所蔵・春木川山本家文書２-187「泉河三郷立会勘定帳（下泉控）」。
※なお、帳面末尾に連判している各郷の惣代は、上神谷惣代：田中村庄屋池田直作・小代村庄屋伊之介、河州惣代：北木本村庄屋樋口政太郎・飛鳥村庄屋権右衛門、下泉惣代：池上村庄屋角右衛門・伯太村庄屋甚左衛門である。

内の他村の庄屋が争論となった際に、伯太村の大坂屋庄兵衛が噯人となって内済している。陣屋に近接する大坂屋は、庄屋衆に参会の場を提供するだけでなく、日常的にも庄屋衆と交渉し、争論時には仲裁者の役割も果たした。

また、伯太村の日雇頭は伯太陣屋の日雇人足調達を一手に請け負っていたと考えられる。表2および表3は嘉永六（一八五三）年に伯太藩主が陣屋に着座した際の三郷入用勘定書の内容である。そのうち表2は、下泉郷の郷惣代で黒鳥村庄屋である浅井市右衛門が立て替えた三郷入用から、日雇人足に関する部分を抽出したものである。また、表3は七月の着座に際して陣屋元伯太村が立て替えた与内銀などの三郷諸入用を、郷惣代に

表2　「三郷取替覚」にみえる人足割賦

《7月11日藩主着座での日雇人足》
a「御殿様御着座之節、大坂迄迎人足」25人 ・9人　板原村 ・5人　板原村増人足 ・9人　（下条）大津村 ・4人　黒鳥上村（郷庄） ・1人　黒鳥下村（辻村）
b「掃除人足」30人 ・15人　伯太村 ・15人　黒鳥村（上村10人・下村5人）
c「御屋敷勤人足」13人 ・4人　伯太村 ・9人　伯太村増人足

典拠：嘉永6年「三郷取替覚」（下泉郷惣代の浅井市右衛門が作成したもの。浅井竹氏所蔵史料・箪笥3-44-3-3）。7月11日以前の武家奉公人への与内銀その他の郷入用立替分は省略し、7月着座での日雇人足割賦に関する記録のみをまとめた。

表3　伯太村「三郷附出覚」の内容

項　目	立替銀（匁）
御着につき掃除人足15人	15.00
御着につき御内外人足13人	13.00
御払参道道造り賃	5.00
日雇頭へ与内銀	15.00
歩役へ与内銀	10.00
御着につき道造り賃	12.50
伯太村辰之介へ御手当足軽与内銀渡す	130.00
総　計	200.50

典拠：嘉永6（丑）年11月16日付「三郷附出覚」（浅井竹氏所蔵史料・箪笥3-44-3-4）。

請求した文書と推測される。表2の典拠史料では嘉永五・六年に江戸と伯太を行き来した陣屋奉公人への郷与内銀が列挙され、その後ろに藩主着座にかかる人足六八人の村別負担数が記されている。村別の人数をみれば、伯太村は掃除人足一五人と「御屋敷勤人足」一三名の合計二八人を出し、村々のなかで最も高い割合を負担している。そして表3ではその二八人に対して一人一匁ずつ合計二八匁の与内銀が支給された。「道造賃」一七匁余はこうした人足を動員しての普請経費にあたろう。

注目すべきは、この伯太村の立て替えのなかに日雇頭への与内銀一五匁がみられる点である。おそらく伯太村日雇頭は、着座に動員される人足六八人の夫頭であったと考えられ、伯太村や所領の三郷から「与内銀」という一定の増給を受け取っていた。同じ時に下条大津村庄屋から出された勘定の覚書には次のような文言がみられる。

〔史料5〕(34)

覚

一、三貫六百文　七月前に渡

右者七月十一日御着座ニ付、七月七日之夜ゟ十一日迄、人足九人両村へ被仰付、其内六人両村へ申付、人足差出候得共、跡三人迄人足ゆへ過意ニ相成、雇ニ而壱人前掛切壱〆弐百匁ツツ都合三〆六百匁（文）

一、四百文

右掛り、一日延日いたし候ニ付、日用賃相廻し呉候様相願ニ付、廻し遣し候

一、五百四匁四分　七月前ニ渡、泉屋払

右者七月九日・十日・十一日迄、御着座之節中飯九人・泊り九人、又中飯・朝飯・夕はん・酒肴代半、

雑用ぞうり代〆

このとき下条大津両村（上村・下村）は藩主着座のために日雇人足九人を調達するよう指示された。人数は表2の割賦数とも合致する。ところが下条大津村では六人しか出せず、残り三人は一人一貫二〇〇文で雇人足を出している。さらに二条目では、着座予定が一日延びたために日雇から「延日」分の日用増賃を求められ、請求通り「廻し遣し」たことがわかる。先ほど見た伯太村日雇頭への与内銀を想起すれば、下条大津村の雇人足を調達したのは、伯太村の日雇頭だったのではないか。

なお三条目では、日雇人足の宿泊料その他の払い先として郷宿「泉屋」の名前がみえる。泉屋は七月の藩主着座以前に下条大津村からの支払いを受けており、人足の宿をつとめ食事・酒肴品などを提供したことがうかがえる。

以上から、伯太村の新町通筋＝新田町は、伯太村百姓集落の外部に成立した町場であり、そこを営業空間とする郷宿や日雇頭のもとには、藩領村々の村役人や百姓たち、日雇人足や村出人足などが多数滞在していたのである。

2　伯太「村」の取り締まり

このように、享保期以降の伯太村には、①従来からの百姓集落に加えて、②家中の居住空間である陣屋、③郷宿・日雇頭・大工などの商手工業者や人足らが集まる「新田町」という分節的な社会が併存することとなった。これら三つの空間は、伯太「村」の構成要素として相互にどのような関係を持っていたのだろうか。

陣屋の修復普請中にあたる明和七（一七七〇）年に、伯太藩から伯太村惣百姓に宛てて、次のような触が出された。

〔史料6〕(35)

覚

一、伯太村且又新田町ニ而、御家中之面々酒会有之様相聞候、向後右之宿仕間敷候、尤居酒等下々迄も為給申間敷候、両庄屋宿ニ而も御家中若手面々え座敷等借、酒宴等之儀堅為仕間敷候、若彼是被申候とも、急度被　仰渡候段可相断、将又当春坏博奕等有之宿致候会合等之沙汰有之、御製(制)禁之儀不相慎不届ニ候、以来右両様之被　仰付相背候ハヽ、本人追払家財欠所申付、両隣も急度御咎可被仰付候、自今五人組相互ニ致吟味、不埒之者有之ハ、早々村役人え可申出候

一、新田町者往来之儀ニ候間、御家中之面々万一酒狂等ニ而理不尽之儀有之ハ、其仁見留早々村役人へ可訴候

寅六月

右仰被下之趣、委細致承知候、為御請村中連印如此ニ御座候、已上

明和七年寅六月　　　奥右衛門（印）　七兵衛（印）

（以下百三名略）

一条目では、①伯太村や新田町の屋敷を酒宴の場として家中の面々に提供することを禁じ、下々まで酒を飲ませないよう通達している。「両庄屋宿」(36)をも警戒対象に挙げるのは、家中武士が庄屋宅へ日常的に出入りしていたからであろう。加えて②当年春に「坏博奕」（博打の一種か）の宿が催された事実が露見したため、①②について五人組と「村役人」による統制強化を命じている。二条目は、街道筋の新田町を対象とした内容で、

酩酊した家臣が理不尽な行為をした場合は、その人物を見届けたうえで「村役人」へ訴え出よと命じている。以上の内容を踏まえて、触が出された伯太村では、村内一〇五軒の戸主全員に内容を承知させ、請印を取った。

この触には、陣屋元となった伯太村のあり方がよく示されている。まず、伯太村と新田町が書き分けられており、両者は藩が出す触においても〈村〉と〈町〉という性格の異なる場所として区別されていた。ただし取り締まりでは、新田町も伯太村役人（庄屋・年寄）の管轄下に置かれている。つまり、新田町には陣屋に関連する都市的要素が凝集しながらも、城下町の個別町のような町制機構を持たず、あくまでも伯太村の村内町として存在したのである。また、家中の秩序統制にあたり伯太村側にも対処を求める背後には、消費や娯楽の局面において、陣屋元村の社会を不可欠とする武士身分の暮らしぶりがうかがえよう。

以上より注目したいのは、第一にこの触が家中取り締まりの一環として作成されたものであり、背景には伯太村やとりわけ新田町において「若手」の家臣による逸脱行為が広がっていたことである。ここには酒屋・貸座敷といった営業者の存在など、家中の消費・奢侈空間としての都市的様相をみることができる。

第二に、この触が出された明和七年六月は、先述のように大規模な陣屋修復普請の最中であった。ちょうど「在宅」を続ける家中を陣屋に引き取る計画が持ち上がった時期にあたり、この触が出された時点でかなりの家中が「在宅」状態であったから、家中向けの酒宴宿や博打宿は、借屋として「宿」を提供する「在宅」の逸脱的形態であった可能性が高い。こうした家中と百姓との密接な関係は、陣屋元村としての実質を欠く定番就任期の大庭寺村ではみられなかった事態であり、家臣団の移住による都市化の進展に他ならない。また、新町通両側の新田町についても、所領支配にとって不可欠の空間であると同時に、家中の消費空間としての側面を持っていたのである。(37)

3　陣屋元村の檀那寺と宮座

こうして伯太村は、陣屋元村として都市化を遂げ、村落秩序や取り締まりにも、陣屋元村特有のあり様が色濃く反映することとなった。村内に浸透した都市的要素は、修復普請により家中の「在宅」が解消され、陣屋周囲に土塁が築かれたとしても消えるわけではない。以上の変化は、陣屋移転前から続く伯太村の「村」としてのあり様に、どのような特質を与えたのだろうか。最後に、村落共同体の側から、近世後期の村落秩序についてみておきたい。

陣屋建設以前の元禄年間に作成された領内の「寺社改帳」によると、伯太村の集落には、村民の檀那寺として称念寺・常光寺・西光寺の三ヶ寺（いずれも浄土真宗）、氏神として上堂天神社（上の宮。牛頭天王・春日大明神・八幡宮の三社を祀る）と下堂天神社（下の宮）があり、上の宮には地蔵堂、下の宮には観音堂が付属していた(38)。また、伯太山には熊野権現社（現・丸笠神社）があり、薬師堂・龍雲寺が付属すると記されている(39)。

これらの寺社のうち、称念寺に伝わる「什物帳」には、寺の什物改めの記録以外に、文政期の肝煎（檀家惣代）の交代についての覚え書きや寺の修復普請に関わる争論の願書が写されている(40)。ここでは肝煎交代に関する覚え書きに注目してみよう。

〔史料7〕

文政四辛巳年、是迄之肝煎共諸事不行届之様相聞候ニ付、浅井多助・井田盛太其外藩中之旦那申談、帳面吟味致候処、一々申披無之、依而帳面等取上、左之通肝煎御地頭ゟ被　仰付候

新田　なら屋利兵衛

同　　大坂屋庄兵衛
下村　作右衛門
同　　若右衛門
同　　多左衛門
右之通被　仰付候
（以下略）

この覚え書きによると、これまでの肝煎に不行届きがあり、「新田」の奈良屋利兵衛・大坂屋庄兵衛と「下村」の作右衛門ら三名が新たな肝煎に命じられた。「新田」は新田町、「下村」は百姓集落をさすと考えられ、肝煎の構成は伯太村の空間構成とも照応している。また「新田」の肝煎二名はいずれも屋号をもつこと、大坂屋庄兵衛は前述のとおり伯太藩の郷宿である点が注目される。また、帳面の吟味にあたった浅井・井田らも「藩中之旦那」とあり、一部の家臣は称念寺の檀家であった。百姓たちの檀那寺は、同時に武士身分の者をも檀家としていたのである(41)。

さらにこの史料に続きには、寺の修復に関して檀中が大工を訴えた一件願書が留められている。この一件では、称念寺の檀家内のみでも三人の大工が登場する。伯太村の寺院は、下村の百姓だけでなく、武士身分や新田町の商工業者、大工など、陣屋元村内の多様な人々を檀家に抱えたのである。

もう一つ、伯太村の氏神の一つである下の宮の座についてもみておこう。下の宮は、明治期まで百姓集落＝下村内にあったが、一九一六年五月の神社合祀により、同じく百姓集落内に祀られる上の宮（伯太神社）に合祀された。その際、下の宮の財産の一部は上の宮の基本財産に組み込まれたが、所有地については下の宮の座を引き継ぐ「天神団」によって維持管理されてきた[42]。天神団には、戦後のある時期まで役員持ち回りで保管されてきたという古文書が残されている。ここでは天神団の史料を通して、近世後期の座の様子をみてみよう[43]。

まず、嘉永二（一八四九）年の「荘厳御膳廻り記録」によると、下の宮の座では、毎年正月一八日に天神社へ御膳を供え、座衆らも「荘厳膳」と呼ばれる会食を催した[44]。これと別に、座入りの儀式として「盛講」という行事も確認できる[45]。座入りする子どもは「盛子」と呼ばれ、「盛子」を出す家々は、下の宮とそれに付属する観音堂の年間灯明料や、観音堂を管理する「守僧」への心づけを負担した。下の宮の場合、座家の子であれば男女を問わず「盛子」として座入りし、さらに正月一八日の座には各座家の戸主が出席したようである（一部に女性戸主を含む）。

では、正月の座にはどのような家々が参加したのだろうか。正月の座に関する史料として、「荘厳膳」の出席者を記した「荘厳御膳廻り記録」や「名前呼出帳」、毎年の盛子名を書き上げた「盛講名前帳」などが残されている。このうち嘉永二年と安政二（一八五五）年の座衆名前書をみると[46]、座衆の家数は五〇軒程である。伯太村の総戸数（陣屋部分を除く）は、明和期に一〇五軒、明治八年には一六五軒であったから、下の宮座家は村全体の三分の一程度となる。残る家々がみな上の宮の氏子であったどうか、上の宮での座の有無などは不明である。

座衆名前書は、概ね一定の順序で記されている。筆頭には庄屋の青木甚左衛門が記され、次に「宮年寄」三名（支配人や肝煎とも）や「中老主」三名が続き、それ以下の記載順もおおむね固定している。このうち嘉永二年の中老主三名は、安政二年に「支配人」として現れる。詳細は不明だが、座の内部には、庄屋の青木家を別格としつつも、宮年寄（支配人）・中老主以下の臈次秩序があったとみておきたい。また座衆の一部には、「ならや」の屋号を持つ者や、「新田」の肩書を持つ者（弘化四年「名前呼出帳[47]」）がいる一方で、嘉永期の宮年寄は三名とも下村集落部分の小字である「森出」や「下出」などに居住している。また、「山大利」や「大利」という名前は、同時期の「修覆入用覚」に登場する「新田大工利兵衛」であろう。(48) つまり、座家の家々は村内百姓の一部であるものの、その範囲は下村と新田町の双方にまたがっていたのである。このような下の宮座の構成は、陣屋移転後の伯太村が新田町という新たな町場を分出しつつも、氏神の宮座においては百姓集落と強い一体性を持ち続け、その中に包摂されていたことを示している。

こうした座の結びつきは、陣屋元となった伯太村においても、周辺の村の座講と同様、各家と村の永続を支える生活共同関係として近世を通じて持続した。下村・新田町をまたぐ座や檀家組織のあり様には、陣屋・新田町・下村という三つの社会を内包する都市的な陣屋元「村」としての特質が色濃くうかがえるのである。

おわりに

以上述べてきたように、伯太藩陣屋元村の空間構造は、①伯太村の百姓集落である「下村」、②陣屋表門が面する「新田町」、③伯太藩家臣団屋敷が拡がる陣屋という三つの社会空間からなっていた。

伯太陣屋は、享保期の移転段階より、藩庁と「家中」約四〇軒の屋敷地からなる武家地として建設された。プロト城下町としての都市性は、陣屋移転後すぐの伯太村においても明瞭にみることができる。第一に、陣屋表門が面する新田町の空間が重要であろう。陣屋移転後まもなく町場が形成され、元々の百姓集落「下村」から外部化するかたちで、郷宿や酒屋、風呂屋、大工、瓦屋などの商手工業者が定着した。新田町の都市性とは、陣屋の地方支配機構を補う様々な政治的機能と、陣屋の維持・管理および個々の家中らの消費需要に応える経済的機能との二重の意味で捉えることができるだろう。もっとも、陣屋移転直後、村内の百姓らが大坂から移住した家中を「在宅」させ、博打宿などの逸脱形態をも含みつつ「宿」をつとめたことからすれば、後者の都市性は新田町という空間に限定されず、陣屋元村の百姓集落全体に及んだ可能性が高い。生産から遊離した武士の居住それ自体が、村落社会を一挙に都市化させたのである。

第二に、陣屋における様々な労働力需要の成立を挙げておきたい。陣屋の内部構造をみていくと、陣屋元村の都市性は、陣屋や陣屋元村の下層部分にも見出しうる。その一つが、陣屋内の用役給付労働を担った足軽・中間などの武家奉公人である。またこのような恒常的な労働力とは別に、藩主着座などに際しては、数十人規模の人足が周辺村々から徴発され、その統括や調達には伯太村日雇頭や郷宿が介在した。こうした武家奉公人や「日用」的存在がどのように供給されたのかという点は、陣屋元地域の社会構造を考える上でも重要な点である。この点は第五章で検討することとしたい。

ただし、以上のような陣屋元村の都市化に対して、伯太村の百姓集落＝下村の秩序は、村政のレベルでも、また座・檀家組織といった生活共同関係においても、「新田町」の住民を包摂したまま、陣屋元「村」としての全体性を体現し続けた。陣屋の若輩家臣団の取り締まりにおいても村政機構としての対応が必要であったように、陣屋および新田町の都市的社会は陣屋元村の村落秩序と密接な関係を持ちつつ併存する段階にあった。一八世紀半ば、陣屋元となった伯太村は、陣屋に関わる多様な都市性を内包し、藩領社会や周辺地域において都市化した「村」として存在していくのである。

〔註〕

（1）『和泉市史』第二巻。

（2）大越勝秋「泉州伯太陣屋村の研究」（『地理学評論』三五―九、一九六二年）。米田藤博『小藩大名の家臣団

と陣屋町―近畿地方―』クレス出版、二〇〇九年。

（3）大越氏は伯太村の陣屋を「伯太陣屋村」と表現しているが、本書では近世における陣屋と伯太村全体との関係を重視する視点から、陣屋を含めた伯太村を「陣屋元村」と表現し、陣屋そのものについては「伯太陣屋」と表記する。

（4）吉田伸之「都市と農村、社会と権力―前近代日本の都市性と城下町―」（溝口雄三・浜下武志・平石直昭・宮嶋博史編『アジアから考える』一巻「交錯するアジア」東京大学出版会、一九九三年。のち吉田『巨大城下町江戸の分節構造』山川出版社、一九九九年所収）。

（5）吉田伸之「城下町の構造と展開」（佐藤信・吉田伸之編『都市社会史』山川出版社、二〇〇一年。のち「城下町の類型と構造」と改題して吉田『伝統都市・江戸』東京大学出版会、二〇一二年所収）。なお陣屋元村を具体的に取り上げた氏の論稿として、「北生実」（高橋康夫・吉田伸之編『日本都市史入門Ⅱ　町』東京大学出版会、一九九〇年）がある。

（6）山崎圭『近世幕領地域社会の研究』校倉書房、二〇〇五年。

（7）山本太郎『近世幕領支配と地域社会構造』清文堂出版、二〇一〇年。

（8）青木家文書・明和四年「泉州泉郡伯太村宗旨御改帳」（『和泉市史』第二巻）。

（9）註（8）に同じ。

（10）堺市泉田中・池田正彦文書35―2―1。

（11）『寛政重修諸家譜』第八巻（巻第四七八）。

（12）『和泉市史』第二巻。

（13）河野家文書・絵3。

（14）なお、陣屋建設に先行する村山としてのあり方は、溜池の利用などにおいては陣屋がおかれた後も持続していた。例えば、同村と隣接する池上村「出作」とは、陣屋周辺に築かれた溜池を共同利用する関係にあり、両村の間では利用権をめぐる水論が度々繰り返された（和泉市黒鳥町浅井竹氏所蔵史料・箪笥4―20―5―1）。両訴状における伯太村の主張には、百姓の「村」としての論理が前面に出されている。今のところ史料的な限界から右のような百姓集落の内部構造を具体的に論じることはできないが、先行する「村」とそこに建設された陣屋との関わりも一つの重要な局面であることを指摘しておきたい。

(15) 岸和田高校所蔵文書20―26。
(16) 『藩史大辞典』第五巻。
(17) 図2の年代特定の手掛かりは、表門近くの「民政所」という役所である。伯太藩は明治維新後、廃藩置県まで「伯太県」として存続するが、その期間に願書受付など従来の地方支配にかかわる行政一般を担当していた役所が「民政所」である。
(18) 南清彦氏所蔵史料・箱19―120「明細帳」。
(19) 註(11)に同じ。
(20) 国文学研究資料館所蔵和泉国大島郡豊田村小谷家文書二六四〇、享保一二年正月「御公儀御用村方諸事用之控」(以下同家文書については「国・小谷史料番号」と略記する)。
(21) 国・小谷三七〇一(書状綴りのうち)。
(22) 註(21)に同じ。
(23) 国・小谷二五〇五「従殿様差上米御頼扣・御倹約書扣」。
(24) 国・小谷三七〇六。
(25) 国・小谷二五〇、二五二一～二五二四など。
(26) 註(21)に同じ。
(27) 『大阪市史史料第五三輯　難波雀・浪花袖鑑―近世大坂案内―』大阪市史編纂所、一九九九年。
(28) 小瀬家文書・箱1―3。
(29) 国・小谷八七、九〇～九一、九三～九七、二二二九～二二三四、関西大学所蔵小谷家文書二〇三、二三七、二五〇「三郷支配勘定帳」および「泉河立会勘定帳」、和泉市教育委員会所蔵・春木川山本家文書2―187①「泉河立会勘定帳」。
(30) 福田屋・府中屋は、池上村南家文書に伝来した伯太村免割帳(南清彦氏所蔵史料・箱3―37。年代欠だが囲籾量の記載があり一八世紀末以降の作成と考えられる）で確認できるが、免割帳という史料の性格上、具体的な営業内容は不明である。また、村全体での高所持状況なども、帳面の一部が欠損しているため、分析することができない。

（31）和泉市教育委員会所蔵・春木川山本家文書2―187。

（32）小谷家文書（『堺市史』第四巻）。

（33）浅井竹氏所蔵史料・箪笥4―2―1。

（34）浅井竹氏所蔵史料・箪笥3―44―3―2。

（35）青木家文書（『和泉市史』第二巻）。

（36）伯太村の村役人について、『和泉市史』第二巻で確認できる史料では、①元禄三年庄屋五郎兵衛・久兵衛、年寄久左衛門・九郎兵衛、②元禄五年庄屋久兵衛・甚左衛門、③明和四年庄屋清九郎・甚左衛門、年寄甚右衛門・太郎右衛門・太右衛門、④安永七年庄屋甚左衛門、年寄太郎右衛門・小十郎と変遷している。また伯太村以外の村に残された下泉郷関係の史料に登場する一九世紀の伯太村庄屋は一貫して青木甚左衛門である。以上から、村内に陣屋がおかれる以前から二人庄屋制であった伯太村の村役人は、明和期から安永期までの間に青木家の一人体制に変化したものと考えられる。明和七年「覚」はその間に位置するため、明和七年時点ではまだ二人庄屋体制であったことが確認できる。

（37）池上村「出作」分の勘定帳でも「安政五午年十二月四日、伯太新田和泉屋宇右衛門宅ニて郷割勘定」との記載がみられる［池上・南和夫氏所蔵史料・箱1―2―2］。

（38）註（10）に同じ。

（39）三つの神社とそれに付属する堂舎・寺院の関係は、幕末以降の龍雲寺の移転や神社合祀などにより大きく変容したと考えられ、現在の位置や管理の体制とは異なる。

（40）称念寺所蔵史料・箪笥2―2―33①。この「什物帳」の内容については、塚田孝・日本史講読Ⅲ受講生「近世伯太村の寺と座」（『市大日本史』一七、二〇一四年）において詳細に分析されている。

（41）信太太村の菩提寺（浄土宗）には、伯太藩の家臣であった岩附家・林家・宮崎家の位牌が数多く安置されている。藩内には様々な宗派の武士がいたようで、陣屋元村周辺の他村寺院を檀那寺とする家もあったようだ。

(42) 和泉市合同調査報告、合同調査実行委員会「和泉市伯太町における歴史的総合調査」(『市大日本史』一七、二〇一四年)。

(43) 天神団の座のあり方については、註(40)論稿において詳細に分析されている。

(44) 伯太天神団所蔵史料・木箱1―14―2。

(45) 伯太天神団所蔵史料・木箱1―19「盛講名前帳」。

(46) 伯太天神団所蔵史料・木箱1―15。

(47) 伯太天神団所蔵史料・木箱1―16。

(48) 伯太天神団所蔵史料・木箱1―20(安政三~明治一一年)。

第四章　大坂定番期の武家奉公人調達
――泉州上神谷郷を対象に――

はじめに

本章では、一八世紀前半、伯太藩が大坂定番を勤めていた時期の上神谷郷（和泉国大鳥郡）における奉公人確保のあり方を明らかにする。はじめに、本章の分析視角を明確にしておきたい。

一つは、伯太藩と藩領社会の村々との具体的な関係を明らかにすることである。在地代官家の社会的諸関係を通して旗本知行の構造と特質を明らかにした熊谷光子氏は、幕府広域支配や村連合論を中心に展開してきた畿内・近国研究に対して、地域社会における個別領主支配の実態検討が立ち遅れてきた点を批判し、個別領主が有する固有の条件や支配構造を考慮したうえで、村落社会の内部秩序や社会構造との関係において知行所支配の実態を把握する方法を提起している(1)。そして、所領内の社会構造や社会的諸関係に注目することで、村落社会の展開に規定される諸局面を含めた知行の実態と変化を捉えたのである。伯太藩のような譜代小藩においては、旗本知行所と近似的な所領構成をもつと同時に、一方では陣屋などに一定数の家中や奉公人を抱えるという点に特質がある。ここではその実態について、村落社会の展開・特質を踏まえながら検討したい。

その際、参照したいのは武家奉公人についての研究である。近世都市下層社会の存立構造を検討した吉田伸之氏は、近世初頭の武家奉公人について、所領農村の余剰労働力を本来的供給源として国元・江戸との循環構造が成立する一方で、欠落した奉公人や藩内外から流入した奉公人予備軍が「日用層」として都市に滞留し、奉公人の新たな供給源となる過程を明らかにしている[2]。また森下徹氏は、吉田氏の指摘を踏まえて岡山藩・萩藩・徳山藩などでの奉公人確保の実態を検討し、城下町等における「日用」層の存在形態や社会関係を具体的に分析することで、領内の雇用労働のあり様に規定された調達実態を解明している[3]。本章では、両氏の指摘を踏まえて、本源的供給源である領地（村落社会）との関係や、都市における労働力供給のあり様に注意を払う。加えて、譜代藩としての幕府職制との関係や所領内における陣屋元村の位置づけなど[4]、城下町を持たない譜代小藩のあり方や伯太藩固有の条件にも留意したい。

その一つは、大坂定番としての側面である。伯太藩は、一七世紀後半の大坂定番就任を契機として畿内に領地を与えられ、元禄末から享保期にも再度定番を勤めた。一八世紀半ばまでの定番については、宮本裕次氏により、定番屋敷を拠点とした藩体制や、大坂周辺での所領（役知）加増といった特質が解明されている[5]。また横田冬彦氏によると、一八世紀半ばまでの大坂城代にも、就任時に居城を収公され大坂城を拠点として在職する原則が存在した[6]。両氏の指摘は重要だが、城代・定番の性格と在坂体制を問い直すにとどまり、大名家中と藩領社会・都市社会との具体的な関係については未検討である。

もう一つは、本章が検討対象とする和泉国大鳥郡上神谷地域と領主伯太藩との関係である。上神谷とそこに含まれる豊田村については、鷲見等曜氏・吉田ゆり子氏・渡辺尚志氏らによる分厚い研究蓄積がある[7]。見解が分かれる点もあるが、一八世紀の上神谷地域を考える前提として重要と思われる点を整理しておこう。近世の上神谷には谷内一二ヶ村による山所持の枠組みの内部に、高山天神社氏子の下条四ヶ村と、別宮八幡宮氏子の上条八ヶ村というまとまりが成立しており、その谷奥には鉢ヶ峯山法道寺の寺院社会・鉢ヶ峯寺村が存在した。

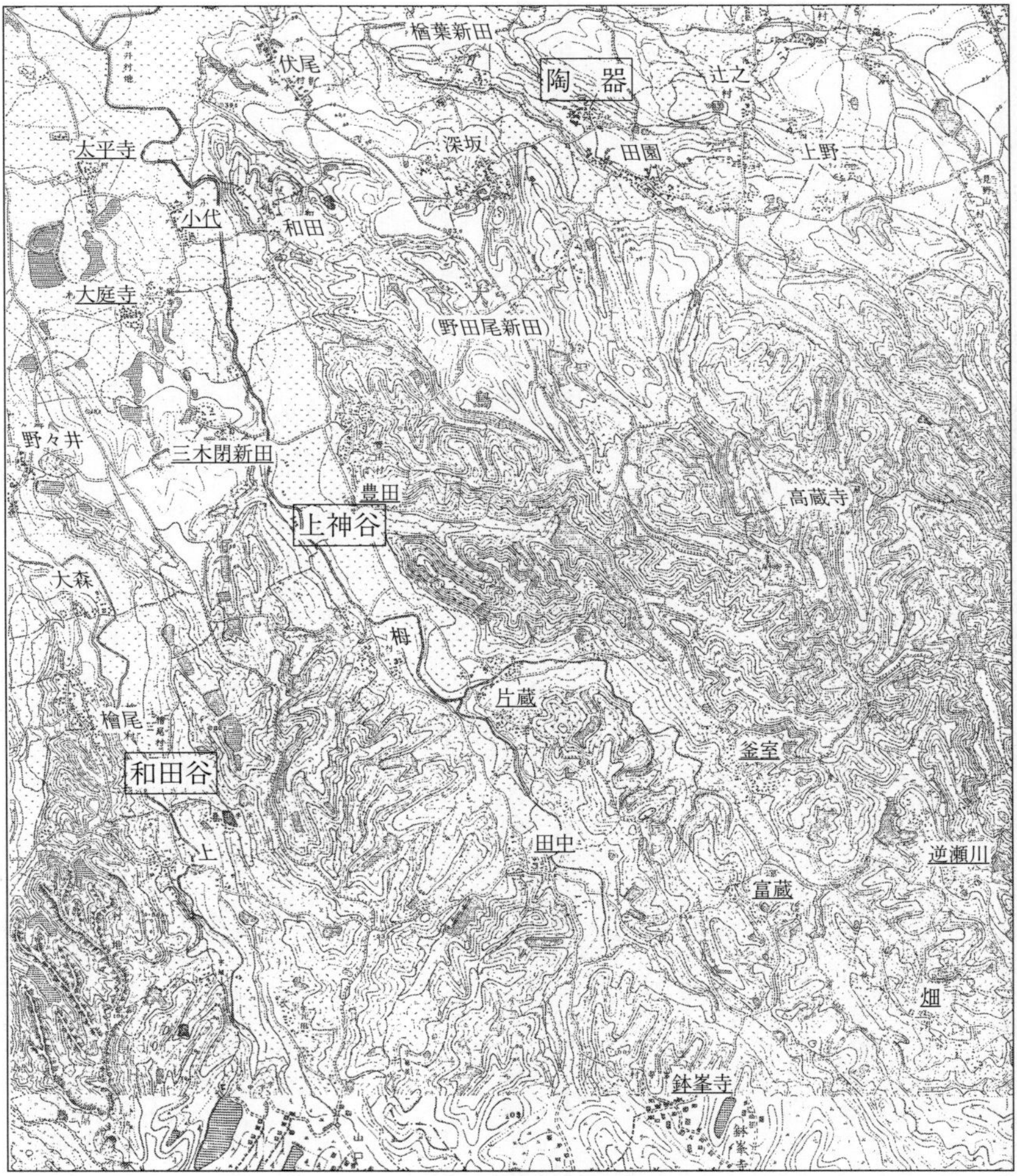

図1　上神谷周辺地図(明治期)

下線は伯太藩領上神谷郷の村々を示す。三木閉新田は延宝期に成立。
原図『明治前期関西地誌図集成』柏書房をもとに著者が加工。

このうち和田村・栂村を除く一一ヶ村が寛文元（一六六八）年より伯太藩領となった（図1）。上神谷では、豊田村の庄屋小谷家が多くの山を所持し、一七世紀前半には谷中の山年貢納入を請け負っていた。小谷家は伯太藩支配下においても、元禄期に上神谷の「触頭」として谷内の政治的ヘゲモニーを握るとともに、別宮八幡宮の「宮支配人」となる。こうした小谷家の台頭に対して、宮座内では豊田村以外の座抜けが顕著となった。このように、近世の上神谷地域については、一七世紀以来の社会的権力である豊田村庄屋小谷家を軸に、村々の成立過程が解明されてきたものの、一八世紀以降の分析は比較的少なく、上神谷の地域史研究としては検討課題も残されている。本章では伯太藩に抱えられる奉公人のあり方を通して、谷や氏神座といった惣的な位相では捉えにくい村落構造の一端も明らかにしたい。

以下、一節では当該期伯太藩の奉公人確保のあり方を概観し、二節で上神谷における奉公人の供出推移を検討する。そして三節では、推移を規定する村の一つである豊田村に即して、奉公への対応やそこからの離脱過程を明らかにする。使用する史料群は、特に断らない限り上神谷豊田村の小谷家文書（国文学研究資料館蔵・関西大学蔵）である。

一　定番期の屋敷奉公人確保

1　一七世紀末における伯太藩の陣屋と地方支配

考察の前提として、一七世紀末の伯太藩渡辺家の動向を確認しておく。

近世初頭の渡辺家は、武蔵国比企郡に三五〇〇石の知行地を持つ旗本であったが、寛文元（一六六一）年の大坂定番就任（同八年まで）に伴って畿内に一万石を加増され、在所の比企郡野本村に陣屋を建設した。[8] 加増分には、和泉国大鳥郡上神谷のほか、同国泉郡や河内国内に散在する村々が含まれ、元禄期の地方支配再編後、これらの村々は「泉河三郷」と呼ばれた。家中には、この時に大坂周辺で召し抱えられた浪人を出自とする家々も多く、伯太藩の家中編成にとっては重要な画期となった。[9] その後、元禄一一（一六九八）年に関東での地方直しに連動して武蔵国の所領が近江国へ移されると、陣屋を和泉国大鳥郡上神谷の大庭寺村に移し、陣屋・所領すべてを畿内にもつこととなった。ただし三年後には再び玉造口定番となり、定番屋敷を拠点とするようになったため、役人不在となった陣屋は支配役所としての機能を失う。大庭寺陣屋は上神谷の山や溜池に囲まれ狭小だったためか、これ以後も利用されることはなかった。享保一三（一七二八）年、藩主死去により定番役を解かれた伯太藩は、小栗街道に面した泉州泉郡伯太村の丘陵上に伯太陣屋を建設し、そこに在坂家中を移住させた。[10] 伯太藩の名称は、厳密にいえば享保一三年以降をさすが、以下では寛文期以降すべて伯太藩と表記する。

地方支配については、元禄一一年の所領移転を契機として、領内を上神谷・下泉・河州（以上が泉河三郷）・東江州・西江州の五ヶ郷に再編し、翌年には各郷に触頭を任命した。[11] 触頭は有力庄屋の中から命じられ、上神谷郷では小谷家、下泉郷では根来家が世襲したが、享保期の陣屋移転の頃までにはいずれも退役したと推測される。[12] 触頭の職務には、願書取次や触の伝達などがあり、以下に取り上げる奉公人関連の史料も触頭の家に残されたものである。

2　定番期の屋敷奉公人確保と上神谷郷

それでは、上神谷村々が伯太藩領となって間もない時期の定番屋敷奉公人の確保についてみていくことにしよう。伯太藩の奉公人には、①一年間の一季奉公人と、②臨時に徴発される「御雇奉公人」の二種類があった。

ここでは、それぞれの調達方法を確認しておきたい。

まず①一季奉公人について、初期の調達方法を示す史料は限定されるが、一例として次の史料をみておきたい。[13]

〔史料1〕

預り申巳之御取米之事

一、取高合五百八拾壱石六斗弐升五合　升数

内

三百八拾七石五斗　御蔵米

七拾九石四斗六升六合八勺　銀上ケ

合四百六拾六石九斗六升六合八勺

残百拾四石六斗五升八合弐勺　御未進

此内

拾石八斗八升九合　是ハ　御殿様御奉公人御屋敷ニ居申候ものとも当巳ノ不足

引残百三石七斗六升九合弐勺　是ハ二月・三月・四月・五月切ニ急度指上可申候、若火事・盗人ニ逢申候共、右願申通御勘定可仕、遅く仕候ハ、庄屋・年寄田地家財ニよらす可被召上候、其時一言之御詫言申上間敷候、仍如件

寛文五年十二月廿五日

豊田村庄屋
次太夫

同村年寄
利兵衛

西川五左衛門様
深田与右衛門様

これは、寛文五年一二月の時点で、藩に対して豊田村の年貢納入状況と未納分を報告し、皆済を誓約した一札である。傍線部によると、一二月二五日の時点で豊田村には年貢の「御未進」一一四石余があり、そのうち一〇石余の「御殿様奉公人御屋敷ニ居申候ものとも当巳ノ不足」を除く一〇三石余を、翌年五月にかけて上納するはずであったことがわかる。寛文期についてこれ以上の具体的な方法を覗うことはできないものの、伯太藩領となったばかりの寛文期の「御殿様御奉公人」調達では、当年の年貢未進と給銀を相殺するという方法がとられていた。

次に、より具体的な方法について、触頭小谷家のもとに残された宝永八(一七一一)年「諸事御触書写覚帳」(14)から奉公人調達に関する通達をみておきたい。

〔史料2〕

Ⓐ　銀納幷三分一先直段

一、納石七拾九匁五分かへ、右者当廿三日より十二月三日迄、直段申触候

一、先直段八拾三匁　　三分一

一、村々未進奉公人居成・新出・御暇取共願出之義、中目録与一所ニ指出し可被申候

一、中勘定目録、去年之通ニ、来七日屋敷江指出候様仕立可被申候、尤小谷助之丞方迄指出可被申、右之

通村々可被得其意候、銀納直段来ル三日ゟ皆済迄触置可申候、其心得可被申候、村々火ノ用心念入申可
被付候、以上
（正徳元年）卯十一月廿三日　森新右衛門
高見八左衛門
上神谷村々

Ⓑ
一、①当暮新出願之足軽奉公人、此方壱人も入不申由被仰渡候間、足軽望之奉公人何用成共かせき候様ニ可
被申付候、給分も定而御勘定へ入可被申候、年内ハ何共上納仕得ましくと存候、被仰聞候ハ無之候得共、
来春迄指延し可申候間、正月中ニ急度上納可被申候、扨々きのとく成事ニ候、②御中間之分ハやう〳〵数
入申候、右中間願之内今年ゟ出申度由申候者有之候ハヽ、可申越候、尤多も□□たる内ニ而、丁人十五六
人入り申候□被申候
（正徳元年）十二月廿日　両人
太平寺・豊田村・小代・片くら・黒鳥・伯太村

Ⓒ
（御）□中間新奉公人　大坂ゆき覚
一、三人　豊田村　一、五人　小代村
一、四人　太平寺村　一、弐人　大庭寺村
一、四人　片蔵村　一、壱人　畑村
〆拾九人

右ハ極月廿五日ゟ大坂へ参候様ニ申ふれ候
極月（正徳元年）廿二日
村々へ

Ⓓ
□（奉）願口上覚
一、新御奉公人横山又兵衛義、大坂ニ而御奉公奉願候所、御足軽御用御無（ママ）御座、御抱不被為成候ニ付、指当り迷惑仕候間、江戸ニ而も御奉公奉願候、御抱被下候ハヽ、難有奉存候、以上
巳（卯）ノ極月廿四日　豊田村庄屋　介之丞
御三人様

まずⒶは、代官が年貢の三分一銀納分とその他銀納分の銀値段を通達したものである。三条目では「村々未進奉公人」について、居成・新出・暇取の奉公願書を「中目録」と共に提出するよう通達している。「中目録」とは、四条目の内容より、触頭小谷氏が管下村々の分を取りまとめて提出する「中勘定目録」をさすと判断できる。小谷家文書に現存する例年の中勘定目録の写しには、年貢のうち米納分皆納後における中間納入状況のほか、取米と相殺される奉公人給銀と奉公人の名前なども記されている。すなわち、〔史料1〕の証文をひきついだものが「中勘定目録」であり、宝永・正徳期の奉公人も寛文期と同様に「未進奉公」の名目で抱えられていたことがわかる。伯太藩の奉公人は、上神谷地域が藩領となった寛文期以降、一貫して年貢未進のカタとして確保されていたといえよう。

ただし、注目したいのはⒷ〜Ⓓの内容である。Ⓑは代官から上神谷郷四ヶ村と下泉郷二ヶ村に宛てられたものである。傍線部①によると当年は新出足軽奉公については出願を受け付けず、願書を提出した者は別の方法

表1　豊田村の屋敷奉公人数

年　月	人数	奉公先
元禄 7. 4	10	江戸御屋敷
元禄 9. 4	7	江戸御屋敷
元禄11. 4	11	江戸御屋敷
元禄15. 6	22	大坂御屋敷
宝永 3. 6	19	大坂御屋敷
宝永 5. 4	13	大坂御屋敷
宝永 7. 6	9	大坂御屋敷
正徳 4. 9	3	大坂御屋敷
正徳 6. 4	13	大坂御屋敷
享保 5. 8	4	大坂御屋敷
享保 7. 3	5	大坂御屋敷
享保11. 6	5	大坂御屋敷
享保15. 3	6	御 屋 敷
享保17. 4	6	御 屋 敷

典拠：国・小谷1157～1170「宗旨改帳」。

で稼ぐよう通達したうえで、「給分」と相殺するはずであった出願者の未進年貢は当年分の年貢「勘定」へ組み入れ、翌年正月に皆納するよう命じている。この指示に対する村側の反応を示すものがⒹの「奉願口上覚」である。豊田村より足軽新奉公を願った横山又兵衛は、Ⓑの通達どおりではさしあたり困ってしまうので、江戸詰奉公でもよいので奉公したいと庄屋を通じて再願したのである。つまり正徳元（一七一一）年の奉公人確保において、家中の足軽は居成のみで必要数を満たす状況にありながら、領内にはそれを超えて奉公を望む百姓が存在したのである。

一方の中間については、Ⓑの傍線部②において「やうやう」人数が必要とされ、泉州の上神谷郷内四ヶ村と下泉郷の黒鳥村・伯太村に対して新出一五、六人の補充が要請されている。後ろに続くⒸの覚書きは上神谷郷の新出中間一九人に大坂詰を通達したものである。足軽が供給過多であったのとは異なり、中間は毎年一定数の新出奉公人を必要とする対照的な状況だった。

では、ⒸやⒹの大坂詰・江戸詰はどのように振り分けられたのだろうか。表1は、他所奉公中の断りが明記されるようになる元禄期以降の宗旨改帳から、屋敷奉公中の肩書を持つ者を抜き出したものである。奉公先に注目すると、元禄一一年までは全て「江戸御屋敷」、元禄一五年以降は「大坂御屋敷」と記され、享保一五年以降は「御屋敷」のみに変化する。この変化は、元禄一四年の大坂定番就任や享保一三年の定番退任によるもので、定番在職中の詰先は藩主の江戸参府期間を除いて基本的には大坂定番屋敷であった。そのため、大坂詰が駄目なら江戸詰にしてほしいとの出願Ⓓは、藩にとって非現実的な内容だったといえよう。
表1で注目すべきもう一点は、豊田村出屋敷奉公人数の推移である。ここでは、元禄一五年から宝永期にかけて人数が倍増しその後減少すること、その倍増の契機は大坂定番着任にあったことの二点を指摘しておきたい。

以上みてきた一季奉公人は、足軽において必要数に増減が生じる場合もあったが、基本的には、定番などの幕府職制への対応の有無にかかわらず、一年を通じて平時より抱えられる武家奉公人であった。一方、②の「御雇奉公人」は定番就任期に限って、毎年八月初旬の大坂城加番交代に際する城内警衛のために、泉河三郷から一週間程度雇用された臨時的な武家奉公人である。人数は全体で足軽七、八〇人・中間八〇～一四〇人程に上り、未進奉公人とは別立てで泉河三郷村々の石高に応じて割り付けられ、近江二郷は賃銀を負担するのみであった(15)。実際の調達について、上神谷郷では触頭から各村へ毎年数人ずつの割り付けが指示されている。その際、年によって増人が賦課される場合に「町にて揃申ニハ不及」との文言がある通達も残っており、不足分を町方で雇入れることもあったようだ。いずれにせよ、この「御雇奉公人」は一時的な人足徴発としての性格が色濃く、足軽や中間など奉公人と同様の肩書であっても、実態は交代警衛の局面に特化した臨時人足であったとみなしておきたい。

以上を踏まえ、伯太藩における奉公人確保の方法について小括しておく。第一に、寛文期、大坂定番着任による加増によって和泉・河内両国に所領をもつようになった伯太藩は、年貢未進を奉公で皆済させるというシステムにより屋敷奉公人を確保したこと、この方法は元禄・宝永期の二度目の定番在職中においても「未進奉公人」という名称で維持されたことが確認できる。第二に、元禄一四年の大坂定番再任時には、家中の拠点は江戸藩邸や大庭寺陣屋から大坂に移されており、領内の百姓を担い手とする屋敷奉公人の詰先も定番就任後は江戸屋敷から大坂屋敷へ、退任後は大坂屋敷から御屋敷へと変化した。詰先の移動は、藩側の定番就任と連動するものであったことがうかがえよう。こうした詰先の変化に伴う奉公人の倍増については、二節以下で検討したい。第三に、奉公人確保は足軽と中間で異なる状況にあった。藩が多数を必要としたのは中間だったのに対し、足軽には必要数を上回る百姓が奉公を希望するという様相が展開していた。

二　上神谷郷における屋敷奉公人の出願状況

1　上神谷における屋敷奉公人数の推移

本節では、上神谷郷での出願実態について検討する。まず、上神谷郷における屋敷奉公人数の変化を、毎年提出される奉公人願書からみておこう。触頭小谷家の願書留帳には、各村の奉公希望者を書き上げた「奉願奉公人之事」が留められている。この願書で確認できる奉公人希望者について、村毎の出願人数をまとめたものが表2である。留帳には時期により欠帳や後欠もあり（元禄一五～享保元年分）、また豊田村以外の村々から出された願書が記録されるのは小谷家の触頭就任期間に限定されるため、谷全体の推移を追えるのは享保一〇年までとなるが、その間の変化として以下の点が確認できる。

第一に、定番就任直後の元禄一四年には、郷内で少なくとも九〇人以上の百姓が出願したことがわかる。翌一五年は豊田村以外の出願者を把握できないが、豊田村では足軽四人、中間で前年と同程度の人数である。また宝永三年は、現存する太平寺村・大庭寺村・小代村などの願書によれば、元禄一四年の人数よりやや減少するものの、各村一〇人以上が出願している。少なくとも宝永期までは、郷内から数十人規模の百姓が積極的に

表２　上神谷郷村別御奉公人出願数

	太平寺	大庭寺	小　代	豊　田	片　蔵	釜　室	田　中	逆瀬川	畑	富　蔵	三木閉
元禄14	4	8(4)	4(2)	5(4)	3(1)	—	—	—	—		
	8	9(4)	18(9)	21(8)	20(7)	1(0)	2(1)	1(1)	2(2)		
元禄15				4(0)							
〔豊田のみ〕				23(4)							
宝永３	3(0)	5(0)	2(1)			—	—			1(0)	
〔一部ヵ〕	6(1)	5(0)	11(1)			1(0)	—				
宝永５	2(0)	3(0)		1(0)						1(0)	1(1)
〔一部ヵ〕	5(0)	5(0)		8(0)							
正徳２				1(0)							
〔豊田のみ〕				2(0)							
正徳５		4(0)	5(1)								
〔一部〕		?	9(2)								
享保元		4(0)		3(1)		2(0)	—				
〔一部〕		7(4)		8(0)		7(3)	2(1)				
享保２			4(0)	4(0)	3(0)	2(0)	—				
			9(1)	5(0)	5(0)	5(1)	2(0)				
享保３	6(2)	3(0)	4(0)	4(0)	3(1)	2(0)	—				
	8(2)	4(1)	9(1)	—	—	5(0)	2(0)				
享保４	9(3)	5(0)	4(1)	3(0)	2(0)	2(0)	—				
	8(0)	9(1)	9(0)	3(0)	6(3)	6(0)	2(0)				
享保５	6(0)	5(0)	3(0)	1(0)	2(0)	2(0)	—				
	8(0)	5(0)	6(0)	3(0)	5(0)	2(0)	1(0)				
享保６	7(0)	5(1)	3(0)	2(0)	1(0)	1(0)	—			1(0)	
	8(0)	7(2)	7(0)	2(0)	3(0)	—	1(0)				1(1)
享保７	6(2)	6(1)	5(2)	2(0)	1(0)	2(0)	—				
	6(3)	5(0)	5(0)	6(3)	2(0)	—	1(0)				
享保８	7(2)	5(0)	3(0)	2(0)	1(0)	1(0)	—	1(1)			
	5(2)	3(0)	4(0)	5(0)	1(0)		1(0)	—			
享保９	7(1)	4(0)	1(0)	2(0)	1(0)	2(0)	—	1(0)			1(1)
	5(1)	3(0)	5(3)	4(0)	1(1)	—	1(0)	—			—
享保10	11(5)	6(2)	1(0)	2(1)	2(1)						
	8(5)	1(0)	4(0)	3(0)	—						

上段（網掛け）は足軽、下段は中間を示す。（　）内は内数で新出出願数。留帳の欠帳や後欠などにより豊田村など一部の村の人数のみしか判明しない年については、年号の下に〔豊田のみ〕〔一部〕などと表記した。

典拠：国・小谷2664「諸事願書留」（元禄10～正徳４年）、同283［諸事願書控帳］（元禄14年）、同285［諸事触書控留帳］（元禄15年）、同321［同］（正徳４～５年）、同2665［諸事願書留］（正徳６年～）、同2637「御公儀御條目・御自分御用并郷中諸事扣」（享保５年）、同2666「諸事願書留」（享保６年）。

奉公を希望したと考えられよう。

第二に、村別の動向に注目すると、郷内の対応は一応ではない。対応のあり方の一つとして、まず太平寺村や大庭寺村の例が挙げられる。両村の奉公希望者は全体としては微減するものの、一定数の奉公人出願を維持し、特に享保期を通じて、居成足軽の輩出が多いという特徴がある。大庭寺村の場合、享保六年より新出がなくなり、奉公人の固定化が見受けられる。二つ目は、小代村から片蔵村までの三ヶ村である。この村々は、元禄期には一村で約二〇人の中間を出し、上神谷において中間供出の中心を占めるが、享保期に減少し、最終的には居成一～三名による継続奉公に変容する。三つ目のグループは、その他の谷奥の村々である。全体的に願書の提出自体が稀であり、提出されたとしても奉公希望者は一、二名で固定され、積極的な対応をうかがえない。表2では平野に近い村々を左側に、谷奥や新田村落を右側に配置しており、右のような差異は概ね谷内の地理的条件に照応する。以上を踏まえると、先にみた元禄一五年の豊田村における奉公人倍増は、あくまでも平野部に近いか谷中央部の小代村・豊田村・片蔵村での変化であり、谷奥の村々では当初から奉公希望者が少なかったのである。

第三に、足軽と中間の違いにも注意したい。足軽の場合、享保期を通じて一定数の居成で人数が維持されており、先ほどの〔史料2〕Ⓓについて指摘した内容とも符合する。一方の中間は、新出数一かゼロの村が大半を占め、暇取による減少分は補塡されることなく、享保一〇年には全体で一六人まで減少する。つまり享保期の上神谷では、藩が多数を必要とする中間において、奉公希望者の減少が顕在化していたのである。

2　奉公人給金にみる「御知行所もの」と「渡りもの」

では、減少した中間はどのように補塡されたのだろうか。次に、享保期の給金改定に関する史料を通じて、当該期における奉公人の調達方法について考えてみよう。

まず、奉公人給金の推移を確認しておく。それぞれの奉公人への給金は、年貢の皆済目録として次年度に作成される村ごとの「御物成御勘定帳」において、年貢取米と相殺した諸経費の一つとして算用され、奉公人名、足軽・中間の別、給金とその両替銀額などが併記される。豊田村や片蔵村の「御物成御勘定帳」によると、元禄期には足軽の給銀は二一〇匁、中間は一二〇匁であった。宝永期以後の推移を示した表3によると、給金は

表3　宝永～享保期　御物成御勘定帳での奉公人給金

	足　軽		中　間		両替
	給　金	銀換算	給　金	銀換算	
宝永3－7	3両2歩	203匁	2両	116匁	58匁
正徳元	3両2歩	203匁	2両	116匁	58匁
正徳3	3両2歩	288.4匁	(虫損)	164.8匁	82.4匁
正徳4	(虫損)	(虫損)	2両	148.8匁	74.4匁
享保3	3両2歩	333.9匁	2両	190.8匁	95.4匁
享保5(子)	新金 3両	145.2匁	新金 1両1歩2朱	66.55匁	48.4匁
享保6	3両2歩	182匁	2両	104匁	52匁
享保7	3両2歩	199.5匁	2両	114匁	57匁
享保8	3両2歩	185.5匁	2両	106匁	53匁
享保9	3両2歩	182匁	?	104匁	52匁
享保10	3両2歩	189匁	—	—	54匁
享保11	—	—	2両	112匁	56匁
享保12	—	—	1両（半年）	57.5匁	57.5匁
享保13	—	—	2両	115匁	57.5匁
享保14	—	—	—	—	
享保15	—	—	1両3歩	101.5匁	58匁

御物成勘定目録は年貢皆済目録に当たるもので、翌年6月に前年分の目録が提出される。

典拠：豊田村「御物成御勘定帳」(国・小谷1368～1391) から作成。享保3年分のみ同文書中の片蔵村「御物成御勘定帳」(享保4年6月付) による(同359)。

享保五年を除いて足軽三両二歩・中間二両で維持され、伯太陣屋移転後の享保一五年以降、中間の給金のみ一両三歩に減額される。また銀への両替では、正徳期から享保三年にかけて、貨幣改鋳後の金相場の変動により、一両当たり銀九五匁まで上昇する点も特筆される。

　こうした状況のなかで、旧貨流通が差し止められた享保五年には、年貢算用における奉公人給金の換算表記について指示が出された。ここでは、その内容を示す〔史料3〕ⒶⒷによって、この時期の奉公人調達のあり方をみておきたい[16]。

〔史料3〕

Ⓐ　夏勘定、来ル廿六日可被仰付候

一、御目見廿七日ニ可被仰付候間、庄屋中添可参、麻上下持参可申候

覚

一、新銀四拾六匁壱分弐厘　三分一

一、新銀八拾五匁弐分五り　①足軽壱人分

　但、小形三両弐歩代

一、新銀四拾八匁五分二り五毛　②中間壱人分

　但、小形弐両代

太平寺村　木寺平太夫・鴨田利左衛門

大庭寺村　山中作兵衛・小山四郎右衛門・中井治右衛門・山中政右衛門

小代村　井上五左衛門

豊田村　中井喜六
片蔵村　小山伊兵衛
釜室村　中山勘右衛門
〆拾人
③右之御歩行小役人分両かへ新銀四十弐（ママ）匁五分かへニ相立可申候、且又足軽・仲間ハ新銀ニ而右之通ニ相立可申候、以上

六月十八日　森新右衛門

小谷・根来

Ⓑ　覚

①当暮未進奉公人給金之義、御足軽幷御中間共ニ大坂ニ而被召抱候渡りもの之通ニ切米来春ゟ可被下候間、村々へ其段可申渡候

両替四十七匁八分かへ直段

一、新金弐両弐歩　御足軽分
一、新金壱両壱歩　御中間分

右之通、②当子（享保五）之春被下候積ニ而、来年分先々相渡申候、来年又々御知行所もの同前増可被下候

一、歩行衆小御役人ハ、前々之何両何分と申を新金ニ何両何分と中勘定立可被申候、両かへ之儀右同前候、以上

十一月十九日　森新右衛門

小谷太兵衛殿
根来新左衛門殿
小谷太八殿

まずⒶは、その年の年貢算用が開始される「夏勘定」に向けて、三分一銀納値段や奉公人の給銀額を新銀立てで算用するよう指示した通達である。奉公人については傍線①〜③のように足軽・中間・御歩行小役人の三種類に分類し、①②の足軽・中間分は従来の「小形金」での給金を一両約二四匁替で新銀にて算用させ、③の御歩行小役人一〇人については①②とは異なる換算率を指示している。ここではまず、領内の百姓から供給される未進奉公人として、第一節で検討した足軽・中間のほかに「御歩行小役人」という階層が存在することを確認しておきたい。

通達Ⓐによって現行給金を新銀で算用すべき旨が伝えられた後、一一月一九日付の通達Ⓑでは、さらに現行給金額の改定が実施されている。まず傍線部①には、享保五年末からの未進奉公人の給金について、来春以降は足軽・中間共に大坂で召し抱えられた「渡りもの」と同額の切米を支給すると書かれている。続いて新金立の足軽・中間給金が記載されているが、これは傍線部②によると「当子」の春に支給された現行給金額であり、年が明けてから「御知行所もの」にも「渡りもの」同前の増分を支給すると通達している。この通達で注目すべきは、定番屋敷での奉公人には「大坂ニ而被召抱候渡りもの」と「御知行所もの」が併存する点である。

前者の「渡りもの」については、大坂の口入宿に関する塚田孝氏の研究において、①一七世紀末期の大坂における労働市場は、大坂城の守衛にあたる番衆の下々を中心とした武家奉公人雇用を軸に展開しており、②着任した番衆は口入機能を併せもつ市中の「宿」を介して、都市に滞留する「日用」層から渡り者の奉公人を抱えたこと、③町奉行所では出替り期日後の宿貸しを取り締まる例触を番衆交代直後の九月にも発布し、奉公先を決めずに市中に留まろうとする滞留状態の「日用」層を取り締ったことが明らかにされている。(17) 一方で明和期の大坂加番小室藩の奉公人確保を検討した岩城卓二氏によれば、大坂城内の奉公人が「渡り者」ばかりで占められると、藩にとっては「御不勝手之儀」もあるため、「領分者」の夫人徴発が維持されることもあったという。(18)

両氏の指摘を参照すれば、伯太藩でも領内からの武家奉公人（特に中間）が減少する中で、不足分を大坂の「日用」層から雇用せざるをない状況にあったと考えられる。ただ実際の奉公人管理の面では一定数の「御知行所もの」を確保しておく必要があったために、大坂の労働力相場に依拠する渡り者の雇用に準じて「御知行所もの」の給金を改定したと考えられよう。先掲表3によれば享保五年分の「御物成御勘定帳」（網かけ部分）では、〔史料3〕Ⓑと比べて足軽で新金二歩、中間で新金二朱分の増額が確認でき、これが市中「渡りもの」の給金水準だったとみてよい。金相場の変動をうけて、上昇傾向にある「渡りもの」の雇用相場に合わせて「御知行所もの」の給金を引き上げることで、知行所奉公人の維持を図ったと考えらよう。

一方、右の給金改定と併行して、藩内には調達方法の変更を模索する動きも存在した。その結果を示すのが、〔史料3〕ⒶⒷと同じ留帳に少し間をおいて書留められた次の通達である。

〔史料4〕

村々銀納廿八日切集り兼候而、新銀壱〆□□りもたせ被越、請取申候（中略）

一、先達而物語申候泉河郷高割ニ可被仰付候増中間之儀三四十人斗之事、難儀可申と被思召候付、無用之儀相極止メ成申候、左様心得可被申候、此書状根来新左方へ遣し可申候

一、（以下、御用銀用立について二ヶ条略）

十二月朔日　　　　　　　　　森新右衛門

小谷へ

根来へ

傍線部によると、藩側はこの通達を出す前に泉州の小谷家・根来家の両触頭に対して、増中間三、四〇人を「泉河三郷」へ高割で賦課する案を示していたことがわかる。しかし、高割賦課の「難儀」を考慮して徴発をあきらめ、結果として〔史料3〕Ⓑのような給銀引き上げに落ち着いたのである。高割賦課する奉公人が中間のみである点は、上神谷郷での新出中間の激減が領内全体の現象であったことを示している。知行所からの中間調達は困難をきたし、相当数の渡り者を雇用する状況のもとで、給銀を引き上げたうえで従来どおり希望者を募るのか、あるいは臨時に徴発される「御雇奉公人」と同様に、高割による徴発方式へ転換するのかの二者択一が模索され、結局この段階では後者の導入が見送られたのである。

ただし、次章で述べるように、一八世紀半ば以降の伯太陣屋詰奉公人は、領内からの徴発によって確保され、領内では陣屋周辺地域を供給源とした代替奉公が展開していた[19]。つまり、享保五年に見送られた徴発方式はその後まもなく導入されることになったのである。ではなぜ享保期には徴発方式の採用が見送られたのだろうか。これについては、当該期の伯太藩の拠点が大坂にあったこと、すなわち定番として在坂する間は都市に滞留する「渡りもの」を一定数雇用しえた点が重要であろう。伯太陣屋への移転後は、そうした都市社会との関係を喪失したことで、領内からの徴発によらなければ国元詰奉公人を確保できなくなったのである。ただ実際には徴発に応じる村々は少なく、小規模な町場を有する陣屋元村などの小百姓を代人として差し出す事例が増加してゆく。遠方に点在する所領村々と、陣屋と密接な関係を持ち始めた陣屋元村や周辺村との間で、藩領の地域社会に規定された供給構造が定着してゆくのである。

なお、〔史料4〕でもう一つ注目すべきは、徴発案での増中間の賦課対象が、近江二郷を除く「泉河三郷」（上神谷郷・下泉郷・河州郷）とされている点である。泉河三郷を対象とするのは、前節で取り上げた高割による「御雇奉公人」の徴発とも一致する。おそらく近江二郷は〔史料4〕の徴発案でも賃銀負担地域としてのみ想定されており、藩側は寛文期に役知として加増された泉河三郷を大坂への人足や物資の供給地域として位置づけていたと思われる。しかし、泉河三郷での「御知行所もの」の調達は享保期を通じて減少し続けており、人足・物資供給地域としての三郷の機能は、内実においてもはや変質していたといえよう。その背景については、在地側での変化や規定性という側面から、節を変えて後述することとし、ここでは足軽以上の給金についてもう少し検討しておきたい。

3　徒歩小役人と足軽の家筋

表4は、小谷家文書に残る享保八、九年の各村の「中勘定目録」から奉公人名と給金を抜き出したものである。苗字を持たない中間の給金は、全員金二両で同一だが、苗字をもつ足軽以上の給金では、金五両・四両・三両三歩・三両二歩までの四区分が確認できる。後者のうち＊印を付した奉公人は、先掲〔史料3〕Ⓐにみえる「御歩行小役人」の名前と一致する。また、「御歩行小役人」とは重ならない金三両二歩の奉公人層のうち、豊田村の中勘定目録に記載された堂坂・多米の名前には「足軽」の肩書が付されている。つまり、給金と年貢が相殺される奉公人は、①金五両・四両・三両三歩の三層からなる「御歩行小役人」、②金三両二歩の「足軽」、③金二両の「中間」の三階層に分かれていたのである。さらに、足軽以上の奉公人について各人の苗字に注目

表4　享保8・9年　中勘定目録における奉公人給金

		奉　公　人	村　名	金	銀
享保8	＊	山中作兵衛	大庭寺	5両	255.00
	＊	小山伊兵衛	片　蔵	4両	204.00
	＊	中山勘右衛門	釜　室	4両	204.00
	＊	山中政右衛門	大庭寺	3両3歩	191.25
		山中増右衛門	大庭寺	3両3歩	191.25
		山中治右衛門	大庭寺	3両3歩	191.25
	＊	小山四郎右衛門	大庭寺	3両3歩	191.25
		浅野善左衛門	大庭寺	3両2歩	178.50
		堂坂勘左衛門〔足軽〕	豊　田	3両2歩	178.50
		多米武兵衛〔足軽〕	豊　田	3両2歩	178.50
		大中茂兵衛	小　代	3両2歩	178.50
		大中重右衛門	小　代	3両2歩	178.50
		河原田勘左衛門	三木閉	3両2歩	178.50
		中間（共通）		2両	102.00
享保9	＊	山中作兵衛	大庭寺	5両	245.00
	＊	木寺平太夫	太平寺	5両	245.00
	＊	鴨田利左衛門	太平寺	5両	245.00
		山中畿右衛門	大庭寺	4両	196.00
	＊	中山勘右衛門	釜　室	4両	196.00
		小山亀右衛門	太平寺	4両	196.00
	＊	小山伊兵衛	片　蔵	4両	196.00
		山中増右衛門	大庭寺	3両3歩	183.75
	＊	小山四郎右衛門	大庭寺	3両3歩	183.75
		井上儀兵衛	太平寺	3両3歩	183.75
		浅野善左衛門	大庭寺	3両2歩	171.50
		奥野伝兵衛	釜　室	3両2歩	171.50
		大中茂兵衛	小　代	3両2歩	171.50
		鴨田与惣左衛門	太平寺	3両2歩	171.50
		鴨田孫八	太平寺	3両2歩	171.50
		木田又左衛門	逆瀬川	3両2歩	171.50
		中間（共通）		2両	98.00

＊：史料3-Ⓐの「御歩行小役人」と重なる名前
典拠：小谷家文書に含まれる上神谷各村の中勘定目録（国・小谷3035、3055～3057、3300、3303～3305、3314、3315、3317、3324）。

すると、大庭寺村では小山・山中・浅野姓、太平寺村では鴨田姓、小代村では大中姓、釜室村では中山姓など、各村で限られた苗字しか確認できない。歩行小役人や足軽を輩出する家筋は、各村で比較的固定化した傾向にあったといえよう[20]。また、本書第二章でふれたように、この時期の小役人や足軽の一部には在村して所領支配の末端を担っていた者も確認できる。

以上、本節では上神谷郷での調達状況や触頭への通達内容から、元禄末年より享保期にかけての調達実態を検討し、定番就任後には大坂屋敷の奉公希望者が一挙に増加したが、その後は中間を中心に減少したことを確認した。藩側は不足分の補塡を大坂の「渡りもの」に依存する一方で、領内からの中間確保を一定度維持したいとの考えから給金改定や増中間の高割賦課などを模索した。元禄末年に九〇名を超える奉公希望者が存在したのと比較すると、享保期定番屋敷の中間の構成は、「日用」層を供給源とする「渡りもの」と、固定化した少数の「御知行所もの」へと変化したことになる。またこうした動向のなかで、上神谷郷は元禄・宝永前半には領内でも積極的に奉公人を出す地域として確認でき、なかでも豊田村は主要な供給村であった。そして、中間の出願者が激減するという推移において、領内で奉公人供給変化を規定する地域の一つであったとみることができよう。

三　豊田村における屋敷奉公人減少とその背景

1　一八世紀初頭の豊田村

それでは、豊田村で奉公を担った人々はどのような家々であったのか、なぜそれが急減したのか、その背景を考察したい。まず前提として、一八世紀初頭における豊田村の村内構成をみておきたい。豊田村の家数は、元禄九年の九九軒から、別家輩出などによる家数の増加がみられ、享保一五年には一一八軒に増加する。「家並人数御改帳」によると、村内の家々は公事屋・無役屋・譜代下人（譜代別家）の身分に分かれていたが、家別の人別を記した宗旨改帳では譜代別家のみに肩書が付されている。表5は、元禄一一年以降の宗旨改帳から譜代別家の推移を整理したものである。元禄一一年には五軒の百姓が譜代別家を抱えており、その約半数が小谷家の譜代であった。各譜代別家は、吉太夫譜代の二軒を除いて家族を持ち、家持下人として存在していた。(21)

表５　元禄11年　豊田村内の譜代別家

主　家	譜代別家	家内	備　　考
小谷太兵衛	弥兵衛	7	
	甚兵衛	5	正徳４家内引越
	作右衛門	8	
	孫左衛門	3	享保14・20欠落（小谷自分仕置）
	孫右衛門	8	正徳４引越
	庄兵衛	4	元文２出奔
	猪右衛門	5	
	七右衛門	7	元禄15独立
	五兵衛	5	元禄15独立
	八左衛門	7	元禄15独立
	甚　太	3	享保20絶家
吉太夫〔東小谷〕	二郎右衛門	4	
	長左衛門	5	
	仁　助	1	
	妙　海	1	正徳４～絶家ヵ
	彦右衛門	5	
庄太夫	長五郎	1	宝永３～絶家ヵ
久右衛門	清右衛門	5	元禄15独立
善左衛門	四郎兵衛	5	
	惣二郎	4	
	新　助	4	
	下女２／子	—	

典拠：前掲表１の「宗旨改帳」、国・小谷2666「諸事願書留」（享保６年～）、同2667「諸事願書留」（享保18年～）。

注目したいのは、当該期の譜代別家には新たに独立して百姓となる家や、上神谷に開発された新田村落である野田尾新田[22]に移住する家、享保期には女性のみの世帯となりやがて消滅する家がみられるなど、家数が減少しつつあったことである。一方、主家の小谷家側では、片蔵村庄屋となっていた勘兵衛との関係を「家来」として確認し、他にも新たな下人家族を「家来」として抱えている[23]。この時期の譜代と譜代別家との関係は、主家である小谷家により再確認されてはいくが、近世初期以来の関係は徐々に弛緩しつつあったとみることができよう。なお、当該期の小谷家は所持地を急速に拡大しており、元禄一五年には八四石余の所持から享保一五年には一三六石余まで土地集積を進め、村方地主として成長を遂げている。

2　豊田村出奉公人の実態

では、こうした豊田村において、大坂定番屋敷の奉公人がどのような家々から出ていたのか、まず元禄一五年一一月に未進奉公希望者を書き上げた「奉願御奉公人之事」の写しを検討したい。表6は、願書に記載された内容を一覧にしたもので、この五ヶ月前に作成された宗旨改帳の情報も補足している。ここからまず指摘できるのは、高持から小高まで、あるいは組頭から「家来」までの多様な人々が屋敷奉公に出たことである。特に、戸主の弟や甥といった傍系男子を奉公に出す場合が多く、またその大半を居成奉公が占めている。「未進奉公」の内実は、当年の年貢納入に差し詰まった結果というより、最初から給銀分を未進として当て込み、奉公人を出すことで年貢の一部を免除されようとするものだったと考えられる。ただし、新中間の中には、八左衛門など独立して間もない小谷家の譜代別家も確認できる。いまだ不安定な農業経営のなかで、当年の年貢差

表6　元禄15年11月　豊田村「奉願御奉公人之事」

	名　前	所持高（石）	備　考
足軽居成	多米長左衛門（35）	19.984	（在村）
	横山又兵衛（54）	6.866	
	中井平兵衛（40）	3.510	
	神田八郎兵衛（24）	3.319	善左衛門子
中間居成	七兵衛（30）		多米長左衛門方
	吉兵衛（42）	8.126	
	伝　助（47）	4.606	
	甚三郎（？）		伝助弟
	与右衛門（58）	4.399	
	定助（26）	4.420	市助弟
	□二郎（28）	2.448	八右衛門子
	秀五郎（25）	□二郎内	八右衛門子
	市兵衛（62）	5.280	喜助弟
	九郎兵衛（63）	1.127	
	吉三郎（28）		横山又兵衛子
	久三郎（26）	4.871	
	権四郎（28）	6.785	惣五郎弟
	長四郎（25）	1.088	
	六兵衛（30）	0.280	作兵衛子（人別帳では弟）
	作兵衛（35）	吉左衛門高 12.910	吉左衛門家来
	市二郎（24）	吉太夫高 33.299	吉太夫家来
	六二郎（23）	5.188	
	六兵衛（31）	善左衛門高 3.319	善左衛門家来
新中間	三四郎（19）	忠左衛門高 16.040	忠左衛門甥
	八左衛門（43）	1.000	（元介之丞譜代）
	長三郎	3.940	善左衛門弟（六兵衛弟ヵ）
	三　吉	0.120	三右衛門子

典拠：国・小谷285。（　）内は同年6月の宗旨改帳（同1160）より補う。

し詰りを理由に奉公を願った家もみられることには注意しておく必要があろう。なお、各家の持高より明らかなように、年貢の「未進奉公」という形式をとる以上、奉公の担い手は高所持者に限定されていた。近世後期になると、陣屋近辺の村々から代人が供給されるなかで、代人のなかには無高百姓が含まれるようになるが(24)、「未進奉公」という形式で奉公人を確保する一八世紀初頭の段階では、無高百姓は出願しえなかったのである。

第二に、奉公人の中には、中間居成のなかに三人の「家来」筋の者が確認できる。これらは小谷家などの譜代別家であり、願書には主家の高を記載し主家分の「未進奉公人」として奉公している。これも主家が年貢納入に差し詰まったというより、主家が自らの譜代のうち余分な労働力を奉公人として放出し、居成で奉公させていたと考える方が自然であろう。このように見てくると、元禄一四年～宝永前期の屋敷奉公人は、単年度においては年貢の「未進奉公」という形式をとりながらも、実際には奉公を当て込んだ年貢未進として確保されていたことになる。そうだとすると、奉公出願者が急減し固定する享保期には、屋敷での「未進奉公」を志向しない家が増加したことを想定すべきであろう。

3　屋敷奉公人減少の背景

次に、領内で「未進奉公」が減少した背景を考えるために、当該期の豊田村における労働力放出のあり方を検討したい。以下では二つの局面から屋敷奉公人を出す家のあり方をみる。一つは前述のように従来譜代別家に依存してきた主家（小谷家）側の変化、もう一つはこの時期に増加する年季奉公人を出す家々の状況である。

まず、村内で最大の土地所持者であり、最多数の譜代別家を抱えた小谷家の労働力確保からみておこう。表7―Aは、この時期の宗旨改帳より、小谷家の「家」に包摂される下男・下女の名前を抜き出したものである。①宝永三年の帳面以降、正徳末年にかけて従来の譜代別家とは異なる年季奉公の下男・下女が増加すること、

②宗旨改帳に記載される下男・下女は、小谷家譜代伊右衛門倅吟六を除いて他村出身の奉公人のみであること、③各奉公人が帳面に記載される期間は、多くが一～二年程度であったことの三点が確認できる。一方表7―Bは、小谷家の経営帳簿である享保四～六年の万覚帳から「給銀渡覚」の項目に一括された下男・下女給銀を整理したものである。宗旨改帳への登載基準は不明だが、BにはA以外の奉公人や村内奉公も含めて把捉されている。以上の二表によると、宝永三年以降はほぼ毎年、周辺村からの年季奉公人召し抱えが確認できる。このうち村外出身の奉公人に注目すると、享保四～六年においても奉公人の半分弱は村外からの奉公人であり、ほぼ全員が谷内や和田谷・陶器地域など近接する他領村々から抱えられている。村外からの奉公人にはほぼ全て請人が存在し、さらに請人とも異なる「弥七」なる人物が「手付」として銀一匁程を先渡ししたり、給銀本体の支給にも介在する例が過半を占める。他方、村内出身の奉公人は、自家・他家の譜代別家と一般の百姓家の双方から抱えられており、その給銀は「下作帳へ遣」や「かし帳へ入」「算用書へ入」などのように小谷家の手元で小作宛米帳・貸付帳・経営算用書との相殺により処理されている。すなわち、村外からの奉公人は請人を擁する年季奉公人の雇用であったのに対し、村内からの奉公では小谷家との地主・小作関係や貸付関係が前提にあり、その未済分を補塡する奉公だったことがわかる。一八世紀初頭の豊田村有力百姓の家では、主家への従属性を弱めつつあった譜代別家への支配を形式的に維持・再確認しながらも、譜代別家自体の減少や入れ替わりに応じて、請人・口入を介して供給される年季奉公人や、小作・貸付関係を伴う村内奉公人を労働力とするようになっていたのである。

次にもう一つの側面として、年季奉公人を出す村内の家々についても見ておきたい。次に引用する史料は、一八世紀初頭のものと推測される他領奉公差し止めの通達である(25)。

表７−A　宗旨改帳における小谷家年季奉公人（享保11年まで）

★：他領

下男・下女	年齢	出　　身	記載期間
文右衛門	30	［貼紙］	宝永３
［　貼紙　］			宝永３
関　蔵	17	土師村久右衛門倅★	宝永３−正徳４
か　め	24	三木閉新田平右衛門娘	宝永３・５
よ　し	23	伏尾新田［？］右衛門娘★	宝永３
六兵衛	22	陶器深坂新田五郎兵衛倅★	宝永４
か　や	23	高田村勘右衛門娘★	宝永４
利右衛門	40	河州草尾新田★	宝永５
文右衛門	40	八田之庄小坂村★	宝永７
重兵衛	22	土師村六兵衛倅★	宝永７・正徳４
よ　し	32	伏尾五左衛門娘★	宝永７
た　ね	23	土師村弥右衛門娘★	宝永７
吟　六	14	譜代伊右衛門倅	宝永７−享保７
庄右衛門	45	当谷栂村★	宝永８
吉	28	土師村□右衛門娘★	宝永８
り　ん	25	堺農人町与兵衛娘★	正徳４
た　け	25	土師村左兵衛娘★	正徳４
久兵衛	—	福田村惣兵衛★	正徳５・６
伝　三	—	当村（栂村？）庄右衛門子	正徳５・６
長三郎	27	栂村茂兵衛弟★	正徳５・６
り　ん	21	大平寺村平左衛門娘	正徳５・６
よ　し	20	和田谷上村伊右衛門娘★	正徳５・６
た　け	25	栂村長右衛門娘★	正徳５・６
三　八	15	万代庄梅村十兵衛倅★	正徳６−享保７
す　へ	15	万代庄梅村徳兵衛娘★	享保８・11

典拠：表１に同じ。

表７−B　享保４〜６年　小谷家の奉公人給銀渡覚（「万覚帳」より）　★：他領

	奉公人名	出身村	給銀(匁)	渡し方	備考（数値の単位は匁）
享保4	茂兵衛子八兵衛	栂村★	35.00	12／９渡	請人宇右衛門
	茂兵衛娘	栂村★	17.50		他に冬布子１着
	与左衛門娘	陶器辻村★	36.25	11／22弥七へ渡	残布子代弥七へ渡
	次郎兵衛娘（かね）	野田尾新田★	36.25	11／22弥七へ渡	請人和田村三郎左衛門
	与左衛門妹	和田村★	38.75	11／22弥七へ渡	請人佐左衛門
	忠三郎	三木閉新田	35.00	12／７弥七へ渡	了簡増遣7.50／残７月渡
	長兵衛	田中村	50.00	—	他1.25来７月奉公働次第遣
	平左衛門	豊田村	38.75	下作帳へ入	月20日奉公
	覚左衛門	豊田村	37.50	下作帳へ入	
	四郎右衛門子	豊田村	45.00	下作帳へ入	
	徳兵衛〔七郎兵衛弟〕	豊田村	40.00	算用書へ入	
	文四郎〔四郎兵衛養子／儀右衛門譜代〕	豊田村	50.00	下作帳へ入	月25日奉公
	吟兵衛〔小谷譜代〕	豊田村	45.00	下作帳へ入	15.00此方に有
	庄兵衛〔小谷譜代〕	豊田村	45.00	下作帳・差引帳へ入	
			37.50		
享保5	権右衛門弟七兵衛	上別所村★	80.00	12／４弥七へ渡	0.50弥七より先渡し
	利兵衛子はつ	下別所村★	75.00	12／４弥七へ渡	1.00弥七より先渡し
	仁兵衛子さん	下別所村★	67.50	12／４弥七へ渡	1.00弥七より先渡し
	仁兵衛妹吉	野々井村★	75.00	12／12弥七へ渡	
	与左衛門子いと	陶器上村★	75.00	12／４弥七へ渡	他2.50丑７月奉公次第遣す
	治郎兵衛後家子かね	野田尾新田★	67.50	12／４弥七へ渡	
	忠二郎子忠三	三木閉新田	80.00	12／12弥七へ渡	他1.00丑７月遣す
	市左衛門弟長兵衛	田中村	90.00	12／12弥七へ渡	他12.00丑７月遣す
	四郎左衛門子きへ	畑　村	100.00	12／27遣す筈	四季仕きせ
	平左衛門	豊田村	62.50	かし差引帳へ入	月20日奉公
	覚左衛門子きく	豊田村	50.00	下作帳へ遣	
	徳兵衛〔七郎兵衛弟〕	豊田村	70.00	算用へ入	
	四郎兵衛〔儀右衛門譜代〕	豊田村	75.00	かし帳へ入	月25日奉公
	吟兵衛〔小谷譜代〕	豊田村	75.00	三兵衛下作帳入	30.00夫賃
享保6	藤次郎娘	野々井村★	□7.50	—	請人仁兵衛／1.00手付
	与二兵衛娘	野々井村★	82.50	—	請人源兵衛／1.00先渡し
	仁右衛門弟七兵衛	栂村★	85.00	12月渡	請人小右衛門／1.00手付
	長右衛門娘〔たけ〕	栂村★	55.00	下作帳ニ入	請人庄右衛門／1.00手付
	長兵衛	田中村	100.00	50.00は12／16渡	残２／15渡、７月前渡
	七左衛門娘	大庭寺村	75.00		寅月遣す
	きく（覚左衛門娘）	豊田村	70.00	12月渡	
	徳兵衛〔七郎兵衛弟〕	豊田村	75.00	算用書へ入	
	文四郎〔四郎兵衛養子／儀右衛門譜代〕	豊田村	77.00	算用書へ入	月５日休日
	吟兵衛〔小谷譜代〕	豊田村	80.00	三兵衛下作帳渡	25.00夫賃
	庄兵衛妹〔小谷譜代〕	豊田村	80.00	未進下作帳ニ而引	丑７／９より

典拠：享保４年（国・小谷506）、享保５年（関西大学小谷家文書830—29—５—1577）、享保６年（関西大学小谷家文書830—29—６—1578）。

〔史料5〕

（前欠）

一、銀納之［　　］百七匁五分同値段ニ而仰付候、来三日切ニ米不足之村々上納可有之旨、村々へ可被申渡候

一、先達而申遣候奉公人願書可差出候、新奉公人之儀、願申者有之候ハ、来月ニ至而も願可申上候

一、①近年奉公仕者有之候へ共他所へ参、其所ニ而も下人召仕候者難差置、耕作手支ニも相成難儀申段相聞候、其所ニても世間並之給銀ハ可遣置候、向後者他所へ参奉公仕候儀停止ニ被仰付候、前々ゟ有付候而居成ニ相勤候者ハ、其まゝ可相勤候、前々ゟ奉公仕候主人方暇取候者、在所へ呼返し可申候、②同御領ニ而御座候者、他村ニ而も構無之候、隣郷ニ而御座候共、他領ニ而有之候者奉公無用ニ候、入組之村々ハ他領ニ而も一村之儀候間構無之候、若しのひかくし他領へ参奉公仕候ハヽ、後日ニ相聞へ候共、急度可被仰付候間、此旨村々へ可被申渡候、右者男奉公人之事、女奉公人之儀も同事候へ共、是者重而之儀ニ候、以上

十一月廿四日

高見八郎左衛門

森新右衛門

小谷助之丞殿

この史料は作成年を欠くものの、差出代官の名前（高見・森）と宛先小谷助之丞の名前が重複して確認できるのは宝永五～正徳四年に限られており[26]、その間に出されたものと考えられる。内容をみると、二条目で大坂城玉造口定番屋敷に詰める新奉公人の出願を促したうえで、三条目傍線部①では「其所」（上神谷）における

年季奉公人確保に関して、近年他所奉公に出る者が増え、上神谷内の下人召し抱えに支障が生じているので、「世間並」の給銀を維持するとともに、これ以後の新規他所奉公を禁止している。ここで規制される「他所奉公」は、傍線部②の他領への年季奉公を指しており、領内の「耕作手支」を懸念する藩側の利害が窺える。なお相給村落については、他領であっても例外として扱われ、上神谷郷では田中村のみが該当した。

また、この時期の他所奉公は、宗旨改帳においても自他領を問わず把握されていた。表8は現存する帳面から「他所奉公」の肩書がある人々を家ごとに整理したものである。例えば、1七郎右衛門別家喜兵衛家の女子小女郎の場合、元禄一一年の改帳に深田村庄兵衛方で他所奉公中であることが確認できるが、元禄一五年以降は名前を確認できず、現存しない元禄一三年の帳面において縁付・養子か死亡などの変化があったと想定される。また、3庄左衛門女子かめの場合、元禄一一年には領内小代村へ奉公中で、元禄一五年までに他領和田村へ奉公先をかえ、宝永三年に豊田村に在村したのち縁付いたことがわかる。

この表から、当該期の豊田村百姓による他村奉公のあり方として、以下の点を指摘したい。第一に、元禄末から正徳期にかけて、村内の三分の一強に相当する三七軒の家々が一人以上の年季奉公人を輩出している。〔史料5〕の通達は、宗旨改で把握されたこのような他領奉公の実態を踏まえて出されたのであろう。第二は、他所奉公の奉公先に変化がみられる点である。元禄期から正徳期までの奉公先は、伯太藩領の上神谷村々のほか、他領では上神谷内の和田村・栂村や、上神谷の東側に位置する陶器丘陵の村々（上野・田園・北・深坂・楢葉新田など）、伏尾新田や、上神谷の西側に位置する和田谷の村々（檜尾・野々井・大森・上・別所）が中心を占める。つまり〔史料5〕で規制された他領奉公は、上神谷と近接した谷々や丘陵の村々との間で展開していたのである。一方、正徳末から享保期には、21甚兵衛家の甚三郎や、27与治兵衛家の三之助から30清兵衛家の岩までの四軒のように、堺・大坂への町方奉公が増加する。周辺での他領奉公から町方奉公へと移行する要因は

表8　元禄11～享保11年　豊田村百姓の在方・町方奉公(家別)

	人別帳の家名	奉公人の名前	奉公開始年（年齢）／奉公先（★印：他領）／帰村状況
1	喜兵衛→喜左衛門	小女郎	元禄11（20）深田村庄兵衛　→元禄15記載なし
2	庄五郎→久左衛門	八兵衛	元禄11（37）上村左兵衛★　→元禄12上村与兵衛方へ養子
3	庄左衛門→清右衛門	か　め	元禄11（27）小代村五郎左衛門　→元禄15和田村吉郎兵衛★　→宝永3在村
		な　つ	元禄15（28）鉢峯山作二郎　→宝永2［**付箋下**］縁付
		八	正徳4（22）和田村宇兵衛★　→正徳6□□村四郎兵衛　→享保5在村
		甥長次郎	享保5（15）大坂農人橋①箒屋太郎兵衛★　→享保11記載なし
4	久右衛門→六次郎→久左衛門	は　つ	元禄11（25）小代村与惣右衛門　→元禄12・15同四郎右衛門　→宝永3記載なし
		六次郎	元禄15（23）**大坂御屋敷**　→宝永3在村
		吉次郎	正徳5（33）**大坂御屋敷**　→享保5帰村
5	市助→平左衛門	い　と	元禄11（39）和田村久右衛門★　→元禄15在村
		権四郎	元禄11（22）**江戸御屋敷**　→元禄15**大坂御屋敷**　→享保5記載なし
		四　郎	正徳6（12）上村徳兵衛★　→享保5在村
6	八右衛門→市兵衛→覚右衛門→八右衛門	伊蔵（三十郎）	元禄12（25）**江戸御屋敷**　→元禄15**大坂御屋敷**　→*宝永3野田尾新田へ小屋建出*
		□市（庄五郎）	元禄11（21）陶器深坂村茂右衛門★　→元禄15**大坂御屋敷**　→宝永5帰村
		権太郎	享保6（8）大坂南堀江④和泉屋次兵衛★　→*奉公中*
7	三右衛門	は　つ	元禄11（24）陶器上野村次兵衛★　→元禄16白紙貼紙
		清三郎	元禄11（21）陶器上野村長左衛門★　→宝永3陶器北村新田角兵衛★　→宝永4帰村
		山三郎	宝永3（24）**大坂御屋敷**　→**宝永7帰村**
8	次右衛門→六兵衛→甚左衛門	よし松(三四郎)	元禄12《(16ヵ)》伏尾新田伊作★　→元禄15在村　→宝永3**大坂御屋敷** →正徳4記載なし　→正徳5他所より帰村
9	長四郎→庄五郎→新左衛門	長四郎	元禄15（25）**大坂御屋敷**　→*元禄16奉公中不埒、追放(小谷5449)*
		庄五郎	元禄15奉公先上村乗正方★より年切　→享保11（48）久世隠岐守様伏尾屋敷★
10	長兵衛→弥二右衛門→弥左衛門	り　ん	元禄11（18）陶器田園村長太夫★　→元禄15大森村□兵衛★　→宝永3在村 →宝永4伏尾新田清右衛門★　→正徳4在村
		た　ね	宝永3（21）鉢峯山長兵衛　→宝永4白紙貼紙
11	藤十郎→宇右衛門	い　と	元禄11（26）釜室村与平次　→元禄15在村（死亡）
12	又兵衛→戸右衛門	又兵衛	元禄15（54）**大坂御屋敷**　→宝永7帰村
		吉三郎	元禄11（24）泉□□（他所奉公）★　→元禄12**江戸御屋敷**　→元禄15**大坂御屋敷** →宝永4帰村　→宝永7**大坂御屋敷小林平馬**　→正徳4在村

		文四郎	宝永8（31）堺柳町河内屋六兵衛★　*→享保5堺宿院町半町陶器屋佐兵衛借屋へ引越*
		てう	享保5（29）**大坂御屋敷村上舎人　→享保11堺上之町谷川林雪方縁付**
13	吉三郎→忠右衛門	くに	元禄11（26）富田林又兵衛★　→元禄12死亡
14	茂左衛門→吉右衛門	いと	元禄15（21）太平寺村三郎兵衛　→宝永3別所村与左兵衛方縁付
		治兵衛	正徳5（28）**大坂御屋敷**　→享保5帰村（まもなく死亡ヵ）
15	九郎兵衛→長蔵→三郎兵衛	九郎兵衛	元禄11（59）**江戸御屋敷　→元禄15大坂御屋敷**　→宝永3記載なし（死亡ヵ）
		いと	宝永3（19）檜尾村伝兵衛★　→宝永4檜尾村長左衛門★　→宝永8檜尾村徳兵衛方縁付
		かめ	宝永4（19）上村彦左衛門★　→宝永5上村吉左衛門★　→宝永6釜室村作右衛門　→正徳4在村　→享保5檜野村甚右衛門★　→享保6和田村喜左衛門★　→享保11在村
		さん	宝永3（17）□□（他所奉公）　→宝永4当村吉郎兵衛　→宝永5当村吉左衛門　→宝永6帰村　→享保6和田村重兵衛★　→享保11在村
16	伝兵衛	平兵衛	宝永3（20）堺大小路河内□□★　→宝永4平野柏原屋七兵衛★　*→正徳4伏尾新田別家*
17	徳右衛門	与平次	宝永3（14）泉州小沢村太兵衛★　→宝永5在村
18	四郎右衛門→清三郎	四郎右衛門	宝永3（49）**大坂御屋敷**　→宝永5帰村
		てう	宝永7（17）檜尾村八兵衛★　→正徳4在村
		三	正徳6（21）陶器楢葉新田太郎兵衛★　→享保5在村
19	善吉→長右衛門	長三郎	宝永3（28）**大坂御屋敷**　→宝永7帰村　→宝永8河州別所村了晋★　*→正徳4了普貰申*
20	清左衛門（庄三郎）	甚太（小兵衛）	正徳5（20）**大坂御屋敷**　→享保7帰村
		とら	正徳5（13）檜尾村庄太夫★　→正徳7帰村
21	甚右衛門→甚兵衛	六（甚三郎）	正徳5（20）大坂久寺町川崎屋安右衛門★　*→享保11川崎屋安右衛門へ貰シ*
22	松右衛門→庄右衛門	てふ	正徳5（24）深田惣左衛門　→享保2深田七左衛門方縁付
23	忠兵衛→長三郎	せん	正徳5（12）片蔵村伝兵衛　→享保5在村
24	藤次郎右衛門→甚三郎→清左衛門	いち	正徳4（19）□□（他所奉公）　→正徳5片蔵村勘兵衛　→享保5在村
		せき	正徳5（9）鉢峯山四郎兵衛　→享保5在村
25	伝介→五（郎）兵衛	伝介	元禄11（43）**江戸御屋敷**　→元禄15**大坂御屋敷**　→宝永8年以後一度帰村ヵ　→正徳5**大坂御屋敷**　→享保6帰村
		七兵衛	正徳5（46）**大坂御屋敷**　*→享保2大坂伊勢町借屋へ引越*
		いち	正徳4（20）陶器□□★　→正徳6栂村喜左衛門★　→享保5在村
26	与右衛門→与兵衛	与右衛門	元禄15（58）**大坂御屋敷**　→宝永3在村（正徳6死亡）

		長五郎(与兵衛)	元禄11（23）**江戸御屋敷**　→元禄15在村　→正徳5**大坂御屋敷**　→享保5在村
		次郎兵衛	正徳5（36）菱木村権右衛門★　→享保7在村
27	与次兵衛	三之助	享保2（15）堺少林寺町綿屋長兵衛★　→享保5堺紺屋町泉屋庄兵衛方養子
28	惣五郎→九左衛門	惣五郎	正徳6（45）**大坂御屋敷**　→享保5在村
		権四郎	元禄15（28）**大坂御屋敷**　→*宝永4大坂上本町1丁目苧屋長右衛門借屋に居*
		七	享保5（12）堺西大工町奈良屋勘左衛門★　→*享保8もらかし*
29	吉兵衛	吉兵衛	元禄11（38）**江戸御屋敷**　→元禄15**大坂御屋敷**　→宝永3在村
		吉	享保6（16）大坂博労町⑤灰屋伊右衛門★　→享保11在村
30	清兵衛	岩	享保5（15）堺寺地浜酢屋長左衛門★　→*享保11酢屋長左衛門へ貰シ*
31	小谷譜代五兵衛 ※元禄15独立	八　蔵	元禄15（36）檜尾村六十郎★　→*宝永3野田尾新田へ出*
		九兵衛	元禄15（24）野之井村徳兵衛★　→*宝永4野田尾新田八蔵方へ引越*
		八	宝永3（28）草部万崎村彦兵衛★　→宝永4白紙貼紙→宝永5在村
32	久右衛門譜代清右衛門　※元禄15独立→勘左衛門〔堂坂〕	庄五郎 （勘左衛門）	元禄15（39）**大坂御屋敷**　→宝永4帰村　→享保5**大坂御屋敷**　→奉公中
		いし	正徳5（20）伏尾新田長左衛門★　→享保5在村
		つじ	正徳5（16）三木閉新田忠右衛門　→享保5在村
33	善左衛門譜代四郎兵衛→文四郎	六兵衛	元禄11（27）富田林和泉屋又兵衛★　→*元禄15和泉屋又兵衛方へ遣*
34	吉太夫譜代彦右衛門→彦左衛門	市次郎	元禄15（24）**大坂御屋敷**　→宝永4白紙貼紙　→宝永7大坂国分町吉兵衛借家に居、帳面切
		女　房	宝永3（31）八田庄小坂縫ヵ右衛門★　→宝永7帰村
35	吉太夫譜代長左衛門	六兵衛	宝永7（21）片蔵村勘兵衛　→正徳6帰村
36	小谷譜代甚太→長五郎（→みつ）	甚　太	元禄11（20）陶器田園村忠左衛門★　→元禄15在村
37	小谷譜代すき→よし	はな	宝永3（18）太平寺村小左衛門　→宝永5檜尾村七郎兵衛★ →宝永6（21）栂村清左衛門★　→宝永8［　　］わら村庄右衛門方縁付
38	小谷譜代庄兵衛	なつ	宝永3（21）大森村六兵衛★　→宝永5**大坂御屋敷森新右衛門**　→宝永7帰村
39	小谷譜代伊右衛門→三兵衛	左兵衛(三兵衛)	正徳5（32）福田村三助★　→正徳6帰村
		佐　吉	宝永7（19）高田村勘右衛門★　→正徳4在村　→正徳6福田村三助★　→奉公中
		吟　六	宝永7（14）当村助之丞　→享保8暇

典拠は表1に同じ。元禄11・15、宝永3・5・7、正徳4・6、享保5・7・11年の宗旨改帳より作成。ゴシック体は屋敷奉公。網掛けは譜代別家か元譜代別家。
備考欄：「帰村」は帰村時期が確定できるもの。「在村」は帰村時期は不明だが、該当年次の帳面にて村方居住が確認できるもの。

不明だが、他領奉公の規制による変化と想定しておきたい。第三に、享保一一年には他所奉公を出す家が町方奉公においても激減し、6・32・39の三家のみとなる。他所奉公のピークは宝永～正徳期であったと考えてよかろう。

さらに、このような他領奉公の展開のなかで、表8の家々の多くが大坂屋敷奉公を勤めた家とも重なることに注意したい。表8の百姓家のうち約半数が、対象とした期間内に屋敷奉公人を輩出している。つまり、元禄一五年の屋敷奉公人倍増の要因には、武家奉公での詰先が江戸から大坂へと移ったことで、年季奉公を出しつつ経営を維持する家々が一時的だが積極的に対応したという事情を推測できる。しかしその後、再び在方での他領奉公との選択のなかで大坂屋敷奉公の出願が減り、享保五年以降年季奉公人全体の在村化が進む中で、中間も特定の家筋に固定し激減するに至ったのである。

なお、以上を村落構造の変化として評価するならば、村外奉公人を放出しなければ持続できない経営が減少し、個々の家の経営としては村への定着性が強まったとみることが可能である。その際、土地所持が増える家は少なく、家内人数も別家による減少を除けばほぼ横ばいで推移する。以上から、この時期表8の家々は、零細所持地での耕作や、村内もしくは近村有力家の小作およびそれを補填する村内奉公のなかで経営を維持するようになったと考えられる。ただ一方で離村者の存在も看過できない。奉公後の状況がわかる者のうち離村の事情として多いのは養子や縁付によるものだが、6・16・31のような隣接新田への別家・移住や、12・25・28・34での大坂・堺の借屋への引越・逗留、21・28・30での商家奉公先への「もらかし」（貰かし）なども確認できる。養子・縁付以外はいずれも「家」単位では養えない労働力の流出という点で共通し、離村者は泉北丘陵の新田下作人や、町方の借屋居住者・商家奉公人に転じたことがわかる。屋敷奉公人（中間）が減少し固定化していく変化の背景には、各家の経営が村やその近隣に定着してゆく動向と、新田村落や町方への労働力の流出という二つの動向が存在したと考えられよう。

最後に、その後の屋敷奉公人調達の変化について、近世後期への展開を見通しておきたい。正確な時期は確認できないが、宝暦期頃までに奉公人調達は郷単位の徴発方式に変わり、藩から出人数を指示された郷内では、庄屋間での調整や籤引きによって出人の負担村を決めるようになった。宝暦一一（一七六一）年に倹約のため作成された家中諸入用の見積もりによれば、伯太陣屋分として家中八三人のほか、足軽三五人（郷足軽を含む）・中間四四人の給銀が計上されている[27]。しかし明和期以降の豊田村の宗旨改帳では、屋敷奉公人はほとんど確認できない。この時期、上神谷郷内の村々では、たとえ出村となっても奉公人を出すことは困難であったようで、次に引用した史料のように村出奉公人を下泉郷の伯太村百姓などに代替させるという事態が展開していた[28]。

〔史料6〕

御奉公人証文之事

一、当子暮被為仰付候御奉公人、其御村引請之御仲間為替人私御奉公ニ罷出、此御給銀百弐拾匁幷ニ郷谷よなひ銀六拾匁御渡シ被下、慥受取要用相済申所実正也、然上者御奉公無滞相勤可申候、此已後何等之申分其村江対シ少シ茂無之候、勿論御奉公相務候、年限之義ハ御上次第私承知仕、其村江少シ茂御世話掛ケ申間鋪候、仍テ証文如件

明和五戊子十二月

伯太村奉公人
甚兵衛（印）

同村請人
奥右衛門（印）

同村庄屋
甚左衛門（印）

豊田村庄屋・年寄衆中

この証文によると、伯太村甚兵衛は豊田村引き受けの中間の「替人」として奉公人となるにあたって、藩からの中間給銀一二〇匁と、上神谷郷から郷谷余内銀六〇匁を受け取ったことが確認できる。この時期、領内の多くの村々で同様の代替奉公が展開しており、代替の担い手は陣屋元村やその隣村の零細小百姓・無高百姓が多く、徴発はその内実において陣屋元村周辺での代替奉公により維持されたと考えられる。その際、〔史料6〕にみえるように、奉公人と出村との間で郷余内銀が渡され、代人は給銀の一・五倍ほどの報酬を得て奉公を勤めるようになった。こうした代替が進展するなかで、今度は余内銀の授受をめぐる代人・出村・郷各々の利害が交錯するようになるのである。

おわりに

以上の検討を踏まえて、一七世紀末から一八世紀半ばにかけての伯太藩屋敷奉公人の調達構造の変化と、上神谷地域社会の特質について総括しておきたい。

第一に、定番渡辺家の奉公人調達のあり方は、領内に城下町などの都市的な場を欠くがゆえに、所領内の村々における労働力の展開に直接拘束される側面を持っていた。そうしたなかで、領内での奉公人調達は、年貢未進と給銀が相殺される「未進奉公人」としての本来的形態で維持されたが、実際には相殺を当て込んだ居成奉公が過半を占め、給銀の高い歩行小役人・足軽では家筋の固定化が進み、給銀が低い中間では在地での年季奉公人の需要と競合する構図となっていた。そうした中で、定番屋敷の中間は、領内村々からの奉公人と大坂で雇用された渡り者で構成されるようになった。はじめにで述べた吉田氏の整理を踏まえると、両者は領内の百姓を供給源とする本来的な武家奉公人と、その枯渇のなかで新たな供給源となった都市日用層出身の奉公人という構図に当てはまる。藩としては「知行所もの」を維持しようとするものの、定番期の後半にあたる享保期には領内での中間確保は困難をきたすようになっていた。定番を物的・人的に支える役知としての体制はその内実において変質していたのである。また、都市「日用」層の雇用という手段は、藩の定番退役により都市大坂との関係が途絶えたことで失われ、その後の奉公人確保のシステムは早期に徴発賦課へと転換された。しかし徴発をうけた領内では村や郷をまたぐ代替奉公が展開しはじめ、そこでは陣屋元村周辺の地域社会構造に規定されるかたちで零細小百姓を担い手とした奉公人供給が常態化することとなる。吉田伸之氏は、城下町の展開過程を類型的に整理するなかで、小藩の陣屋元村を「近世社会においても不断に再生される城下町の幼生」と位置づけている[29]。代替奉公の担い手となる零細小百姓のあり方は、陣屋元村の内部に孕まれた社会的分業としての労働力の萌芽、すなわち陣屋元村の都市性の一つとしても注目されよう。

第二は、このような屋敷奉公人の供出変化を通じてみた一八世紀初頭上神谷郷村々のあり様である。まず、屋敷奉公への対応から労働力の展開状況を想定した場合、当該期の郷内部には、社会構造レベルでの各村の差異性も確認できる。そのなかで当該期の豊田村の労働力は主として近隣への他領奉公へと流れる傾向をみせ、こうした隣接他領への移動は郷内での下人召し抱えや伯太藩の武家奉公と競合していた。元禄一五年に屋敷奉公人を輩出した家々の多くが、やがて在方・町方奉公人や離村者を出す家と重なりをもっていたのである。また、これらの家々では、享保期にかけて屋敷奉公や村外奉公の減少が顕著となる。正徳末から享保期の豊田村では、一定の離村者を生み出しつつも、各「家」の経営においては村への定着が進み、零細百姓にあっても村内地主との小作・奉公関係など居村での社会的関係が強まりつつあったといえよう。こうした家々のあり様が近世中期以降の谷内や村内の秩序変容にどのような影響を与えたのかについては、今後の課題として引き続き検討してゆきたい。

〔註〕

（1）熊谷光子『畿内・近国の旗本知行と在地代官』清文堂出版、二〇一三年。

（2）吉田伸之「日本近世都市下層社会の存立構造」（『歴史学研究』増刊五四八、一九八四年、のち同『近世都市社会の身分構造』東京大学出版会、一九九八年所収）。

（3）森下徹『日本近世雇用労働史の研究』東京大学出版会、一九九五年、同『近世瀬戸内海地域の労働社会』溪水社、二〇〇四年、同『武家奉公人と労働社会』山川出版社、二〇〇七年など。

（4）陣屋元村の捉え方について、吉田伸之氏は、城下町の発展段階的類型整理を行うなかで、陣屋元村を「プロト城下町」として捉え、陣屋元村の構成要素のなかに萌芽的な城下町としての都市性と村としてのあり様の両側面を見出している（吉田伸之「城下町の構造と展開」（吉田伸之・佐藤信編『都市社会史』山川出版社、二〇〇三年）、のち「城下町の類型と構造」と改題して吉田『伝統都市・江戸』東京大学出版会、二〇一二年所収）。

（5）宮本裕次「大坂定番制の成立と展開」（『大阪城天守閣紀要』第三〇号、二〇〇二年）。

（6）横田冬彦「『非領国』における譜代大名」（尼崎市立地域史研究資料館紀要『地域史研究』二九―二、二〇〇〇年）。

（7）鷲見等曜「幕藩初期の農民経営―近世本百姓批判―」（『日本歴史』一二七号、一九五七年）、同「徳川初期畿内村落構造の一考察―太閤検地＝封建革命説・相対的革新説への実証的疑問―」（『社会経済史学』二三―五・六、一九五八年、「近世初頭の農民家族」として同『前近代日本家族の構造』に収録）。吉田ゆり子「兵農分離と地域社会の変容―和泉国大鳥郡上神谷を中心として―」（同『兵農分離と地域社会』校倉書房、二〇〇〇

○年)、同「地侍層の『家』と女性―和泉国上神谷小谷家を素材として―」(大口勇次郎編『女の社会史一七―二〇世紀―「家」とジェンダーを考える―』山川出版社、二〇〇一年、のち吉田『近世の家と女性』山川出版社、二〇一六年所収)。渡辺尚志編『畿内の村の近世史』清文堂出版、二〇一〇年。
(8) 『寛政重修諸家譜』。
(9) 家中上層の小瀬家や向山家などもこれに該当する。
(10) 伯太陣屋の概要や移転経緯については、本書第三章および拙稿「伯太陣屋の成立過程と陣屋元村の特質」(和泉市埋蔵文化財調査報告書第七集『伯太陣屋跡発掘調査報告書』和泉市教育委員会、二〇一二年)で検討している。
(11) 東江州郷西宿村の伊庭家文書にも上神谷郷小谷家に残るものと同文の閏九月付「触頭勤書」が現存し、家中宛ての閏九月六日付書状でも「五ヶ村触頭」に命じられたことが確認できる(立教大学所蔵・西宿村伊庭家文書二一三)。
(12) 小谷家については吉田ゆり子氏の研究(註(7))などにおいて、享保一一年に退役したことが確認されている。根来家については退役の時期は確定できないが、陣屋移転以降、触頭という職名は史料上確認できなくなる。
(13) 国文学研究資料館所蔵小谷家文書三〇二八―一(以下同文書は「国・小谷」と略記する)。
(14) 国・小谷二八八。
(15) 国・小谷二八五(諸事触書控留帳、表紙欠、元禄一五年)などで確認できる。
(16) 国・小谷二六三七「御公儀様御条目・御自分御用幷郷中諸事扣」(享保五年)。
(17) 塚田孝「宿と口入」(原直史編『商いがむすぶ人びと』吉川弘文館、二〇〇七年、のち塚田『都市社会史の視点と構想―法・社会・文化―』清文堂出版、二〇一五年所収)。
(18) 岩城卓二「在坂役人と大坂町人社会―大御番頭・大御番衆・加番を中心に―」(同『近世畿内・近国支配の構造』柏書房、二〇〇六年)。
(19) 本書第五章。

（20）小役人や足軽となる家々が村内のどのような秩序のなかで固定化したのかについては未検討である。ただし、豊田村など上条村々の一部が参加する別宮八幡宮の中村座の構成をみると、小役人や足軽は、宮座で使用される苗字を名乗っていたこと、宮座構成員の家筋と重なることがわかる（「中村結鎮御頭次第」（『堺市史』続編第四巻収録、桜井神社文書））。また、山中や河原田・鴨田などは近世後期の伯太藩家中にも確認できる苗字であり、小役人の一部には譜代の家中となる者も存在したと考えられるが、詳細は不明である。

（21）これらの譜代下人のうち、小谷家の譜代は元禄一五年の宗旨改帳より小谷家の家内においてではなく、譜代のみで構成された五人組として把握され、その他の譜代もこれに準じて主家と切り離し、譜代のみの五人組として記載されるようになる。

（22）野田尾新田の正確な成立時期はわからない。行政的には村請制村として独立したとは考えにくく、上神谷のいずれかの村の一部に含まれたようである。現在も豊田村の山奥に「野田尾」という集落がある。

（23）吉田ゆり子氏が前掲註(7)論文（二〇〇一）で明らかにしているように、一七世紀末の小谷家は度重なる当主の死によって経営の危機に直面する。このなかで、貞享三年より太平寺村長兵衛倅の勘兵衛が小谷家の支配人として、戸籍上は武太夫母寿清の甥という位置づけを与えられ小谷家に入り（国・四七五四）、元禄一五年には養子先から戻った小谷太兵衛より片蔵村に「百姓」として仕付けられ、同村に土地を所持していた踞尾村北村六右衛門の田地支配人として定着する（同四七五〇）。正徳元年には小谷家の推挙をうけて藩から片蔵村庄屋に任命される（同四八〇九）。しかしその後、片蔵村の太兵衛出作田地の所有権をめぐって小谷家と対立するようになり、その妥結過程において「勘兵衛証文之通ニ而、自今弥以小谷家之家来ニ相極置候」との確認がなされ（同四八五一・四八五六）、片蔵村人別のまま小谷家の家来として位置づけられた。また、享保一一年の豊田村宗旨改帳によると、村内百姓の七郎兵衛弟徳兵衛一家を新規の「家来」として小谷家内に包摂している。

（24）本書第五章。

（25）国・小谷三五七五。

（26）対照は国文学研究資料館（史料館）刊行の館蔵史料目録第三六集巻末解題表四による。

(27) 国・小谷二五〇五「従殿様差上米御頼扣・御倹約書扣」。
(28) 国・小谷四六九〇。
(29) 吉田前掲註(4)論文。

第五章　伯太陣屋の武家奉公人調達と所領村々

はじめに

本章では、畿内譜代小藩の陣屋と藩領村落社会の関係を解明する一環として、伯太藩陣屋奉公人の供給構造について検討する。

陣屋奉公人の検討にあたって踏まえておきたいのは、都市史における「日用」層の研究と武家奉公人論である。吉田伸之氏は、江戸の都市下層社会の成立について、国元と江戸を循環する武家奉公人が江戸で欠落を重ね、渡り奉公人や日用として分厚く定着したことを指摘した[1]。その後、江戸・大坂など巨大都市の武家奉公人供給に関しては、藩邸社会や斡旋業者である口入・人宿の実態解明とともに研究が進んだ[2]。それに比べて研究が少なかった在地の奉公人調達構造については、森下徹氏の瀬戸内海地域を対象とした研究が重要である[3]。森下氏は領主側の奉公人確保策の推移や、所領における労働力集中の実態、斡旋業者のネットワークなどを諸藩に即して検討し、次のような共通点を明らかにしている。

たとえば岡山藩の掛人徴発では、奉公人希望者の枯渇に伴って組合村内や組合村間に代替が広がり、城下町周辺の人宿から代人を雇用する事例が増加するなかで藩の確保策も変更を余儀なくされた。また萩藩の家中奉公人では、享保期以後、農村から出人を徴発するようになったが、出人の割り当てをうけた在地は、城下町萩で渡り奉公人を雇用した。その萩藩の出人制度に倣って導入された支藩・徳山藩家中奉公人「地下夫」の徴発でも、藩の徴発を嫌う村や、城下町徳山から雇って勤めさせる事例が広範に見られたと指摘している。つまり、領内から「役の賦課・負担の関係」によって徴発しようとする藩側の意図に対し、在地側は城下町や都市的な場に労働力が集中する状況に応じて「労働市場」での雇用を志向した、という構図が示されたのである。

本章で取り上げる伯太藩は、知行高一万三〇〇〇石程度の譜代小藩である。しかし、陣屋へ徴発された奉公人の一部が江戸藩邸に供給される構造は、近世中期以降も持続した。城下町のない所領での徴発は、どのようになされたのだろうか。本章では、森下氏の研究に学んで、陣屋周辺村落の特質や所領内の地域性を踏まえた検討を行いたい。

畿内の陣屋元村については、考古学や歴史地理学などで空間復元を目的とした研究が蓄積されている(4)。しかしその社会的特質をみる上で注目されるのは、都市史研究における吉田伸之氏の指摘である(5)。吉田氏は城下町の歴史的な段階性を類型化するなかで、陣屋元村を「近世にも不断に再生されたプロト城下町」と位置づけ、その「都市性」として所領の支配機能・街区の存在・寺院の集中を挙げた。陣屋に居住する奉公人層の実態解明は、陣屋元村の社会構造を検討する上でも有効であろう。

また、陣屋周辺や所領内の地域的特質と同時に、奉公人や藩・在地（村・組合村）の利害も明確にしたい。奉公人供出に伴う在地の負担には、給銀に上乗せする増給の給付が知られている(6)。増給（与内銀）を公認した伯太藩の場合、その給付システム自体が、藩・組合村・村・奉公人それぞれの利害の上に成り立つ制度であった。本章では陣屋奉公人の供出実態に加えて、与内銀が内包する諸矛盾や支給経路のあり方も考察する。

本論へ入る前に、伯太藩と伯太陣屋について概観しておく。伯太藩は享保一三(一七二八)年に伯太村に陣屋を移し、以後幕末まで在所とした。[7] 伯太村は和泉国泉郡信太山西端に位置し、村高五六三石、人口五五〇人(明和四年)ほどの村落である。[8] 村内には、陣屋・新田町・百姓集落という三つの空間があった。一八世紀半ばの陣屋絵図[9](第三章の図を参照)では、小栗街道東側の陣屋に御館と家臣屋敷四一軒・小役人長屋数棟などが確認できる。また「新町通筋」と書かれた街道筋の道沿いには町屋の一部が描かれている。ここは「新田町」とも呼ばれ、郷宿・酒屋・料理屋が並んでいた。また街道の西に「伯太村江の道」がみえ、伯太村の百姓集落も別に存在したことが読み取れる。庄屋は百姓集落に居住し、新田町も含めた村全体の年貢算用・取締りを管轄した。[10]

藩領の村々は、五つの地方支配単位「郷」(=組合村)に編成された。すなわち和泉国泉郡の下泉郷六ヶ村、同国大鳥郡上神谷郷一二ヶ村、河内国に散在する河州郷一〇ヶ村(以上を「泉河三郷」という)、近江国の東・西江州郷である。[11] 泉河の各郷には近世中期以降、庄屋中から郷惣代が置かれた。本章では陣屋を含み、在地史料も豊富に現存する下泉郷を中心に分析する。主に使用する史料は、下泉郷村々の村方文書である。

一　伯太藩の奉公人徴発と郷の対応——陣屋元下泉郷を中心に

1　近世後期伯太藩の奉公人

最初に近世後期の伯太藩奉公人の概要について、①藩家中における位置、②徴発の通達方法、③給銀規定の三点を確認しておく。

嘉永三（一八五〇）年の家臣名簿「萬宝御家中性《姓》名順列」には一二七名の禄高・扶持や席・格などの格付け、藩庁での職掌が記されている。(12)家中は家老・大目付・給人・納戸・近習・中目付・大中小姓・独礼席の諸士と、賄席・徒士格・大流席の下級役人から構成される。陣屋で藩政や地方支配にあたる役人（郡代・代官など）は概ね近習以上に位置し、その子息が大中小姓を勤めた。名簿の独礼席の後には「以下の分」という記載があり、賄席以下との間に明瞭な格差が存在した。「以下の分」の職掌には、代官の下役や、中間頭・破損方大工（賄席・賄格末席）、組小頭二名（徒士格）、「小頭」（大流席）など奉公人の統括者も含まれた。安政元（一八五四）年に倹約や風紀取り締まりを意図して作成された「御家規定」にも「是迄御家中之面々羽織向紋所士分以上以下之差別無之処、已来独礼席以上五ツ所紋着用可致、御賄席ハ三所紋、大流席ハ一所紋、但シ足軽ハ無紋之事」とあり、(13)独礼席以上を「士分」、賄席・大流席を「士分以下」とする区別がみえる。また但し書きから、「士分以下」が足軽以下の奉公人を含まないことも明らかであろう。

つまり、藩の家中構成を概括すると、①家中名簿に記載される士分（独礼席以上）、②同じく名簿に記載のある士分以下の下級役人（賄席・徒士格・大流席）と、③家中名簿に記されない奉公人（足軽・中間）の三階層が存在した。陣屋奉公人は、このような秩序のもとで②の役人が統括する数個の組・部屋に編成されたと考えておきたい。

次に奉公人の徴発方法や給銀について、一九世紀のあり方を確認しておく。新たに徴発される新出奉公人数は、毎年秋に年貢の三分一銀納・石代銀納値段と共に各郷へ通達された。幕末に下泉郷惣代を勤めた黒鳥村浅井家の史料群には、文政八（一八二五）～文久三（一八六三）年のうち一五年分の通達が現存する。これをもとに下泉郷出の奉公人数を表1にまとめた。欠年も多いが、奉公人数の記載がない通達はないので、毎年徴発を行ったと考えておきたい。徴発されたのは足軽・中間・御附人の三種類で、中間が大半を占めた。武元・杉浦・下村などの苗字が付される「御附人」は、用人や郡代など家中に仕えた奉公人である。藩は直属・家中両方の奉公人を徴発していた。なお、通達時に江戸勤・国元勤の別を記す例はなく、徴発された奉公人の一部が江戸詰を命じられたと考えられる。

最後に奉公人の収入について、各種奉公人の給銀と所領の負担する与内銀をみておこう。表2の「給銀定」は、陣屋元村庄屋の下泉郷・三郷入用立替帳簿に留められた文化期初頭の規定である。

第一に、藩の給銀は国勤・江戸詰ともに足軽三両二歩・中間二両で、江戸詰は初年に増金二歩と出発支度金、二年目は増金のみが下付される。増金・出発支度金を除けば国勤・江戸詰の給銀は同額であった。

第二に、在地負担の与内銀には、泉河三郷全体で負担する「三郷補」と下泉郷の支給する「郷与内」があった。三郷補は全体的に少額で、江戸詰二年目には給付しない。一方、郷与内は奉公の種別による差があるが、年季中の奉公人全てが支給対象であった。三郷与内を受け取れない二年目の江戸詰には、初年の三郷与内分をそのまま上乗せしている。郷与内のもう一つの特徴は、中間与内銀額の高さである。中間にとって郷与内は、藩の給銀を補塡するものだったといえよう。一方、三郷補・郷与内銀の共通点として、足軽・中間ともに国勤より江戸詰時の与内銀が高い

表1　下泉郷から徴発された新出奉公人数

年号	新奉公人			合計
	足軽	中間	御附人	
文政8		7		7
弘化3		5		5
弘化4	1	7		8
嘉永1	1	5	1	7
嘉永3		2		2
嘉永6		6		6
安政1			2（武元・杉浦）	2
安政2		4	2（武元・下村）	6
安政3		2	1	3
安政4		2	2	4
安政5		8	2	10
安政6		2	2	4
文久1		10	1（中間）	11
文久2		5		5
文久3	1	21		22

典拠：浅井竹氏所蔵史料・箪笥4-21-15④、箪笥4-23など。

表2　文化期の給銀規定

		御給金	増金	三郷補	郷与内	〆	出立支度金
江戸中間	初年	金2両	金2歩	40目	125匁	300目	24匁7分7厘
	2年目	金2両	金2歩	—	165匁	300目	—
江戸足軽	初年	金3両2歩	金1歩	60目	90目	350目	36匁8分8厘
	2年目	金3両2歩	金1歩	—	150目	350目	—
御国中間	1年	金2両（＝120匁）	—	15匁	86匁	221匁	
御国足軽	1年	金3両2歩（＝210匁）	—	25匁	60匁	295匁	

典拠：南清彦氏所蔵史料箱11—141「三郷・当郷用扣帳」。
「郷与内」の欄は、下泉郷の与内額を示す。網掛け部分は藩が支給する経費。

ことがあげられる。

以上から、文化期の奉公人の収入をまとめると、藩の給銀規定は足軽・中間という家中内の序列を重視し、江戸詰・国勤の差異はわずかな増給の有無しかなかった。一方在地側は、全体的に高額の与内銀を負担したが、特に中間や江戸詰に対する郷与内の負担額が高かった。徴発の大半が中間であることを踏まえれば、在地側はそれに応じるために多額の郷与内を支出したことが窺える。換言すれば、奉公人を出す郷と出さない郷、徴発されたのが足軽か中間か、江戸詰か国勤かで、各郷の負担は大きく異なったのである。与内銀は史料によって「余内」や「補」とも書かれるが、以下では、引用する史料を除いて「三郷与内」「郷与内」に統一する。

2　下泉郷での奉公人割り当て

以上の予備的考察を踏まえて、次は各郷に通達された奉公人の割り当てと人選について、陣屋に近い下泉郷の方法を検討する。下泉郷には、陣屋元伯太村・黒鳥村・池上村出作・下条大津村・板原村・春木川村の六ヶ村（図1・表3）があった。相給や三給の村落が多く、隣接するのは伯太村・黒鳥村・池上村出作のみで、陣屋元の郷とはいえ散在性が強かった。また、村請制村のあり方も複雑で、三給村の黒鳥村は、伯太藩領分三六四石余の中に辻村・郷庄という二つの生活共同体（集落）があった。両集落は慶長

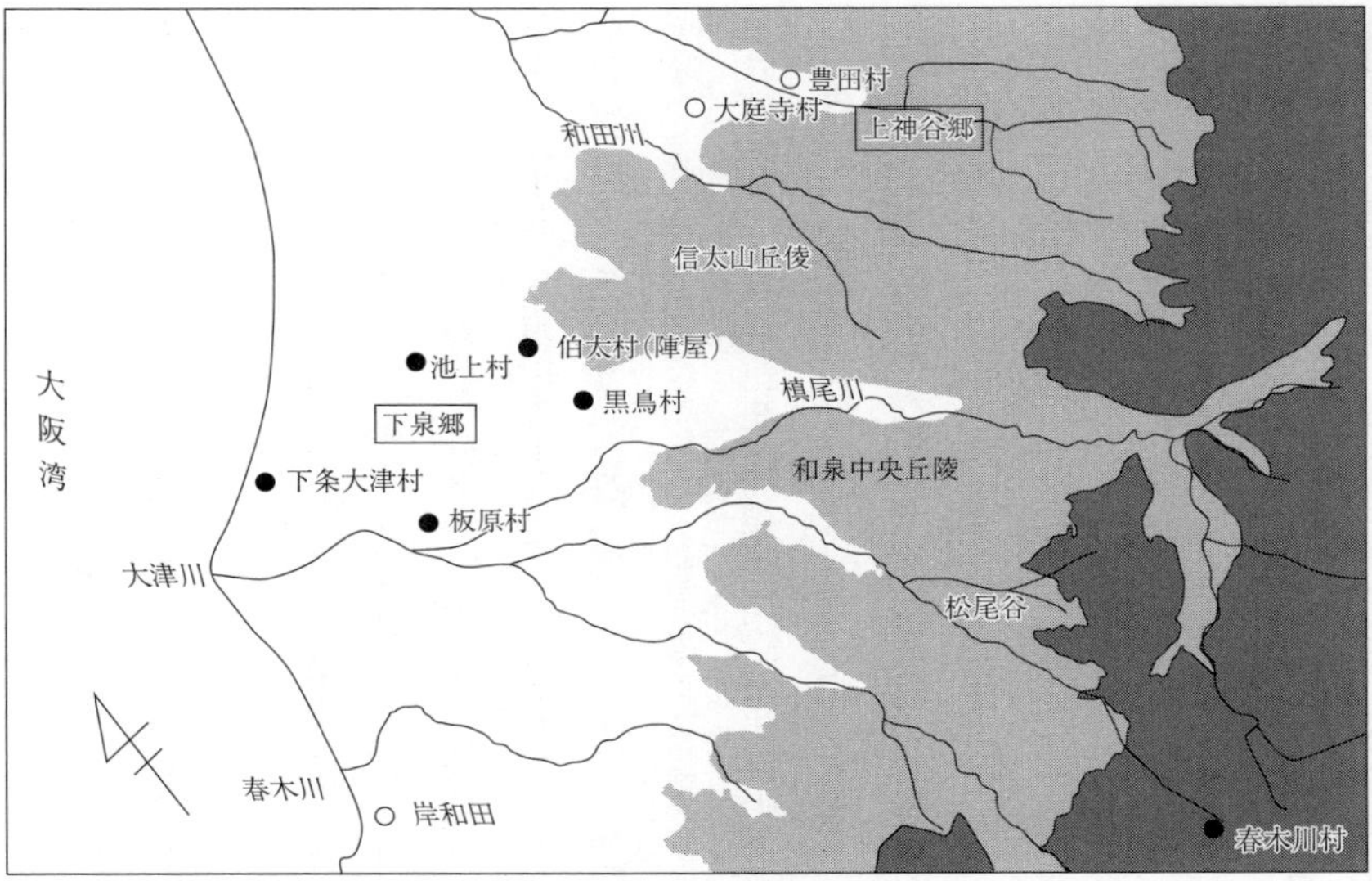

図1　下泉郷の村々(●印の村)

表3　天保3年下泉郷の村々

村　名	村高(石)	村　役　人	相給の領主
黒鳥村	364.4300	庄屋・浅井市右衛門 年寄・治左衛門、保兵衛 同村庄屋代・伝右衛門　※1 年寄・安治郎　※2	一橋領（306.551石）・大和小泉藩片桐領（115.416石）
伯太村	563.2774	庄屋・青木甚左衛門 年寄・奥太夫、太郎右衛門、清兵衛	なし
池上村	114.4700 208.9610	出作庄屋・甚蔵 年寄・甚右衛門、庄蔵	大和小泉藩片桐領（330.352石・池上村本郷）
板原村	470.8820	庄屋・根来新左衛門 年寄・六郎兵衛、角治郎、孫右衛門、直八	なし
下条大津村	652.5540	上村庄屋・守田平八郎 年寄・伝右衛門、七左衛門、熊太郎 下村庄屋・伊之助 年寄・幸七、喜兵衛	大和小泉藩片桐領（261.456石）
春木川村	98.6570	庄屋・彦左衛門 年寄・与兵衛	なし

典拠：和泉市教育委員会所蔵・春木川山本家文書2-193、「下泉郷御高調帳（山本控）」。
※1・2黒鳥村「同村庄屋代・伝右衛門」とは、当時上村（郷庄）の庄屋であった伝右衛門のことで、「年寄安治郎」もおなじく郷庄の年寄である。

検地では同一帳面に把握されたが、後に郷庄（上村）一〇七石・辻村（下村）二五六石に耕地を分け、庄屋・年寄も集落単位で輩出し、年貢も別々に納入した[14]。下条大津村も耕地・集落の実態は不明だが、上村・下村それぞれに庄屋が置かれている。また、池上村の村役人には「出作庄屋」という呼称が見える。池上村は相給村落で、大和小泉藩が集落をふくむ三三〇石余（池上村本郷）を支配し、伯太藩は三二〇石余（この土地を「出作」という）の耕地のみを支配した。出作の村役人は、一七世紀中期以降、出作に土地をもつ本郷の百姓（人別は大和小泉藩支配）が勤めた[15]。泉郡平野部にはこのような無人別の「出作」という地名が複数確認できるが、領主支配レベルにおいては多くが一個の村請制村として扱われている。下泉郷では、以上の黒鳥上村・下村、下条大津上村・下村、池上村出作がいずれも個別の村請制村として認識され、連印や諸参会も「八ヶ村」の立ち会いで行うことが多かった。以下の具体例は、こうした所領の特徴を踏まえて検討したい。

藩から徴発を命じられた後、下泉郷ではどのように出人を決めたのだろうか。その手がかりとなる史料が、一八世紀末～一九世紀初頭の郷惣代黒鳥辻村庄屋黒川武右衛門が春木川村役人に送った一一月二三日付の書状「大急用書」である[16]。作成時期は、差出人武右衛門の庄屋退任時期（文政五年）や、文中に登場する「当□（村カ）（＝黒鳥上村）庄屋伝治」の在任期間（寛政期より文政七年まで）からみて、寛政期から文政期初頭の間と推定できる。書状の用件は、藩が命じた「当番御仲間」一名の供出について、春木川村に出人の有無を尋ねるものである。出人の探索範囲が「当郷」だけに限定されており、徴発は幕末と同じく郷惣代を通じて郷単位に行われたことがわかる。ただし、郷内全村が徴発対象となったわけではなかった。書状には、「尤伯太村・黒鳥村両村御抱不被成候趣、先達而被仰渡有之候ニ付（中略）、当郷ゟハ板原・大津□□（両村・春カ）木川村、右四ヶ村ゟ御中間出人被出候義ニ候得ハ」という条件が付されている。すなわち藩は伯太村と黒鳥上村・同下村を徴発対象から除外し、四ヶ村（板原村・下条大津上村・同下村・春木川村）に供出させる方針をとっていたのである。では、対象となった四ヶ村はどのように反応したのだろうか。黒川の要請には、「来ル廿五日ハ御仲間目見得候得ハ（中略）、急々御村方御詮さく被成、有無之義御申こし可被下候、是非四ヶ村之掛りニ相□□左様御心得」とあり、期日を控えて探索の難航する様子が窺える。こうした背景には、もともと陣屋に近い伯太村・黒鳥村が出人を調達しやすく、恒常的に出村を勧める状況があったとみられる。それに対して藩は、供出を領内全村が負担すべきものと捉え、四ヶ村での調達を求めたのである。ちなみに、この書面には池上村出作への指示がみえない。池上村出作は陣屋元村に隣接する領地だが、人別が支配違いのため徴発できなかったのであろう。

また、郷内の探索手順については、主に二つの経路で出人の有無が確認されている。ひとつは、徴発対象四ヶ村に対するもので、①郷惣代が徴発対象の各村宛てに供出人数を伝達↓②村ごとに供出の可否を返答↓③出人の出せる村を出村にするという手順である。しかし、書状文末には「乍併当□（村カ）□庄屋伝治方へも拙者ゟ相□□出人有之哉、是も貴村□□四ヶ村へ御噺被成候而、右申入□□御座候」とあり、四ヶ村への要請と別に、対象外の「当村」つまり黒鳥上村の庄屋伝治方にも出人有無の確認が行われている。四ヶ村で出人を出せない事態に備え、黒鳥上村も含めて代人を探そうとしたのであろう。

以上の手順から明らかなように、下泉郷の奉公人調達は黒川武右衛門が主導する形で進められており、藩の指定した徴発対象村以外の村々も巻き込んで行われていた。こうした郷惣代主導の奉公人選出は、文政七（一八二四）年における郷内の庄屋間秩序をめぐる争論で問題となる場合もあった。次に引用した史料は、その和談書である。(17)

〔史料1〕

郷分一統取締之事

一、伯太村庄屋甚左衛門儀、郷分与及彼是破談ニ相成候処、此度同村大坂屋庄兵衛取噯ニ而和談相調、然ル上ハ趣意遺恨聊茂無之、互ニ何卒意ヲ入魂可有之候、依之如（有脱カ）来為心得、取締書左之通御座候
一、御奉公人、御江戸・御国元鬮引いたし、鬮上り候村方ゟ相勤可申候事
一、郷分立会席定者、苗字帯刀□方格別、其余者古役ゟ上席可有之事
一、四郡立会之節、郷惣代年番ゟ相勤可申事
一、三郷勘定立会之儀ハ、弐ヶ村宛順廻ニ相勤可申事
一、諸事倹約第一之事、万端任先例に、聊新規之儀者互ニ用イ申間敷事
右之通ニ末々忘却無之様、相互ニ慎ミ可申候、依而印形如件

文政七年申六月

黒鳥村庄屋伝治　印
池上村庄屋角右衛門　印
大津上村庄屋平八郎　印
同下村庄屋権三郎　印
伯太村庄屋甚左衛門
春木川村庄屋彦左衛門
黒鳥下村庄屋市右衛門
板原村庄屋

これは、伯太村庄屋甚左衛門と他の庄屋が対立した際、郷宿大坂屋の仲裁で交わした和談書である。争論の経過は不明だが、具体的な争点は二～六条目の内容から推測できる。それは、①奉公人の出村を決める方法、②郷内の庄屋が集まる時の席順、③泉州（大鳥・泉・南・日根の四郡）の各所領惣代が集まる「四郡立会」への出席者、④伯太藩領泉河三郷の組合村入用を算用する「三郷勘定」への立会、の四点である。奉公人供出以外は、郷内の庄屋間序列をめぐる問題といえる。

この中で最大の争点は、冒頭の①奉公人問題であろう。伯太村の甚左衛門が、前年の出村決定において庄屋中の反発を招く差配をしたと推測される。では、この時甚左衛門はどのような立場にあったのだろうか。庄屋間秩序に加えて奉公人供出が争点となった背景を考えてみたい。

まず、争論以前の庄屋間秩序について、③と④を例に、一八～一九世紀初頭のあり方をみておこう。③の四郡所領惣代が判明する史料は、四郡村々が提出した堺奉行所宛の願書である。安永・天明・文化期に出された五件のうち四件で、差出人の所領惣代に黒川武右衛門を確認できる（一件は上神谷郷豊田村年寄）[18]。ただし文化八（一八一一）年に始まる質屋・古手・古道具株設置一件願書の所領惣代は、文化一〇年一一月に黒川から伯太村青木甚三郎（甚左衛門家）へ交代している[19]。

一方、④の「三郷勘定」への立会村を把握できる史料は、三郷の組合村入用帳である。この帳面の末尾には、各郷の代表二～三名（下泉は例年二名）の連印がみられる[20]。一八世紀の惣代を確認すると、下泉郷の一人は常に黒川武右衛門、もう一人はその他の庄屋が交互に加印している。ところが争論直前の文政四年は、池上村角右衛門と伯太村甚左衛門の二人で、黒川は参加していない[21]。

つまり、一八世紀半ば以降の黒川武右衛門は、四郡立会・三郷勘定の両方に出席する唯一の庄屋として、下泉郷内でも突出した存在だった。しかし文化一〇年頃を境に、黒川は③④の立場を伯太村甚左衛門へ譲り渡したと考えられる。

こうした変化の背景として、一八世紀末の黒川家の動向に注目したい。黒川家は、享保一七（一七三二）年に庄屋就任後、二代続けて藩の銀子御用達を勤め、宝暦五（一七五五）年以後は藩札の判元も勤めた。ところが寛政六（一七九四）年以降は経営に行き詰まり、文化五年には新たに発行される銀札（藩札）のうち二〇貫目について、刷立入用の上納をひきかえに一五年賦で拝借したいと嘆願した。[22]そして出願から一四年後の文政四（一八二一）年に武右衛門が病死すると、黒川家は「諸方大借」を返済できず、持高を村内百姓へ放出し、翌年には庄屋職を退く。以上から、争論を招いた伯太村甚左衛門による郷運営は、黒川家の逼塞を経た文政期以降に開始されたと考えられる。

ただし、甚左衛門が陣屋元村庄屋として立て替え入用を記した「当郷・三郷用扣帳」（文化元年より弘化二年まで記録[23]）は、文政五年より異筆になり、伯太村でも庄屋の代替わりがあったと考えられる。「用扣帳」の文政六～七年の頁は記載項目が非常に少なく、争論前年の郷入用算用に混乱が生じた可能性もある。

つまり争論時の下泉郷では、一八世紀より郷惣代を勤めた黒鳥村黒川武右衛門家が逼塞し、その後に郷内を主導した伯太村甚左衛門も代替わりして、旧来の有力庄屋が不在となっていた。この機を捉えた庄屋らが新参の甚左衛門に対して反発し、争論に発展したのである。内済の結果、③四郡立会には年番庄屋が出席し、④三郷勘定は二ヶ村ずつ順番に出ることとなった。主要争点の奉公人決定方法に関しても、郷惣代の個別差配を排除する意図が見てとれる。

以上を踏まえて、下泉郷での奉公人選出方法について小括しておく。文政七年以前には、藩が郷惣代に新出奉公人数を通達すると、郷惣代は村々に書状を送り、出人を出せる村を探した。しかし、郷内の黒鳥・伯太を除く四ヶ村では奉公忌避の傾向が強く、陣屋に近い黒鳥・伯太三ヶ村の出人が増加した。これを問題視した藩は、村々全体からの徴発であることを確認するため、四ヶ村に調達を命じた。それでも四ヶ村は出人を出せず、最後は黒鳥村の代人が奉公したと推測される。そして文政七年の争論では、郷惣代が恣意的な出村決定を行ったとみられるが、各村の供出忌避傾向が強かったからこそ庄屋らの不満となり、争点に浮上したのである。出村決定への籤引き導入は、郷惣代による差配を否定する動きだったと考えられよう。

二　村々における出人確保

前節では徴発単位の郷の中でも村によって異なる対応があったことを指摘したが、各村はどう対処したのだろうか。以下では、下泉郷の村に即して検討し、出村の状況や供出実態を明らかにする。

1　出村の負担——下泉郷春木川村の場合

春木川村は和泉山地の谷奥に位置し、郷内では陣屋から最も離れた山間村落である[24]。春木川村の出人供出に関する史料として、まず文政元（一八一八）年の庄屋立て替え入用目録を取り上げたい[25]。立て替えの多くは、役所出勤料や浪人・廻村宗教者への合力銭で、毎年暮に行われる村の入用勘定（「村方支配割」）に計上される。文政元年の合力銭には、春木川村出人への与内銀として、五月一一日に銀二〇目と一一月二三日に八匁の「板原村中間与内」、七月一〇日に一二匁の「黒鳥村丹右衛門へ江戸下り補」がみられる。春木川村と出人の関係をみるために、与内銀の給付経緯をみておこう。春木川村には板原村役人から出された次のような書状がある[26]。

〔史料2〕

「(包紙)春木川村御役人中様　用事　　板原村役人」

以手紙得御意候、(中略) 然ルハ旧冬之御仲間、其御村方え差当り候義、私村方ゟ罷出相勤候処、当年御江戸御勤番被成候ニ付、右御仲間御供ニ而相詰候様被仰付候趣申出候、右ニ付支度等仕ニ付、与内銀少々御頼呉候様申候間、其御村方出前之儀ニ御座候ハヽ、委細此者ニ御聞被下、与内之処宜敷御頼申上候、先ハ右得御意度、態々如此御座候

五月三日

尚々、郷分与内之処も宜敷御取計可被下候哉、御頼申上候、以上

ここからわかるのは、①前年の中間徴発で出村に当たった春木川村は、自村から出人を出さず、板原村の代人を差し出した、②その後、中間は家臣の江戸勤番に供として付き添うよう命じられ、板原村役人に支度費用の請求を依頼した、③これをうけた板原村役人は出村春木川村に「与内銀」の要請状を送った、という経過である。つまり、出村の春木川村は、他村出身の代人に対しても、支度金として与内銀を渡す関係を持っていたのである。また尚々書では、郷与内の斡旋も依頼しており、村与内とは別個に郷与内を支給したことが確認できる。前述の下泉郷の与内銀規定を踏まえると、所領村々は三郷・郷・村の三段階で与内銀を負担したことになろう。

村与内の支給には、次に見るような代官の達も重要な役割を果たした(27)。

〔史料3〕

「(包紙)春木川村　庄屋・年寄中　　伯太代官中」

尚々、乍内々此儀不承知ニ候得者、河原田順吾方へ返答ニ可被罷出候、以上

以手紙申達候、然者長坂紀殿江戸一ヶ年勤番ニ付、御付人其村方出ニ付、少々失墜等有之候間、多少ニかきらす補可被遣様頼入候ニ付、宜敷御取斗可被下候、已上

五月五日　伯太　代官中

春木川村　庄屋・年寄中

年代は不明だが、日付や内容から先の板原村中間に関する達であろう。ここでは代官中が与内銀支給を促し、不承知ならば河原田方（代官）へ返答するよう下達している。つまり、藩側も与内銀の必要性を認識し、奉公人と出村の間を積極的に取り次いだのである。代官の関与は、春木川出人黒鳥村丹右衛門の場合にも確認できる。(28)

〔史料4〕

（包紙）「春木川村庄屋彦左衛門様　当用　岸田新左衛門」

以手紙致啓上候、（中略）然者先達而御掛合申置候小瀬様御家来丹右衛門、江戸詰無滞相勤罷登リ候間、世内銀壱歩か弐拾匁斗リ御渡被遣可被下候様奉頼入候、御代官様ゟも御達御座候間、此段奉願候、以上

六月廿四日

これは下級役人岸田（役職は不明）が送った書状である。家臣小瀬の「家来」（附人）として出府した丹右衛門は、江戸詰の終了にあたり金一歩もしくは銀二〇目の与内を要求した。これを春木川村へ伝達するにあたって、岸田は書面末尾に「御代官様ゟ」の達しがあったことを明記している。つまり村与内の支給には、奉公人

と出村間の個別要請だけでなく、給付を後押しする藩の地方支配機構（代官中）の介在がみられたのである。伯太藩の地方支配機構については、村落支配を管轄する陣屋役人として、郡代・代官・郷部屋役人（代官の手代的存在）が確認されている。このうち代官は、各村の人別把握・年貢収納・検断・訴願受理など地方支配の全般を直接統括する役人であった。与内銀給付の指示は、村との接点が強い「代官中」の意向として下達されたのである。

ところが丹右衛門の場合には、与内銀を出すだけでは済まない事態が生じた(29)。

〔史料5〕

（包紙）「□□役所　急用　春木川村庄屋・年寄中　伯太役所」

以手紙申達候、然者其村方出人小瀬衛士殿渡人昨夜出奔致候由届ヶ有之ニ付、急々代人差出シ可申候、猶又右之者米六斗持帰候由、早々村方ゟ相弁差出し可申候、且村役人可罷出候、以上

十二月七日　　地方役所（印）

春木川村　庄屋年寄中

これは、小瀬衛士の渡人（附人）となった春木川村の出人が、陣屋を出奔した際の達である。ここでは代人の供出と盗米六斗の弁済を命じている。翌八日の村役人召喚状には「其村方出御中間黒鳥村丹右衛門、此節出奔致し候ニ付、村役人之内壱人早々可被罷出候(30)」とあり、先の黒鳥村丹右衛門が出奔者であったことを確認できる。つまり藩は、春木川村が代人を出したのを承知の上で、出村に村与内の支給や盗米弁済を命じたのである。

このように春木川村は文政元年の村出奉公人をいずれも他村代人で調達した。ただし代人の場合も、村与内銀の支給や郷与内銀の斡旋は春木川村が行った。出人を出せない村にとって、代人は出人供出の回避に好個の

存在だったといえよう。しかし代人の一部が出奔するなど、奉公から離脱し居村に戻らない事例もみられたのである。

2　代人の実態

他方黒鳥村では、前項のような代替が他の村々との間にも確認できる。次に黒鳥村の代人を対象に、代替の展開と特質を考察したい。まず代替奉公の請状を検討する。

〔史料6〕[31]

一札差入申候事

一、私悴与三治与申もの、当子ノ暮ゟ二ヶ年切ニ御同郡板原村出ニ相成、伯太御屋敷江御仲間奉公ニ相勤、則板原村江請証文差入候、奥印形被成下候、与三治儀御奉公相勤候内自然御暇出候歟、又者仕損シ等御座候而御暇出候節者、本人不相替親類之者共ゟ替リ人差入、当村方江少シ茂難儀懸ケ申間敷候、為念一札差入申候、仍而如件

寛政四年子十二月

当村与三治親　与三兵衛（印）

同村親類　茂兵衛（印）

同村御庄屋・年寄中

これは、黒鳥村与三治が板原村出として奉公に出る際の居村宛て請状である。板原村との間にも代替関係があることは、黒川の「大急用書」での板原村の奉公忌避とも一致する。居村への誓約内容は、暇を出された時は与三治の親類が本人同等の代人を出すことのみである。これと比較しながら、出村宛て請状も見ておこう。[29]

〔史料7〕

御仲間奉公人請状之事

一、当村小助与申候者、当巳御年貢差詰就難渋、今暮ゟ弐ヶ年切ニ御村方出ニ而、伯太御屋敷御中間奉公相勤候筈ニ相極、来ル午年分御給金幷補銀共都合百九拾目唯今御渡シ被下、慥ニ請取則御年貢大切ニ相勤可申候、万一無奉公仕御暇出候而茂、其御村方江少茂御難儀掛ケ申間敷候、人代成共右之銀子成共、御差図次第早速相立、聊御差支致間敷候、来暮至り重年仰被付候共、御上ゟ御給金ニ而相勤可申候、尤江戸勤番等被　仰付候共無違背為相勤可申候、後日請状証文仍而如件

天明五年巳十二月

泉州泉郡黒鳥村奉公人小助

同村請人甚太夫

河州丹北郡一津屋村御役人中様

黒鳥村の小助は、その年の年貢銀不納を契機に河州郷一津屋村出として中間奉公に出た。小助は一年分の給金・与内銀を前払で受け取り、年貢皆済に充てている。天明三（一七八三）年に上神谷郷逆瀬川村出奉公人となった黒鳥村小三郎の出村宛て請状では[33]、給銀一年分一三五匁（少額の与内を含むヵ）の受領文言と、〔史料7〕同様に江戸詰にも応じる旨が記されている。

小助・小三郎の例より、代替は河州郷・上神谷郷との間にも展開したことがわかる。二通の出村宛請状には、出村に対して給銀・与内銀の受領を確認するという共通点がみられる。つまり、出村が村与内を負担し、郷与内の斡旋も行う慣習は、下泉郷だけでなく三郷全体の合意事項だったのである。

なお郷間の代替では、寛政四（一七九二）年に豊田村出の中間を伯太村の治兵衛が勤めた事例[34]など伯太村か

ら代人を出す場合もある。[35] 陣屋奉公の忌避が上神谷や河州郷にも広がる一方、下泉郷内四ヶ村の代替と同様に、伯太・黒鳥三ヶ村がその供出を担ったのである。[36] このような関係が定着した要因には、三ヶ村が陣屋に隣接するという地理的な条件があげられる。[37] しかし、年貢未進皆済のために奉公する例など、代人側の積極的な動機にも注意したい。

例えば、奉公人の収入（給銀・与内銀）を百姓家での奉公給銀と比較してみよう。表4は同時期の黒鳥村における奉公人請状の内容を整理したものである。表中の奉公人を大別すると、大坂長町出身の下女、村内や近隣村からの奉公人、陣屋奉公人の三つに分類できる。まず大坂長町出身の下女は、一年の給銀が六〇匁以下で年季が比較的長く、請状には「奉公中に死去しても、親元にはその旨を通知するのみ」との文言が付される。こうした都市下層から供給される下女は、黒鳥村の最下層の奉公人であろう。二つ目の村内や近隣村出身者の事例には、陣屋奉公人と同様に年貢銀未済のため奉公に出た者もあるが、奉公給金は多くても八五匁程度である。それに比べて陣屋奉公の場合、給銀に郷・村の与内銀を上乗せすると、農家への奉公に比べて二倍程度の収入を得ることになり、報酬の上では最良の条件と考えられよう。

このような黒鳥村の奉公人層をめぐる状況で注目したいのは、町田哲氏が明らかにした一八世紀黒鳥村の村落構造である。正徳期以降、村内では黒川武右衛門など数軒の大高持が質地を集積した。黒川が村内外の御用金上納（立て替えも含む）を引き受け、郷内や村の「社会的権力」となる一方で、村内の小経営の多くが黒川家などに土地を放出し、村内の階層分解が加速したと指摘されている。[38] 町田氏の指摘を踏まえれば、表4のように年貢を未進し村役人家へ奉公人を出す家は、そうした階層分解とともに増加したと考えられる。その際、農家奉公より給金が高く、与内銀も取得可能な陣屋奉公は、重要な奉公口の一つだったのではないだろうか。伯太藩の奉公人の代替は、一方ではこうした黒鳥村における村落構造の変化や、郷惣代を担う黒川らの台頭と

表４　黒鳥村の奉公人請状

奉公人名	請状月日	奉公先	期間	給銀	請　　人	請状特記事項など
摂州長町８丁目河内屋嘉兵衛借家九兵衛娘はや	宝暦４．11	黒鳥村嘉兵衛	10年	20匁	同所住吉屋嘉兵衛借家佐助	死去しても通知のみ
一条院村源左衛門	宝暦７．12	黒鳥村嘉兵衛	１年※	60匁	同村左兵衛	給銀は年貢銀へ
黒鳥坊村武兵衛	宝暦９．12	黒鳥村嘉兵衛	１年※	52.5匁	文　助	給銀は年貢銀へ
大坂長町８丁目河内屋嘉兵衛借屋京屋藤兵衛娘よし	宝暦12．４．26	黒鳥村太左衛門	10年	30目	同所同借屋山田屋九兵衛	死去しても通知のみ
大坂長町７丁目たいしや長兵衛借屋喜兵衛娘さよ	明和３．１	黒鳥村—	６年	60匁	九兵衛	死去しても通知のみ
黒鳥村治兵衛後家娘かん	明和８．12	桑原村勘兵衛	１年	75匁	黒鳥村嘉兵衛	
〔陣〕黒鳥村小三郎	天明３．12	伯太藩	１年	135匁	甚太夫	上神谷逆瀬川村出人
〔陣〕黒鳥村小助	天明５．12	伯太御屋敷	２年	190目	甚太夫	河州一津屋村出人／給銀を午年年貢銀に
黒鳥辻村丑松	天明７．12	黒鳥村庄屋武右衛門	１年	85匁	甚太夫	（下書き）
黒鳥下村（＝辻村）治三郎	卯年	—	１年	65匁	—	
〔陣〕黒鳥村安左衛門	寛政10	江戸詰	２年	120目～	—	（給銀請取書）

河野家文書の奉公人請状をもとにして作成。これらの請状は当該期黒鳥村の年寄嘉兵衛（もしくは息子甚太夫）が請人となったものか、彼の家が抱えていた奉公人に関する請状である。

名前欄に〔陣〕とあるのは陣屋奉公人。※は月あたり15日奉公。給銀は全て１年分に換算。

不可分に進展したのである。

しかし、このように陣屋奉公が農家への奉公より有利な条件は、領内全体には一般化できない。次に同時期の上神谷郷の動きをみておきたい。寛政五（一七九三）年、上神谷郷一二ヶ村の村役人により、高持層の利害にもとづく奉公人給銀抑制のために、上々男奉公人以下の各奉公人給銀と斡旋人に関する規定が作成された(39)。

〔史料8〕

覚

一、近年奉公人給銀次第ニ値上り、勿論奉公人男女共無覚手業ヲ偽り、高給貪り、高持百姓及難儀候ニ付、向寄村々参会之上、奉公人手業上中下之差別ヲ以、給銀相定候事

一、上々男奉公人　　百八拾目
　但、牛飼或者わた打、農業一通り何ニ而茂不足無之もの

一、上男　　百六拾匁
　但、牛飼、農事一通り何ニ而茂不足無之もの

（他に中・下男、上々・上・中・下女、水仕女、丁稚　略）

右大様ヲ以給銀相対可仕候、尤一ヶ村壱両人宛奉公人口入ヲ立、奉公人召抱候ものも奉公稼致候もの茂、右口入江頼入、奉公人働方差別仕、給銀相究可申候、尤奉公人請状ニ口入之もの請負印形取之可申候、右印代として、主方ゟ銀弐匁、又奉公人ゟ銀壱匁、都合三匁相渡可申候、猶又外村江奉公稼罷出申儀者、居村奉公人出入相済候上、他村・居村之口入与口入引合相究可申候、若奉公人不奉公仕候節、村々立置候口入江及相対、若訳立不申候ハヽ、村役人江相届来候ハヽ、早速取敢訳立可申候、若又口入之もの手

掛ケ不申奉公人不奉公仕候とも、村役人取敢申間鋪事

（後略）

この史料で注目したいのは、給銀の基準となる「奉公人手業上中下」の内容である。男奉公人は、農業一般と牛追いをできることが条件だが、最上級の上々男奉公人には綿打ち技術が必要だったことがわかる。女奉公人の場合、上々女より下女までの給銀差は、一日に織る木綿の反数を基準としている。当該地域の労働力需要は、綿の加工・商品化において顕著だったのである。また、従来の上々男奉公人給銀は規定と同程度かそれ以上であろうから、中間奉公の収入二二〇匁に匹敵する場合も想定できよう。ただし、この給銀の改定が陣屋奉公人の安定確保に繋がったとは考えにくい。たとえば引用史料後半では、給銀管理の具体策として、各村一〜二人の口入（斡旋人）設置と、主方・奉公人からの斡旋料取得を認め、他村への奉公にも口入の介在を義務付けた。村々の口入にとってこの規定は、居村を自己の営業圏として保証するものだったといえよう。引用を略したが、毎年一一月一五日から二八日と定められた斡旋期間も、陣屋奉公人の出人選出時期と一致する。つまり、居村をテリトリー化し、主方・奉公人からの斡旋料取得をめざす口入の活動は、郷内での陣屋奉公人の調達と競合するようになったと考えられる。口入設置は、奉公人を雇う村々の高持層にとっては給銀の抑制効果をもったが、上神谷郷の出人探索にはいっそう困難をもたらした可能性がある(40)。

3　奉公人調達からみた陣屋元地域

以上のように、一九世紀初頭の泉河三郷では、領内大半の村々において出人供出を忌避する動向が広がっていた。こうした中で陣屋周辺村の小高・無高層は、現銀収入の機会を求めて他村の陣屋奉公を積極的に代替し、

表5　天保9年以降の黒鳥村の陣屋奉公人

名前	居住形態（所持高）	伯太／江戸	奉公の期間	備　考
長治郎	市右衛門家に同居	伯太・足軽	天保9年～嘉永1年	
又　八	市右衛門家に同居	伯　太	嘉永3年～安政3年	安政4年譜代に
兵　助	浅井家借家人（0.2948石）	江　戸	天保11年～13年	
定次郎	（天保3年：1.7217石）	江　戸	天保13年	
平三郎	（弘化3年：1.7373石）※1	①不明	①嘉永1年～嘉永7年	
		②不明	②慶応2年	借米多く5月に出奔
安太郎	（嘉永6年：無高）※2	①江戸	①嘉永3年	
		②不明	②嘉永7年	
太次郎	「其外借家人」（0.2952石）	江戸・足軽	嘉永7年	
与　七	「其外借家人」（0.4035石）	不　明	嘉永7年～安政3年	
久　吉	「其外借家人」（無高）	江　戸	安政3年	

浅井竹氏所蔵史料より、現存の宗旨改帳（全部で11年分）・免割帳等をもとに作成した。
江戸…江戸屋敷詰め／伯太…国元（伯太陣屋）勤め／不明…江戸・国元が判断できない（単に「御奉公人」と記されている者）。
※1：〔弘化3年〕1.7373石⇒〔嘉永6年〕所持高記載なし⇒〔慶応2年〕0.6773石と変化する。
※2：〔嘉永6年〕所持高記載なし（無高）⇒〔慶応2年〕0.1740石と変化する。

陣屋奉公人の主要な担い手となった。表5は、天保期以降の黒鳥村宗旨改帳から陣屋・江戸詰奉公人を抽出し、免割帳から所持高などを加えたものである。天保期以後、陣屋元地域から出された奉公人は、大きく二つに分類できる。

第一は、庄屋浅井家を介して奉公人となり、長期間奉公した足軽である（長次郎・又八）。宗旨改帳にはどちらも庄屋浅井家の同居人として記載されている。長次郎は、大和小泉藩領の黒鳥坊村より人別を移したことが確認できる[41]。近隣の他領百姓の子弟も取り込みながら、足軽の供給源として機能する浅井家の特質が窺えよう。

第二は、それ以外の奉公人である。兵助は持高二斗九升四合八勺で、庄屋浅井市右衛門の「御用触記」では、浅井家の借屋人として確認できる[42]。所持高二斗九升五合二勺の太次郎、四斗三合五勺の与七の住居も、浅井家以外の借屋である[43]。また、平三郎と安太郎は所持高の変動を繰り返し、無高の時期もある[44]。さらに同時期の難渋者救済において、藩の夫食米下付対象者には、安太郎や太次郎・平三郎・兵助の四名が含まれている。このうち平三郎は、慶応二（一八六六）年の宗旨改帳によれば、奉公中に多くの借米を抱えて出奔した。また、平三郎・安太郎・与七の三名は繰り返し奉公に出たことが確認できる。つまり、村内の下層百姓が生業の一環として奉公するあり方は、幕末まで持続したのである。

以上の検討から、近世中・後期の領内各村の対応について、それぞれの背後に想定される要因を整理しておきたい。

①陣屋の隣村であり、一つの村請制村であったが、支配下の百姓人別がないため、徴発対象外の村（池上村出作）。池上村は出村に当たらないため、出人の探索や村与内銀の支出はなかったが、下泉郷の一ヶ村として郷与内銀・三郷与内銀の一部を負担した。

②領内の出人を積極的に代替する陣屋周辺三ヶ村（伯太村・黒鳥上・下村など）。村内の下層百姓は、年貢未進返済や現銀収入の機会を求めて積極的に代替に応じた。近世後期には奉公を繰り返す人物も存在した。

③徴発対象ではあるが、陣屋から遠く奉公人の供出を嫌う村々（領内の大半）。忌避の背景には村落状況によって多様な理由があったと思われるが、本節で確認した次の二例は対照的な条件といえよう。一つは、上神谷郷のように、村内に黒鳥村の代人と近似的性格をもつ奉公人層が分厚く存在するものの、村内や周辺村の労働力需要が大きく、口入のテリトリーやネットワークを介して、百姓家への奉公に吸収される事例である。もう一つは、春木川村のように奉公人層や出稼ぎなどの余剰労働力が比較的少ない地域である。春木川村では所持高二〇石一軒を除くと各家の持高は総じて低かった。しかし一八世紀後半以後は、山間での果樹・茶栽培に重点をおく再生産構造が定着し、その担い手の多くが小経営であった。特に一九世紀初頭から明治前期には、村領の半分を占める村山の斜面や谷筋が順次果樹畑として開墾され、明治八年の戸別生産状況をみ

ると、有力な数家を除くほぼ全戸が畑・蜜柑畑・梅畑などを所持し、蜜柑・梅・桃や茶・蔬菜の生産に一年を通して携わった様子が窺える。各家の所持高は少ないが、山間での商品生産に傾斜した再生産構造が成立するなかで陣屋奉公が忌避されていった可能性もあろう。

このように、陣屋元地域での代人調達は、大半の村が陣屋から遠いという所領全体の特質に加え、陣屋に比較的近い泉郡・大鳥郡内の村々においても、村落構造に規定されたいくつかの奉公忌避要因や代人奉公のメリットが存在するなかで、定着したのである。最後に、第一節でみた文政七年の籤引き導入後の代人供出の例に触れておきたい。下泉郷の場合、国元詰奉公人の給銀は、各村での年貢算用時に年貢と相殺して支給された。村々は、年貢算用の途中経過や内訳を帳面に記し、年二回役所へ提出するが、黒鳥下村の文政〜嘉永期一七年分の帳面から給銀相殺を抜き出すと、文政・天保期に少なくとも二〇名の国勤中間が確認できる。他方、同時期の春木川村の帳簿では、奉公人給銀の相殺は文政八年の国勤中間一名しか確認できない(48)。つまり給銀の給付実態からみても、黒鳥下村が多数の出人を出す一八世紀以来のあり方は、変容しなかったといえよう(49)。なお、藩へ提出した算用帳簿にもこうした差が表れることから、藩も代替の継続を黙認するようになったと考えられる。

三　与内支給をめぐる奉公人・郷・藩の利害

本節では、陣屋奉公人の多くが以上のような陣屋周辺村の小百姓であったことを踏まえて、近世後期の与内制度を取り上げ、①郷・三郷での支給変遷と、②新たな支給経路の定着という二つの変化に注目する。これによって、与内獲得をめざす奉公人の動きと、在地・藩それぞれの利害関係を明らかにしたい。

1　郷与内銀・三郷与内銀の変遷

まず、陣屋元村庄屋青木甚左衛門が作成した三郷・下泉郷入用の立て替え帳簿によって、文化期から天保期までの郷与内と三郷与内の支給例を追い、両者の関係を確認する。

泉河三郷の組合村入用は、ⅰ各郷での郷割、ⅱ泉河三郷全体の三郷割、ⅲ上神谷・下泉郷のみの二郷割（主に泉州四郡入用）の三重構造であった。入用は全て各郷の高に応じて分配し、郷では村高割で一括徴収した。陣屋元村庄屋の立て替えを記録した「三郷・当郷用扣帳」(50)は、全費目をⅰ～ⅲに書き分けているため、支出元を確定できる。これを踏まえて帳簿から全ての与内銀を抽出し、表6を作成した。なお、帳簿冒頭には第一節で検討した下泉郷の与内銀規定が写されている。そこで、この規定と一致する支給事例には★印を付した。

表によれば、郷与内・三郷与内の変遷は、Ⅰ期（文化期～文化末年頃まで）、Ⅱ期（文政初年～天保五年頃まで）、Ⅲ期（天保期五年以降）の三段階にわけられる。Ⅰ期は、下泉郷与内銀・三郷与内銀ともに、文化期の規定に則った支出が大半を占める。しかしⅡ期になると、文政二年以降、下泉郷与内の支給額に変化が現れる。例えば江戸詰中間の場合、文化期は初年分銀一二五匁・二年目一六五匁だったが、Ⅱ期は初年分六〇目、二年目一三〇目に減った。一方、この時期の三郷与内銀は文化期の給銀規定通りに支払われている。以上から、文政初期に下泉郷独自に郷与内を減らしたことが窺える。

ところがⅢ期には三郷与内・下泉郷与内両方に変化が現れる。三郷与内は、天保二～五年を境に文化期の規定に即した事例が途絶え、二〇目前後か一〇〇目以上の支給に分化していく。特に前者の多くは、文化期の規定にない江戸・在所往復時の供与内を名目としている。またこの変化と同時に、下泉郷の与内が出されなくなる。つまり各郷の与内銀を一旦廃止し、その一部を三郷与内銀に上乗せして、三郷全体で負担するシステムに

表6　当郷・三郷用控帳にみえる与内銀

年号	下泉郷与内銀		三郷与内銀	
	費目明細	銀額	費目明細	銀額
文化元	江戸中間余内	125匁　★	江戸中間補	40匁　★
			郷足軽幸右衛門	60目
文化5			御国中間余内	15匁　★
			御国中間補	100目
文化9	御国中間補（徳右衛門弟浅八）	86匁　★	御国中間補（徳右衛門弟浅八）	15匁　★
	御国中間補（伯太平左衛門）	86匁　★	御国中間補（伯太平左衛門）	15匁　★
文化10	御国足軽補（孫四郎倅太助）	60目　★	御国足軽（孫四郎倅太助）	25匁　★
文化12	〈郷割分のリストなし〉		天野粂八渡人中間（片蔵村出）	100目
文化12	江戸中間補（2ヶ年詰）	165匁　★		
			御足軽補	25匁　★
			御中間補	15匁　★
文化13			天野家来へ余内	60目
文化14			郡代家来補不足分	20匁3分5厘
文政2	中間入落元利	78匁6分5厘		
文政4			小瀬政右衛門渡中間（江戸御供2年分）	120匁
			岩附隼人渡中間（9ヶ月分）	54匁4分2厘6毛
文政5	江戸中間与内	60目	江戸中間与内	40匁　★
			小瀬家来与内	30匁
文政9	江戸中間与内	60目	江戸中間余内	40匁　★
	江戸中間別余内	15匁		
文政11	江戸中間余内（初年分）	60目	江戸中間与内（初年分）	40匁　★
	江戸中間余内（初年分）	60目	江戸中間与内	40匁　★
文政12	江戸中間与内（2ヶ年目）	130目		
	杉浦家来出ほんニ付余内	25匁		
			長坂家来与内	11匁5厘
天保元	江戸中間余内（初年分）	60目	江戸中間余内（初年分）	40目　★
	江戸中間余内（初年分）	60目	江戸中間余内（初年分）	40目　★
	御国中間余内	65匁	御国中間余内	15匁　★
天保2	江戸中間余内（2ヶ年目）	130匁	御国中間	10匁
	御国中間余内（1ヶ年限）	65匁		
	江戸中間（大井村五左衛門）	15匁		
天保3	江戸奉公人	150匁		

天保4			長坂家来重年ニ付与内	25匁
天保5			中間1人補	40匁
			中間増余内	20匁
			江戸足軽御抱余内（黒鳥与兵衛・1年限）	110匁
	江戸中間与内（初年分・大津茂介）	110匁	江戸中間余内（2年詰）	40匁　★
			長坂江戸立帰り供	20匁
天保6			去午暮中間4人余内	160目
			小瀬家来1ヶ年与内入落	20匁
			御国御中間与内	40匁
天保7			与内（大津茂介）	100目
			江戸立帰り供与内（山宗八倅市松）	20目
			江戸立帰り供与内（伯太平吉）	20目
			江戸立帰り供与内（大津出足軽小弓惣兵衛）	20目
			江戸立帰り供与内(御中間)	20目
天保8			江戸中間余内	160目＋利
天保9 ※			岩附様家来補銀(去年入落)	31匁＋利
			長坂様江戸御供（大津上村甚介）	20匁＋利
			中間御朱印之節御供補（黒鳥上村出）	20匁＋利
			中間江戸御供補(大津上村)	20匁＋利
			江戸御供与内酉5月入落(伯太村出)	20匁＋利
			小瀬様家来足軽成	80匁＋利
			御国中間3人（新出）	120匁
			江戸足軽（大井村安五郎・1年詰）	20匁
			長坂様家来補	40匁＋利
			江戸御供補（大部屋弥八）	20匁＋利
			江戸立帰り・新奉公人補共	100匁＋利
			江戸御供補（遠藤長治郎）	40匁

典拠：南清彦氏所蔵史料・箱11-141。
★…文化期の与内銀規定の支給額と一致。網掛け…江戸詰。
※天保9年のみ「下泉郷勘定帳」全体が写されている。

変更したのである。

その後の状況として、嘉永期の郷惣代黒鳥村市右衛門が作成した嘉永五、六年の三郷立て替え一覧「三郷へ取替覚」（表7）も見ておきたい。嘉永期の三郷与内にも、年一〇〇～一三〇目の支給と帰国時の供与内二〇目の二種類がある。ここで注目したいのは、各奉公人への支給経緯である。例えば附田直吉は、出府を命じられて「郷与内」銀三〇匁を一旦受領した後で出府が中止され、返済を求められたが応じなかった。この「郷与内」とは、三郷立て替え目録の記載費目であることから、各郷の与内ではなく三郷の与内銀だと考えられる。伯太村久兵衛の場合も、奉公人の要求によって仕方なく支給したと記されており、与内銀に執着する奉公人と、少しでも支出を抑えようとする三郷側の対立が看取される。

では、三郷与内への一本化というⅢ期の変化に他郷はどう反応したのだろうか。安政五（一八五八）年、河州郷では郷惣代を含む「河州郷取締方」の庄屋三名が、伯太役所に「改革ニ附取極目録下調帳」を提出した(51)。これは、庄屋中が節約のために諸入用を精査し、藩役人廻村時の諸賄いや達書廻達の簡略化を上申した願書である。この中には、御手当足軽や出人への与内銀に関する箇条が盛り込まれた。

〔史料9〕

一、近年御手当足軽調練其外御用向御召出之節、往辺（返）日数等も相掛り候ニ付、出勤料下宿賄多分郷方江相掛り申候間、向後乍恐御上様ゟ御憐愍ニ預度奉存候、尤其度毎壱飯三分宛被為　下置候（度脱カ）

一、御国勤・江戸勤御足軽・御中間、三郷割人被　仰付、当郷之義者遠路故、三郷補之外壱人分四拾匁宛増補遣シ来り候得共、已来泉州郷幷ニ取極メ仕度、自然出人無御座候節ハ、乍恐泉州郷江御中付被　下度候

表7　嘉永5～6年「三郷取替」に見られる陣屋奉公人への与内銀

武家奉公人名	格・職掌	奉公先	与内銀	与内銀の支給方法	給付時期	与内銀給付の経緯
河州大井村利八	中間	江戸勤	100目	—	子11月	「山助様ゟ毎々書状参候ニ付取斗」
大津村左兵衛	中間	国勤	130目	2年分	子12月	「山助様手紙付渡」
—	今井様御附人	—	130目	2年分	子12月	「山中様書状参ル相渡」
伯太村源右衛門	中間	国勤	130目	2年分	8月	
—	下村様御附人	—	130目	2年分	8月	「山中様ヨリ御状参ル」
九兵衛	御召遣小使	—	33匁	—	—	
黒鳥村与七	中間	国勤	130目	—	8月	
政　吉	御馬方	（江戸勤）	25匁	—	丑5月	「江戸立帰り与内」
黒鳥村兵助	足軽	江戸勤	130目	初年分（2年詰）	丑5月	
黒鳥村太次郎	足軽	江戸勤	130目	初年分（2年詰）	丑5月	
伯太村惣蔵	中間	—	130目	初年分（2年詰）カ	丑5月	
伯太村万平	中間	江戸勤	130目	初年分（2年詰）カ	丑5月	「（省略）……則御代官様ヨリ御達之上与内上納」
附田直吉	—	（国勤⇒江戸勤×）	20匁	—	—	「（省略）……郷与内同様勘弁相頼候得共、不承知申返々込り申上、廿匁丈ケ遣ス」
伯太村久兵衛	御組	江戸勤⇒国勤	20匁	—	9月8日	「立帰り御供之処、暫国勤被仰付、甚迷惑相歎候ニ付、無拠与内遣ス」
安井仁之助	御組	江戸勤	30匁	—	9月	「江戸表御長持道立帰候与内」
弥兵衛	中間	江戸勤	100目	1年分（江戸1年詰）	9月	「江戸壱ヶ年詰被仰付候与内、御代官様御状附取斗」
一ノ瀬重五郎	御組	—	130目	—	10月3日	「右ハ御組へ抱入ニ相成候与内、御代官様御状附」
甚　助	足軽・御馬方	江戸勤	100目	1年分（江戸1年詰）	10月	
下泉・—	御手当足軽	—	130目	1年分（1年詰）	10月	（「御手当足軽」三郷20人の内、下泉郷分一括）
下泉・—	御手当足軽	—	130目	1年分（1年詰）	10月	
下泉・—	御手当足軽	—	130目	1年分（1年詰）	10月	
下泉・—	御手当足軽	—	130目	1年分（1年詰）	10月	
下泉・—	御手当足軽	—	130目	1年分（1年詰）	10月	
下泉・—	御手当足軽	—	130目	1年分（1年詰）	10月	

典拠：「三郷へ取替覚」浅井竹氏所蔵史料箪笥3-44-3-3。

一条目では、訓練などの際に召喚される「御手当足軽」の出勤料や下宿費用が郷側の負担となるので、飯代銀の下付を要求している。二条目は、各郷の出す国勤・江戸詰奉公人について、河州郷は陣屋との距離が他郷より遠く、三郷与内以外に増与内銀を一人四〇匁ずつ負担してきたが、以後、下泉・上神谷郷同様に取り決めたいと上申している。Ⅲ期の変化から考えると、これは泉州同様に郷与内を廃止したいとの要望であろう。そしてその結果出人の希望者がなくなれば、泉州郷での徴発を求めている。つまり、河州郷はⅢ期も維持した四〇目の与内銀を倹約の論理によって否定し、徴発自体を他郷に転嫁しようとしたのである。

こうした河州郷独自の動きを踏まえて、与内銀の変遷に表出する奉公人と在地の関係を整理しておこう。天保期までの与内銀には、村与内・郷与内・三郷与内の三種類があった。村与内銀は、前節でみた板原村と春木川村の交渉のように、出村と出人の個別的関係から出される合力銭で、奉公人が村役人に直接依頼したと考えられる。しかし、各郷で中間を供出するには、藩の給銀に匹敵する補塡を必要とした。個別の村与内では対応不可能な高額の補塡を郷全体で負担した制度が、郷与内・三郷与内であった。奉公人にとっては村与内以上に重要な意味をもったが、各郷の郷入用にとって与内銀の占める割合は小さくなかった。文政期以降、在地では与内支給額の減少が志向される。しかし郷与内を節減すると奉公人供給に支障がでるというジレンマの中で、天保期には三郷与内への一元化が行われた。ところが、河州郷ではその後も四〇匁の増与内を必要とし、与内銀をめぐる利害は奉公人との間だけでなく、郷間の矛盾としても表面化したのである。

2　与内支給の経路

最後に、与内銀の支給経路について、陣屋における藩役人と奉公人との関係を検討しておきたい。表7の与内給付経緯には、代官の通達や山助（＝山中助次郎）の書状を受けて支給されたケースが八例確認できる。前者は、第二節でみた代官の通達と同様の性格と考えられるが、後者の書状を出した山中助次郎は、嘉永三年の家臣団名簿では大流席に属する下級役人である。与内銀支給を促す書状を出した下級役人は奉公人とどのような関係にあったのだろうか。

この点で興味深いのは、前述の伯太村庄屋による立て替え帳簿「三郷・当郷用扣帳」に、与内銀に関連して頻出する山中菊八という役人である。例えば、①天保五年に「御中間余内」二口計六〇目を菊八に送銀、②天保八年には江戸詰足軽・中間三人の「雇奉公人」を菊八が調達、③天保九年には「御朱印御供補」を菊八が立て替え、④天保一〇年には大井村出奉公人への与内銀百目を「山中菊八殿ゟ申参」り支出している。[52]①③④は、菊八が先に立て替えた三郷与内である。②は、「雇」が付されるなど徴発によらない雇用が想定されるので、江戸詰の奉公人を菊八が現地調達した事例と考えておきたい。

こうした役人と奉公人の関係を知る手掛かりが、次の書状である。[53]

〔史料10〕

「　小谷助楠様　　　山中菊八
　　　　急用　　　　　　」

以手紙致啓上候、（中略）然者下拙儀も当月廿三日帰着仕、無事ニ罷在候間、乍憚貴慮易思召可被下候

一、其村方出御中間嘉七、江戸表ニ而おこり相発し暫く病気ニ罷在、未聢与難致候、右ニ付盆前之御給金御国渡願置候得共、此節小使銭数多入用ニ付、盆前迄江戸表へ差下シ呉候様頼居候、夫迄ハ拝借致し□□居候間、早々差下シ呉候様相頼居候間、此段宿元共へ被仰付可被下候、盆前ニ者当御屋敷ニ而相渡り候得共、当方ニて請取差下し候而ハ、盆前ニ間ニ合不申何連当月八日も無シ、来月早々二日か四日ニ差

出不申□候ハヽ、間ニ合候間、此段も被仰付可被下候、拙者江も江戸表ニ而段々相頼候得共、外之道中同道ニ而罷帰り候もの共へ少々ツヽ取替もいたし遣、余金無之及断罷帰り申候、甚相困り居候間、是非早々差下し候様、呉々被仰付可被下候、是上ハ随分始末能相働居候処、病気故無據義ニ御座候趣ニ而御座候、右御願旁如斯御座候、以上

七月廿八日

これは江戸詰家臣の山中が七月二三日に帰国し、上神谷郷豊田村の庄屋小谷助楠宛に送った書状である。家臣団序列における山中の立場は不明だが、助楠は嘉永期の家臣名簿によると「独礼末席」に位置する郷士でもあった。書状の尊敬表現からみて、菊八は独礼末席より下位に位置すると考えられる。第一節で述べたように、この階層には足軽の組頭や中間頭など奉公人を直接統括する職掌が含まれる。

書状の内容は、豊田村出の江戸詰中間嘉七が藩邸で病になり、小使銭が必要となったため、国元での下付を願っていた給金を江戸へ送金するよう依頼している。ここで注目したいのは、菊八と奉公人の関係である。菊八は江戸の奉公人と出村役人の間を取り次ぐだけでなく、病前には「随分始末能相働居」という勤務態度を監督し、病中も嘉七本人から小使銭の立て替えを依頼されている。そしてこの依頼に、一緒に帰国する者たちへも立て替えを行い残金がないと答えていることから、複数の奉公人を統括する頭的存在だったことがわかる。このように役人が立替えた小使銭や路銀が、臨時の与内銀として請求されたのであろう。

以上から与内銀をめぐる奉公人と下級家臣の関係を整理しておこう。一九世紀の与内銀の給付では、代官を介した従来の経路の他に、奉公人が中間頭・小頭クラスの下級役人に与内銀を要請し、下級役人が一旦その与内銀を立て替え、郷惣代に返済を求めるルートが定着していた。郷惣代には直接依頼できない個々の奉公人が、

藩庁でのつながりを用いて与内を要求するようになったと考えられよう。

おわりに

出人徴発の実態からみる陣屋元地域の特質と、与内銀の展開と給付をめぐる利害について簡潔にまとめておきたい。

伯太藩は、在所の陣屋で地方支配機構と家臣屋敷を維持するため、常時一定数の奉公人を確保しなければならなかった。また、勤番などの理由で江戸と在所を往復する家中は、他藩同様に奉公人の供奉を必要とした。そのため、直属奉公人・家中奉公人ともに領内からの徴発を行い続けたのである。

しかし在地の対応は、三郷村々の多くが供出を嫌い、陣屋元村伯太と隣村黒鳥から代人を雇用して送り込む場合が多かった。供出を避ける要因には、余剰労働力が少ない場合だけでなく、奉公人層は分厚く存在するが、村落社会内の農業や木綿加工の労働力需要に吸収され、また農村奉公を斡旋する口入相互のネットワークにも阻害されて、陣屋奉公希望者が減少する場合もあった。一方、陣屋周辺の三ヶ村では、階層分解の進展で生み出された小百姓や無高百姓が、年貢未進返済や現銀収入を目的として代替に応じたと考えられる。代替の背後には、彼らの居村庄屋であると同時に、藩札発行・上納銀納入で藩財政にも関与した郷惣代（黒川武右衛門・青木甚左衛門など）の仲介・斡旋があった。

ただし出人と在地の間には一貫して利害の相違があった。与内銀をめぐる矛盾である。本来の与内銀を想起させるのは、支度金・旅銀・小遣銭が必要な時、依頼に応じて個別に与えた村与内銀である。しかし奉公人には給銀補塡としての意味がより重要で、要求額の増加とともに郷・三郷による重層的な負担体制が定着したと考えられる。藩側も給銀を抑えるため、代官という地方支配機構を介して与内銀支給に関与した。給付を望む奉公人は、藩の介在を有効なルートとして捉え、代官や居村の役人を通じて出村に与内銀を求めるようになった。近世後期になると、下級役人への支給（立て替え）依頼など、旧来の藩の関与を梃子に、奉公人にとってより身近な回路を使う事例も増加したのである。

一方、在地側は与内銀負担の減少を志向した。しかし、奉公人供出の条件が異なる中で、三郷一律の減額は不可能だった。陣屋から最も離れた河州郷が、倹約を名目に徴発の回避を出願するなど、郷間矛盾の増幅を招いたのである。

最後に、陣屋元村の都市性に論点を敷衍し、考察を終えたい。まず、伯太村のような陣屋元村には、陣屋が設置されたことによって、村落社会一般とは異質な陣屋奉公・作事日用などの労働力需要が成立した。こうした需要は、諸藩城下町の武家地にも共通する陣屋元村の都市的要素の一つである。そうした労働力の調達にあたり、藩は領内全体から徴発したのに対し、各郷は積極的に代替に応じる陣屋周辺の零細百姓から代人をたてて供給した。これは、森下徹氏が萩藩や徳山藩の事例で指摘した、在地側が労働力の多い「労働市場」での雇用をめざす傾向の初発的な姿といえよう。

ただし、伯太陣屋の奉公人供給には、大藩との相違もみられた。例えば、陣屋奉公を繰り返す百姓でも、人別はかならず居村の人別改帳に把握され、奉公に出ない年は零細小百姓への回帰を繰り返した。そうした点で、陣屋奉公人は城下町の下層社会に滞留し人宿にプールされた「日用」層と異なり、居村の村落秩序に包摂される側面を持ち続けたと考えられる。これは藩の在所が大規模な労働力需要をもつ城下町ではなく、陣屋元「村」であったことに規定された特質だったといえよう。

〔註〕

（1）吉田伸之「日本近世都市下層社会の存立構造」（『歴史学研究』増刊五四八、一九八四年、のち同『近世都市社会の身分構造』東京大学出版会、一九九八年所収）。

（2）吉田伸之「江戸における宿の諸相」（『歴史の道・再発見』二、フォーラム・A、のち同『身分的周縁と社会＝文化構造』部落問題研究所、二〇〇三年所収）。塚田孝「宿と口入」（原直史編『身分的周縁と近世社会3 商いがむすぶ人びと』吉川弘文館、二〇〇七年、のち塚田『都市社会史の視点と構想―法・社会・文化―』清文堂出版、二〇一五年所収）。

（3）森下徹『日本近世雇用労働史の研究』東京大学出版会、一九九五年。同『近世瀬戸内海地域の労働社会』溪水社、二〇〇四年。同『武家奉公人と労働社会』山川出版社、二〇〇七年。

（4）伯太陣屋については大越勝秋「泉州伯太陣屋村の研究」（『地理学評論』三五―九、一九六二年）がある。

（5）吉田伸之「城下町の構造と展開」（佐藤信・吉田伸之編『新体系日本史6都市社会史』山川出版社、二〇〇一年、のち「城下町の類型と構造と改題して吉田『伝統都市・江戸』東京大学出版会、二〇一二年所収）。同「北生実」（高橋康夫・吉田伸之編『日本都市史入門Ⅱ　町』東京大学出版会、一九九〇年）。

（6）松本良太「江戸屋敷奉公人と抱元」（塚田孝・吉田伸之・脇田修編『身分的周縁』部落問題研究所、一九九四年、のち松本『武家奉公人と都市社会』校倉書房、二〇一七年所収）。森下徹「岡山藩の掛人徴発をめぐって―近世後期の「役」と百姓―」（『日本史研究』三二四、一九八九年、のち「岡山藩の掛人徴発」と改題して同『日本近世雇用労働史の研究』東京大学出版会、一九九五年所収）。

（7）本書第三章。

（8）『和泉市史』第二巻。

（9）大阪府立岸和田高等学校所蔵20―26「泉州伯太陣屋之図絵」。

（10）本書第三章。

（11）『和泉市史紀要第1集　旧泉郡黒鳥村関係古文書調査報告書第二集―現状記録の方法による―』一九九七年。

（12）向山家所蔵史料A―3―2（『和泉市史』第二巻収載）。この名簿は、陣屋・江戸藩邸両方の家臣を網羅したものである。
(13) 浅井竹氏所蔵史料・箪笥5―66―3―3―4。以下、同家文書は「浅井家」と略記。
(14) 町田哲『和泉市史紀要第4集　近世黒鳥村の地域社会構造』一九九九年。
(15) 本書第六章。
(16) 和泉市教育委員会所蔵山本家文書B―12―6。以下、同家文書は「山本家」と略記。
(17) 浅井家・箪笥4―2―1「御用留」。
(18)『堺市史』続編第四巻。
(19) 南清彦氏所蔵史料・箱18―36―10。以下、同家文書は「南家」と略記。
(20) 国文学研究資料館所蔵小谷家文書のうち、「泉河江立会算用帳」「泉河立会算用帳」を参照。
(21) 山本家2―187。
(22) 横田滋氏所蔵文書・冊3―27―2。横田家は泉郡室堂村に居住し、近隣七ヶ村の氏神春日社の神主を世襲した家である。近世の黒川家は横田家と姻戚関係にあった。
(23) 南家・箱11―141。
(24) 春木川村については、本書第七章・第八章を参照されたい。
(25) 山本家B―2―2―6。
(26) 山本家B―12―2。
(27) 山本家A―29。
(28) 山本家A―27。
(29) 山本家A―26。
(30) 山本家A―28。
(31) 浅井家・箪笥5―51。
(32) 和泉市教育委員会所蔵河野家文書・状6―23。以下、同家文書は「河野家」と略記。
(33) 河野家・状6―22。

(34)　国文学研究資料館・小谷家文書四六九二。以下、同家文書は「国・小谷家」と省略。
(35)　国・小谷家四六九〇。
(36)　上神谷郷ではこれ以前にも延享三（一七四六）年の豊田村出奉公人利兵衛の請状に「今度徳右衛門《豊田村百姓》方江引請居申候利兵衛儀困窮仕、既妻子共及飢申候ニ付、段々各々様方御願申上、御屋鋪中間御奉公相勤申度奉願上」とあり（国・小谷家四六八八）、寄留者が困窮を理由に徴発に応じた事例が確認できる。
(37)　本章第三節史料一〇を参照。
(38)　前註(14)町田書。
(39)　『堺市史』続編第四巻。なお『堺市史』には田安領の泉州大鳥郡三三ヶ村が作成した「申合書上帳」と同文であるとの注記があり、大鳥郡内で一斉に作成された可能性が高い。
(40)　上神谷郷（大鳥郡）での口入設置が陣屋奉公に与えた影響については、松本良太氏が前掲註(6)論文で明らかにした、小藩や旗本の江戸詰奉公人供給を行う抱元の経営形態が示唆的である。松本氏の研究によれば、一九世紀、抱元は奉公人請負を自己の「株式」として認識し、それぞれの奉公人供給源を村落単位で確保してテリトリー化していた。そして多くの大名は特定の抱元を介して奉公人獲得競争を展開したが、そうした状況下において、抱元を介した奉公は、奉公人・請人・人主にとって自領主への奉公よりも条件の有利な奉公先選択を可能にした。松本氏は具体例として、抱元のテリトリー内にある塩崎知行所村々が自領主の奉公人徴発に対して奉公人の払底などによる現人調達の不可を届け出た事例を紹介している。本章でみた上神谷郷の口入は武家ではなく、農家への奉公人を斡旋する業者である。しかし松本氏の研究を踏まえると、当該地域においても、口入による広域のネットワーク形成や自村のテリトリー化が奉公先選択に影響をもたらし、村々における自領主への奉公忌避を助長したことが想定される。
(41)　浅井家・箪笥2―34―2―3①および②。
(42)　浅井家・箪笥5―1―1「御用触記」。
(43)　浅井家・箪笥5―1―1「御用触記」。
(44)　奉公に出たから記載されないということではない。

(45) 浅井家・箪笥5―56―2―3。
(46) 浅井家・箪笥1―16―2。
(47) 本書第七章参照。
(48) 山本家2―77「御物成清勘定帳」。
(49) なお、黒鳥村では天保一四・一五年に「御雇足軽」一名に対し扶持米一斗五升三合八勺、安政元年以降は毎年「御手当足軽」一名に対し扶持米一斗五升が下付されている。春木川村でも天保一四年以降「鉄砲方足軽」七名への扶持米が相殺されるようになる。「御手当足軽」は、後述の河州郷が提出した伺書に「御手当足軽調練其外御用向御召出之節」とあることから、普段は在村し、訓練や御用の際に陣屋に詰める足軽で、幕末の軍事動員に対応して設置されたと考えられる。また春木川村出「鉄砲方足軽」の場合、扶持米を受け取った人物の中に、庄屋山本藤十郎や五人組頭が含まれる。しかし庄屋や組頭が一年を通して奉公に出るとは考えにくく、これも在村兵であろう。
(50) 註(23)に同じ。
(51) 和泉市教育委員会所蔵・杉浦家文書C―2。
(52) 註(23)に同じ。
(53) 国・小谷家四〇七三。

第Ⅱ部　伯太藩領の村落構造——泉州泉郡を中心に

第六章　泉州泉郡平野部における相給村落の成立

――池上村を事例として――

はじめに

泉州領分のうち下泉郷には、領主伯太藩からみると一つの「村」として存在するものの、村人別を欠き石高（耕地）のみで成り立つ特殊な村請制村が含まれる。泉郡平野部に位置する「池上出作」という村である。本章では、伯太藩と大和小泉藩の相給村落である池上村を事例に、泉州泉郡平野部における村と領主支配の関係について検討する。当該地域の村々（下泉郷）には相給や三給の村落が多く含まれるが、その要因の一つは、文禄検地において、条里地割の「里」で区切られた「郷」単位の検地が実施されたためである。このとき郷をまたいで村域を形成していた村々では、一七世紀を通じて「出作」という無人別の村請制村が生み出され、それぞれが独立の「村」として扱われる事例がみられた(1)。

寛文期にこの地域の一部を支配することとなった伯太藩の領地には、無人別の「池上出作」のほか、集落内に郷境があったために三給村落となった黒鳥村などが含まれる(2)。本章では、当該地域での検地の枠組みがどのように村落社会へ浸透し領主支配を規定したのかを、池上村の集落・村域・村高・庄屋輩出の動向に即して、明らかにすることとしたい。

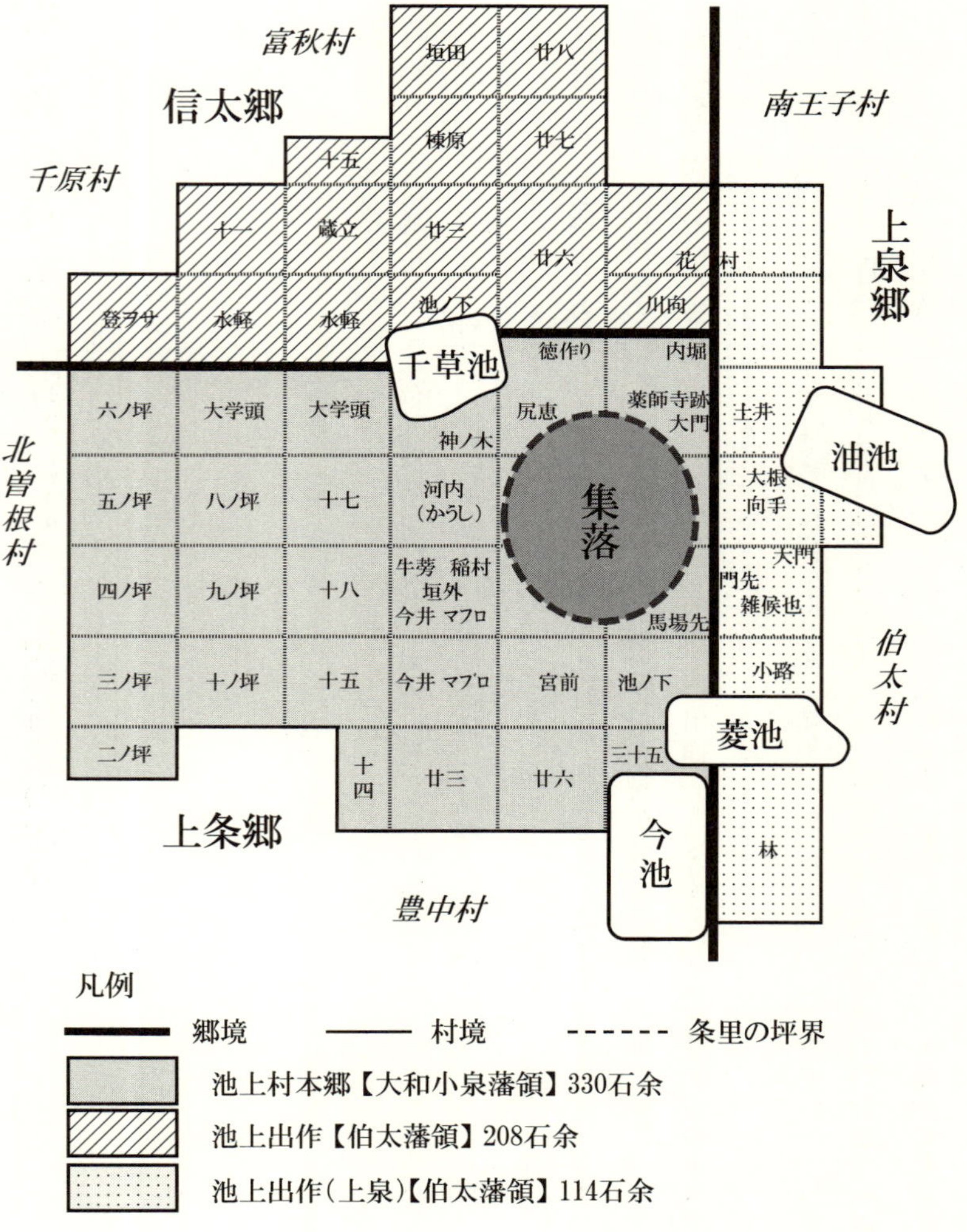

図１　近世の池上村概念図（郷域と主な小字名）

合同調査報告書「和泉市池上町における総合調査」（『市大日本史』９、2006年）掲載の小字図をもとに加工。

対象とする池上村は、図1のように集落を含む三三〇石余が上条郷の土地にあり、近世初頭より大和小泉藩の支配をうけて「池上村本郷」と呼ばれた。また三二〇石余は、信太郷と上泉郷の土地で、集落を含まない耕地のみの村＝「出作」であった。二つの「出作」ははじめ幕領であったが、寛文元（一六六一）年に上泉郷の「出作」一一四石余が伯太藩領となり、信太郷の「出作」二〇八石余分も元禄一四（一七〇一）年に伯太藩領に編入される。伯太藩領＝「出作」の村役人は、一七世紀中期以降、「出作」に土地をもつ本郷の百姓（人別は大和小泉藩支配）がつとめた(3)。

使用する史料は、享保期以降に池上村本郷の庄屋をつとめた南甚左衛門家所蔵史料（南清彦氏所蔵史料）である。南家文書には、甚左衛門の庄屋就任に伴って先の庄屋家（岸田武右衛門）から引き継いだ一七〜一八世紀初頭の村方史料も含まれている。それらは、①岸田武右衛門が一八世紀初頭に作成した「覚帳」と、②検地帳・反別帳・名寄帳などの土地帳簿に分けられる。①には、一八世紀初頭に庄屋に就任した岸田武右衛門が、先の庄屋（李左衛門家）から引き継いだと思われる覚帳一冊と、武右衛門自らが一七世紀以来の村の重要事項を書きとめた覚帳・日記類がある。また、②の土地帳簿には、文禄検地帳とその写し二冊、名寄帳三冊、反別帳四冊が現存し、一七世紀を通じた土地把握の実態がうかがえる。以下では、第一節で文禄検地帳から検地と郷の関係を検討し、第二節では池上村の集落と検地との関係を考察する。第三節、第四節では、本郷・出作の村役人のあり方や土地所持の移動などから、一七世紀後半以降の村落構造の変化をみていく。

一　池上村における文禄三年検地

1　上条郷池上村における文禄検地

まず、池上村の文禄三（一五九四）年検地帳を用いて、平野部における郷切の検地方法を確認しておこう。南清彦氏所蔵史料には、文禄三年検地帳が写しを含めて計三冊残されている。うち一冊は検地奉行の花押や割印が据えられた本帳（村への交付分）[4]で、残り二冊は後年の写しである。写しには数値や名請人名などに若干の違いも見受けられるので、特に断らない限り本帳を使用して考察を進める。

検地帳は表紙に「泉州泉郡上條郷之内池上村御検地帳」と記され、耕地一筆ごとに小字名・地目・面積（一反二五〇歩）・石高・名請人が書き上げられている。小字名のほとんどは一七世紀末以降のものと異なり種類も少ない。そのため写しの一冊には、一七世紀末段階のものと推測される小字名・耕地所持者・分筆状況を記した付箋が全筆に貼りつけられている。[5]

この付箋の小字名の記載順をみると、検地ではまず「五坪」「南かい寺」という字名で村内北辺（小字「五ノ坪」「六ノ坪」「徳作り」「内堀」「大門」「しりへ」「神木」）を把握し、次に菱池沿いから「稲村」「まふろ」などの中心部を経て、南端部の「廿六」「廿三」「十四」「二坪」に移り、最後は「かうし」で終了している。上条郷池上村として把握された範囲は、「六ノ坪」から油池の堤下、「三十六」までを結ぶ「里」のラインで直線的に区切られており、北側・東側のラインはまさに「郷切」の検地であったことが確認できる。

では、上条郷の検地帳に把握されなかった信太郷と上泉郷の池上村領はどのように検地を受けたのだろうか。

2　「出作」における池上村百姓の所持地

信太郷と上泉郷における検地と池上村「出作」の成立については、三田智子氏の研究で具体的に明らかにされている[6]。三田氏の研究によると、上泉郷域には検地当時、南王子村・黒鳥村（上村）・府中上泉・「伯太出作池上村」（この部分が「池上出作」にあたる）・伯太村の五ヶ村の村域がひろがり、このうち郷内のほぼ中央に伯太村の集落、南側の坂本郷・上条郷との郷境付近には黒鳥上村の集落が形成されていた。文禄検地の際、これら五ヶ村の村域はすべて上泉郷伯太村の検地帳に登録され、上泉郷に集落のない池上村や府中上泉・南王子村などの年貢は正保期まで伯太村庄屋が収納した。また、同じように信太郷側の池上出作も、慶長九（一六〇四）年の信太郷御指出帳作成の際、信太郷王子村の庄屋捌きとして提出され、王子村高として把握されたと指摘されている。

それでは、一七世紀における池上「出作」の土地と池上村百姓との関係はどのようなものだったのだろうか。まず、池上「出作」と伯太村・王子村との関係については、一八世紀初頭、上条郷内の池上村・豊中村間で虫送りの順路をめぐり争論となった際の記録に「出作弐百八石王子ゟ切り取、其後新検地請候事、上泉百十四石伯太ゟ切取候へ共古帳有之候故、伯太領内と申事、曖衆ニ為申聞候」との文言がみえる[7]。池上村の認識では、信太郷側の「出作」（一九四石）は、王子村の文禄検地帳に把握されたが、王子村から村高を切り分けた後に幕領延宝検地をうけ、村高二〇八石分の検地帳を交付された後に伯太藩領となり、上泉郷側の「出作」一一四石分は、「伯太」より切り取った高であるものの、寛文期に伯太藩領へ組み込まれ、新検（延宝検地）を受けなかったという。そのため上泉側では「古帳」＝文禄検地帳が「反古」にされず「伯太領内」と認識している

表1　信太郷「池上出作」地並帳

村名	名　前	所持高	筆数
(池上)	助三郎	22.9263	18
	覚兵衛	11.0795	8
	吉右衛門	11.0232	11
	与二兵衛	8.9512	7
	徳左衛門	8.2546	8
	久右衛門	8.2510	6
	作左衛門	7.8662	6
	太左衛門	6.5321	8
	養福寺	6.0605	4
	庄右衛門	5.2382	4
	永　昌	4.6200	4
	八右衛門	4.0804	3
	与兵衛	3.9945	3
	彦四郎	3.4438	2
	宗左衛門	3.3150	3
	如　元	3.2400	3
	庄兵衛	3.2102	2
	仁左衛門	2.5814	3
	長右衛門	2.5317	1
	茂右衛門	2.2204	3
	武兵衛	2.0682	3
	太兵衛	1.9842	2
	久左衛門	1.6327	1
	七之助	1.6173	2
	甚右衛門	1.1600	1
	吉左衛門	1.0657	3
	長左衛門	0.5677	1
	加左衛門	0.5080	2
	杢左衛門	0.4473	2
	伊兵衛	0.4073	1
	又左衛門	0.3033	1
	甚左衛門	0.2427	1
	惣兵衛	0.2200	1
	半右衛門	0.2050	1
	又兵衛	0.1560	1
	□右衛門	1.7982	2
	(不明)	1.6185	1
信　太	蔭涼寺	10.7341	7
尾　井	太左衛門	0.9667	1
富　秋	久左衛門	4.5312	3
かわた	太兵衛	3.3545	2
	兵右衛門 (平右衛門)	2.6609	3
	伊兵衛	1.6947	1
	又兵衛	1.6482	1
	四郎兵衛	1.4653	2
	吉右衛門	1.4355	1
	二郎兵衛	1.2077	2
	徳右衛門	1.1728	1
千　原	喜右衛門	3.5590	2
	茂左衛門	2.6245	3
	茂右衛門	2.5161	2
	太郎兵衛	1.4983	1
本郷越高		5.4000	

典拠：南清彦氏所蔵史料・箱18—193、宝永元年9月「泉州泉郡池上出作新検地地並帳・油池千草池川筋樋寸法覚之帳」より作成。所持高の単位は石。

各筆の石高を合計すると古検高194石余になるが、地並帳部分の末尾には新検（延宝検地）高208石余の集計記載と延宝5年9月21日の竿入日が写されている。肩書の村名は史料のまま記載（池上村のみ不記載なので（　）で表記した)。

と主張している。次節でみるように、上条郷では豊中村の一部が隣接する池上村の検地帳に把握されていた。このような検地帳を論拠とした「領内」意識は、虫送りの順路を正当化するためのロジックにすぎないが、信太郷・上泉郷では独自の検地帳を持つ「出作」と持たない「出作」として違いがあったことがわかる。

ところで、この信太郷「池上出作」延宝検地帳は現存しないものの、検地の下帳をもとに作成された地並帳が現存する。表紙には宝永元（一七〇四）年と記されているが、内容は延宝五（一六七七）年の検地下帳をもとに、宝永段階の所持者を記入した地並帳で、合計石高一九四石は延宝検地以前の古検高と一致する。帳面の性格については注意を要するが、ひとまず信太郷側「出作」の土地所持者を表1でみると、池上村の百姓や寺院三六名が約一四五石分を所持している。村外の所持者は、尾井村・富秋村・かわた村（南王子村）・千原村・蔭凉寺（尾井村）が確認できるが、例えばかわた村百姓の所持地は小字「廿八」や「溜田」、千原村は小字「十二」や「蔵立」など、居村周辺に限定的に展開している。一八世紀初頭にもなお「出作」の多くは池上村百姓の所持地であり、延宝検地での村高の「切取」は、既存の村域を確認する意味を持ったといえよう。

こうして他郷の捌村から切り分けられた「出作」は、池上村の場合、「本郷」の高とは一体にならず、あくまでも一つの村請制村として把握され続けた(8)。この「本郷」「出作」の村請制村としての枠組みによって、上条郷三三〇石分の「本郷」は近世初頭以来大和小泉藩支配に、二つの「出作」三二二石分は幕領代官支配から伯太藩領へ移され、相給村落としての池上村のあり方が確定したのである。

二　集落と捌き高

1「池上両方之高」

前節では、池上村の村域における文禄検地の実施状況を通じて、村請制村としての「本郷」「出作」の成立過程をみたが、三三〇石本郷分の検地帳の末尾には、本郷の村高について、次のような貼紙が付されている。(9)

〔史料1〕

（検地帳の帳末）

合弐拾五町七反三畝拾六歩　　田方
合四町六反八畝弐拾三歩　　畑・屋敷方
都合三拾町四反弐畝拾四歩
此分米
合三百七拾弐石弐斗三升五合内
三石弐斗七升六合　永荒
六斗八升五合　　当荒
文禄三年八月十六日　　浅野弾正　判
紙数墨付三拾八枚、但、書そこなひ候所ニハ印判在之

（裏表紙の見返し部分に貼紙…A）

「一、三百七拾弐石弐斗三升五合ノ内
　三百三拾石三斗五升弐合ハ
　　池上両方之高
　残四拾壱石八斗八升三合
　　我孫子豊中へ高参候
一、三拾町四反弐畝十四歩
　反ニ壱石弐斗弐升三合四勺二毛つつ也」

（Aの上に挟み込み状…B）

「弐拾七町壱反九畝　池上村
　三町弐反三畝十四分　豊中村へ高畝共参ル」

まず貼紙Aによると、「上条郷池上村」とされた三七〇石余には、①三三〇石余の「池上両方之高」と、②高・面積ともに「我孫子豊中」へ移された四一石分の二つがあった（豊中村ほか上条郷・下条郷の境界をまたぐ数ヶ村は我孫子郷という村落結合を形成していた）。このうち②の四一石分の名請人は豊中村百姓が過半を占め、曽根村百姓七筆、宮村・下条大津村などほぼ他村百姓ばかりである。これらを文禄検地帳写の付箋で確認すると、「豊中入」と書かれたものが三四筆分あり、その石高を合わせると四二石二斗四升六合になる。つまり、この四一石はもともと豊中村の村域であった土地が池上村検地帳に把握され、後に豊中村高へ切り替えられた耕地といえよう。

それでは①の「池上両方之高」とは何を意味するのだろうか。次に一七世紀本郷の村落秩序について検討しよう。池上村「本郷」で享保期以降庄屋職を世襲した南家の史料群には、当主甚左衛門が享保三年の庄屋就任の際に、先庄屋岸田武右衛門から引き継いだ留帳一二冊が伝来している。このうち宝永四（一七〇七）年の「池上村永代御触状諸事覚帳」[10]には、享保期までの庄屋の変遷が留められている。

〔史料2〕

庄屋代々　①往古ハ大村ハ長兵衛、かいと九十六石ハ五郎左衛門迄別ニ捌、天和元年ゟ輪番ニ成

一、寛永十四丙子年迄、長兵衛払

一、同年ゟ明暦二丙申迄廿一年之間、理兵衛払

一、明暦三丁酉年ゟ寛文九巳酉年迄十三年之間、長左衛門払

一、同明ル十庚戌年ゟ延宝八庚申年迄十一年之間、市左衛門払

一、天和元辛酉二月ゟ、②大村とかいと一まいニ成、吉右衛門・平太夫輪番ニ捌申候

一、貞享三丙寅年九月ゟ、吉右衛門跡役、理左衛門へ被仰付捌申候、宝永五子年迄廿三年之内、理左衛門払、其次兵右衛門払、其次弟理左衛門払、其次兵右衛門子六左衛門元禄三辰ノ年ゟ庄や役被為　仰付候

一、元禄六癸酉年、平太夫庄屋役目上り候而、跡役杢左衛門ニ被為　仰付、十二年払

一、元禄十七申ノ二月、杢左衛門跡役作左衛門へ被為　仰付候、後孫左衛門と名替ル

一、宝永三戌年二月ニ、孫左衛門跡役吉右衛門へ被為　仰付候

一、宝永四丁亥九月ニ、吉右衛門跡役覚兵衛ニ被為仰付捌申候、〔以下異筆〕享保三戌年八月相果、身体

有物欠所ニ成跡絶ル、拾弐年ノ間畯

一、享保三戊戌二月、理左衛門跡役甚左衛門へ被仰付候、元文四年未九月十二日甚左衛門へ被　仰付

（以下略）

傍線部①によると、往古は「大村」分は長兵衛、「かいと」分は五郎左衛門が別々に捌いた（＝庄屋役を勤めた）とあり、池上村「本郷」の三三〇石余を二三〇石余と九六石余に分け、双方に庄屋役を置いていたことが分かる。ところがこの体制は傍線部②により天和元（一六八一）年に「大村とかいと一まい」となることで収束し、庄屋二人による輪番捌きへ移行する。一〜四条目はこの時期までの「大村」庄屋にあたり、寛永一四（一六三七）年まで長兵衛、明暦二（一六五六）年まで理兵衛、寛文九（一六九六）年まで長左衛門、延宝八（一六八〇）年まで市左衛門と交代を重ねる。一方、かいと庄屋には交代の記載がなく、天和元年まで五郎左衛門が勤めたのであろう。

五条目以降は、天和元年からの輪番庄屋である。ここにも二つの系列が存在する。六条目と一一条目に記された吉右衛門系列と、七〜一〇条目の平太夫系列である。両系列は、

・吉右衛門→〈貞享三年〉理左衛門→兵右衛門→理左衛門（兵右衛門の弟）→〈元禄三年〉六左衛門（兵右衛門の息子）→理左衛門→〈享保三〉甚左衛門

・平太夫→〈元禄六年〉李左衛門→〈元禄一七年〉作左衛門（孫左衛門と改称）→〈宝永三年〉吉右衛門→〈宝永四年〉覚兵衛

と整理でき、吉右衛門系列では貞享三年から享保三年まで理左衛門家のなかで弟・子への世襲がみられる一方、平太夫系列にはそのような関係を見いだせない。なお、平太夫系列最後の覚兵衛は、覚帳を作成した岸田武右

衛門と同一人物で、享保三年に破産し、財産を没収されて自害している（後述）。

なお、輪番の勤め方については、庄屋杢左衛門が作成した元禄六（一六九三）年「万留帳」で、杢左衛門は「酉亥丑卯巳未」の年、理左衛門は「戌子寅辰午」の年に「庄屋付番」を勤めたとの記載がみられ、隔年交代だったことがわかる。またその実態は、次の書付により確認できる。(11)

〔史料3〕

一、志り恵口徳左衛門ニ家を作り申候ニ、六左衛門田地ニ日影ニ罷成候由六左衛門及迷惑候故申遣候、依之豊中茂左衛門両度御出ニ而あつかいニ罷成候、（中略）後代ノため覚帳へ其訳書置申候、則介三郎付番故、本助三郎覚帳ニ、茂左殿手跡ニ而御書、元禄十六年癸未二月廿一日、其覚帳ニ当番介三郎・杢左衛門・徳左衛門・六左衛門、証人豊中村触頭茂左衛門皆々印形致候、茂左衛門書判介三郎方ニ有

これは徳左衛門が六左衛門田地の隣に屋敷を立てた際の争論に関する記録で、傍線部②より元禄一六年の年番は介三郎であった。介三郎は、元禄一五年より吉右衛門系列の庄屋役を引き継ぐので、理左衛門家の人物と考えておきたい。書付によれば、争論の内済状は、仲裁に入った大和小泉藩領豊中村茂左衛門（「茂左殿」）によって「付番」庄屋が管理する「本助三郎覚帳」に留められ、その済証文には「当番」介三郎と非番の杢左衛門も連署したことがわかる。引用した万覚帳は傍線部①③より杢左衛門のものであるから、覚帳は付番・非番双方で作成されていた。また、杢左衛門の覚帳には村内の土地売券状も写されているが、そのすべてに両庄屋の加判がみられる。付番・非番が区別されるのは藩や奉行所など公用の局面に限られ、「本郷」の村政は二人庄屋制だったのである。

以上から、天和元年までの池上村「本郷」には大村・かいと村という二つの「村高」（「池上両方之高」）が存

在し、それぞれが庄屋を輩出していた。天和期にはかいと村・大村が統合するが、その後も二人庄屋体制が持続し、享保三年にいたって「本郷」の庄屋を南甚左衛門家のみがつとめる体制が成立した。ただし、一八世紀初頭に作成された〔史料2〕では実態をうかがうことはできない。以下では、一七世紀の土地帳簿を取り上げ、輪番庄屋期までのかいと村と大村について検討したい。

2　一七世紀中期の名寄帳

南清彦氏所蔵史料には、一七世紀中期に作成されたと考えられる名寄帳が三冊現存する。作成年代を推定できるのは二冊のみで、うち一冊は表紙の一部が破損した「□暦弐年申年」作成の帳面[12]、もう一冊は年記を欠き、表紙に「市左衛門」の名前が記された名寄帳（以下「市左衛門名寄帳」と略[13]）である。前者の作成時期は明暦二（一六五六）年か宝暦二（一七五二）年に絞られるが、宝暦五年の宗旨改帳「切支丹御改之請状帳[14]」の名前を見る限り、宝暦期の史料とは考えにくく、「明暦二申年」と考えられる。以下ではこの帳面を明暦二年名寄帳として分析していく。また、「市左衛門名寄帳」は、市左衛門が庄屋であった延宝期頃のものであろう。二冊の名寄帳は同様の形式で記載されている。明暦二年名寄帳を例に、記載方法を確認しておこう。

〔史料4〕

「(竪帳・表紙)□暦弐年

泉州泉郡池上村上條名寄帳

中ノ霜月吉日」

廿三
入　一、上々壱反四畝五分　壱石九斗一升六合　市介

（中略　……以下四九名分の名寄せ記載が続く）

いまい
入　一、下八畝十歩　九斗四升六合　かいと孫左衛門

但戌暮ゟ里兵衛へ入

十六
入　一、上壱反弐畝弐歩　壱石五斗七升

〆弐石五斗一升六合

〆高壱石五斗七升　孫左衛門分

廿六
入　一、上壱反三畝廿歩　壱石六斗六升　かいと助左衛門

おかくと
入　一、上畠壱畝八歩　入壱斗三升弐合

戌年里兵衛へ入

〆壱石七斗九升弐合

壱斗三升二合□□畠戌暮里兵衛へ入

高〆□石六斗□升

（いまい）
入　一、下八□□歩　九斗三升九合　かいと孫兵衛

（中略）

廿七
入　一、中壱反弐畝十八歩　壱石五斗壱升六合　理兵衛

（中略　……理兵衛の名寄三七筆、抹消の追記あり）

寺坊田
一、上壱反廿歩　　　壱石四斗四合　　　長左衛門

内壱斗五升八合　宮池床引有

（中略　……長左衛門の名寄せ一六筆）

〆拾八石三斗一升壱合

合弐百卌石三斗七升弐合

この名寄帳には、一人目の「市介」以降に、肩書のない人物が五〇人、その後ろに「かいと孫左衛門」以下、他村からの入作で「屋敷」高を所持しない百姓が一三人、最後に村役人と思われる理兵衛・長左衛門の所持地が記載されている。帳末に集計された石高は二三〇石三斗七升二合で、池上村「本郷」三三〇石に比べると一〇〇石少なく、「かいと」分九六石を除いた「大村」の名寄帳と考えられる。また「市左衛門名寄帳」も同じく二三〇石分の名寄帳である。これらの名寄帳の形式から、一七世紀の大村とかいと村の土地把握について、次の特徴を指摘したい。

第一に、かいと百姓には屋敷高がない一方、大村百姓はほぼ全員が屋敷地を所持しており、家ごとに所持高を名寄せしたことがわかる。つまり、二つの捌き高は、本源的には耕地単位ではなく百姓の家（人別）によって属人的に分割されていたと考えられる。第二に、大村名寄帳にも「かいと」の肩書をもつ孫左衛門・助左衛門・孫兵衛の所持地が登録されているが、それらは村間の出入作として把握されている。本来大村百姓の所持地であった土地が、売買や譲与の結果かいと百姓のもとに流れたものと考えられよう。ただし、その筆数は非

常に少なく、捌き高を越えた土地譲渡は最小限に抑えられていた。

では、この名寄帳から外れたかいと村も含めて、両村の村域はどのようにひろがっていたのだろうか。大村の名寄帳と文禄検地帳を突き合わせて、文禄検地段階の両村の耕地分布を確かめておこう。

面積・石高および検地帳写の付箋に記された小字によって文禄検地帳と明暦二年名寄帳の各筆を突き合わせると、約二四〇筆分が照合できる（名寄帳のうち、田地一六筆、小字「大学頭」の畑地一一筆、屋敷地一一筆、屋敷周りの「内畠」一七筆などは、文禄検地以降の分筆や替地による改変のため照合できない）。表2は、両方の対照結果を文禄検地帳の名請人別に示したもので、文禄検地帳のうち名寄帳に確認できない耕地をまとめた「不一致筆」の欄には、かいと村の耕地のほか、分筆や替地などのため照合できなかった不明分も含まれる。このうち特に「不一致筆」が集中する百姓（孫左衛門・新三郎・弥左衛門・甚五郎・孫三郎など）は、明らかにかいと百姓であろう。孫左衛門・新三郎・弥左衛門・甚五郎の屋敷地は、検地帳では孫左衛門（二八〇筆目）・甚五郎（二八一筆目）・新三郎（二八二筆目）・うは（二八三筆目）・弥左衛門（二八四筆目）と連続している。ただし、以上のかいと百姓名請地を抜き出すと（表3）、計七〇石余となり、「かいと九六石」には他に二〇石程度の高をもつ百姓がいると思われる。また、付箋の小字名をみるかぎり、かいと村の耕地は大村の土地のなかに錯綜していたが、内堀・大門・徳作・神木などの集落北側や千草池周辺では少なく、稲村周辺には比較的まとまっている。この付近には、寛保三（一七四三）年作成の立会水利絵図に稲村明神と数軒の家並が描かれており、旧かいと村の流れをくむ集落と推定される[15]。明暦期の大村名寄帳では、このように錯綜した両村の耕地を、各百姓の屋敷が大村・かいと村のどちらに含まれるのかという基準をもとに村分けしたのである。

次に、大村・かいと村の村落構成をみておきたい。文禄検地帳でもっとも多くの所持高を持つのは、孫左衛門の三〇石三斗二升四合である。その他は、一七石余の甚右衛門以下一五石前後の有力百姓を中核に数石規模

表2　文禄検地帳と明暦2年名寄帳の対照

	文禄3年検地帳				明暦2年大村名寄帳	
	名請人名	持高(石)	筆数	(屋敷)	一致筆	不一致筆
1	孫左衛門　※1	31.932	34	(1)	1	33
2	甚右衛門	17.840	15		10	5
3	介左衛門	16.330	22	(1)	19	3
4	宗左衛門	15.839	18		9	9
5	新三郎	12.423	15	(1)	1	14
6	太郎左衛門	12.261	12		10	2
7·8	弥左衛門　※2	11.726	18	(1)		18
9	与三左衛門	10.833	11	(1)	9	2
10	甚五郎	9.714	12	(1)	2	10
11	宗右衛門	10.412	12		7	5
12	与五郎	8.268	8	(1)	5	3
13	藤二郎	8.057	11	(1)	10	1
14	あるき　※3	7.077	11	(2)	9	2
15	彦二郎	7.172	7	(1)	7	
16	新左衛門	6.665	11	(1)	9	2
17	市左衛門	6.309	9	(1)	9	
18	五郎左衛門	6.152	6	(1)	4	2
19	南右衛門	6.041	10	(1)	7	3
20	新五郎	5.874	6		5	1
21	与兵衛	5.839	9	(1)	9	
22	与七郎	5.336	5	(1)	5	
23	二郎左衛門	5.294	6	(1)	5	1
24	う　は　※4	5.202	13	(4)	4	9
25	新兵衛	5.123	5	(1)	4	1
26	与左衛門	4.922	6		4	2
27	市兵衛	4.747	5	(1)	4	1
28	孫三郎	4.143	5			5
29	介　七	3.867	5	(1)	5	
30	善　六	3.840	6	(1)	4	2
31	与三右衛門	3.274	2	(1)	2	
32	南	3.217	2		1	1
33	次　郎	3.148	5		2	3
34	勘右衛門	2.900	1		1	
35	五郎兵衛	2.711	4	(1)	4	
36	南　清門	2.616	2		1	1
37	介二郎	2.597	2		2	
38	三郎二郎	2.565	1		1	
39	孫四郎	2.184	1			1
40	又四郎	1.733	2		2	
41	八左衛門	1.716	1		1	
42	三郎五郎後家	1.696	2		2	
43	ゑもん	1.560	1		1	
44	又三郎	1.538	3		3	
45	彦右衛門	1.507	2	(1)	2	
46	玉千代	1.432	3		2	1
47	太郎右衛門	1.393	2		1	1
48	にし助左衛門	1.350	1		1	
49	新右衛門	1.300	1			1
50	又　六	1.300	1		1	
51	辻右衛門	1.269	1		1	
52	市右衛門	1.170	1		1	
53	勝右衛門	1.008	1		1	
54	道　遊	0.832	1		1	
55	鶴千代	0.732	2		2	
56	与太郎右衛門	0.560	1			1
57	若右衛門	0.588	3	(3)	1	2
58	二郎三郎	0.572	1		1	
59	む　こ	0.520	1		1	
60	又左衛門	0.494	1			1
61	又兵衛	0.484	1			1
62	ま　つ	0.430	2		1	1
63	孫右衛門後家	0.328	2	(2)	2	
64	弥右衛門	0.328	1			1
65	与　三	0.312	1		1	
66	三　次	0.280	1	(1)	1	
67	太　郎	0.260	1			1
68	治右衛門	0.240	1			1
69	三郎左衛門後家	0.240	1	(1)	1	
70	宮　一	0.240	1			1
71	妙　法	0.230	1		1	
72	与三五郎	0.180	1			1
73	後　家	0.168	1	(1)		1
74	三	0.156	1		1	
75	五　良	0.144	1		1	
76	しほや	0.139	1			1
77	は　ゝ	0.100	1	(1)	1	
78	三郎四郎	0.080	1			1
79	久	0.072	1			1
80	三郎右衛門	0.072	1		1	
81	道　場	0.040	1	(1)	1	
82	菊千代	0.021	1		1	
	主なし	3.438	7			7

「一致筆」については、他村出作分8筆は表中からは除外した。
網かけ部分…「かいと村」百姓であると推定可能な人物。
※1：全34筆中1筆分のみ「南孫左衛門」という名請人であるが、別人物かどうか判別できないため、とりあえずここに含めている。
※2：全18筆中1筆に「いけかみ弥左衛門」、1筆に「かいと弥左衛門」と書かれている。おそらく同名の「弥左衛門」という人物が大村にもかいとにも存在したのであろうが、これ以外の16筆には区別がなく、両名の所持耕地を区分できなかったため、一緒に表示している。
※3：全11筆中1筆のみ「あるきうは」と書かれていたが、ここに含めた。
※4：屋敷地を4軒も名請けしているのはやや不自然であり、数名の別人格の「うは」が含まれると推測されるが、詳しくは分からない。
典拠：南清彦氏所蔵史料・箱18—216「泉州泉郡上條郷之内池上村御検地帳」、同・箱9-50「同」(写)、同・箱11-170「泉州泉郡池上村上條名寄帳」。

表3　文禄検地帳におけるかいと村百姓の名請耕地（合計：70.617石）

i）孫左衛門〔31.932石〕

	小字	地目	面積	石高	検地帳写の付箋
8	五坪	上々	0.8.00	1.080	五坪　孫兵衛
9	五坪	上々	0.6.00	0.810	五坪　五郎左衛門　甚左衛門へ入
17	五坪	上々	1.0.00	1.350	六坪　五郎左衛門　ひこ乃覚へ入
126	は、さき	中	0.5.15	0.672	六斗七升弐合　弐斗四　六斗　三かふ合　五郎左衛門
127	は、さき	中	0.2.00	0.240	三かふ内　五郎左衛門
129	は、さき	中	0.5.00	0.600	五郎左衛門
131	は、さき	中	0.8.10	1.008	今井　五郎右衛門
133	は、さき	中	0.8.10	1.008	今井　五郎左衛門
135	は、さき	中	0.8.10	1.008	甚左衛門へ入　五郎左衛門
138	は、さき	中	1.0.00	1.200	十五西かと　孫兵衛
146	は、さき	中	1.2.17	1.522	十五　ひこ　九兵□
155	宮ノまへ	中	1.1.10	1.368	十ノ坪　五郎右衛門
169	こんほう	上	1.1.10	1.482	十六　五郎左衛門　五坪高ニ成
176	こんほう	上	1.2.02	1.570	十六　孫兵衛
213	いまい	上畑	0.6.00	0.600	孫兵衛　五郎右衛門　半分
214	いまい	上畑	0.4.00	0.400	おかくと　五郎左衛門　五郎右衛門
218	のへり	中畑	0.1.00	0.800	つかわき　五郎右衛門
228	いまい	中	3.0.10	3.648	三反田　五郎右衛門　ふ中へ入
229	いまい	下畑	0.0.10	0.024	孫左衛門
230	いまい	上畑	0.3.13	0.352	五郎左衛門
232	いまい	上畑	0.0.10	0.400	孫左衛門
233	いまい	上畑	0.3.13	0.352	五郎左衛門
245	いまい	中	0.7.00	0.840	八ノ　五郎右衛門　ひこ九兵衛入
252	いまい	上	0.5.05	0.671	大口　廿　市右衛門
256	おかくと	上	0.7.23	1.030	おかくと奥　孫兵衛
260	今い	上畑	0.3.12	0.348	おかくと　三かふ　五郎左衛門
264	今い	上畑	0.2.00	0.200	おかくと　三かふ　五郎左衛門
266	おかくと	上畑	0.3.15	0.360	へりわき　五郎右衛門
280	いやしき	上々	0.6.05	0.620	一斗六升九合五郎左衛門　五郎右衛門
317	―	上畑	0.6.00	0.600	廿五はし　五郎左衛門　三升かわし畑ゟ
335	ひの志り	上	1.6.05	2.106	とい中　平右衛門　五郎左衛門　廿三　荒引残り
374	ひツかけ	上畑	0.3.00	0.300	二坪　三かふ内　そね　久兵衛
436	出口	上々	1.3.00	1.755	かうし　五郎右衛門　六坪高ふりかへ

ii）新三郎〔12.423石〕

	小字	地目	面積	石高	付箋
110	は、さき	下	1.0.05	1.122	廿二　六右衛門
143	は、さき	上	0.9.00	1.170	（とい　五郎右衛門）
158	宮ノまへ	下畠	0.7.00	0.420	三ノ坪　五郎右衛門　そね二郎左衛門　半分
159	宮ノまへ	中	0.4.10	0.528	そね　三ノおさ　二郎右衛門
174	こんほう	上	0.6.00	0.780	十六　□入　五郎右衛門　外一升八合
197	宮まへ	中	1.3.10	1.612	四坪　そね二郎左衛門
227	いまい	中	0.8.02	0.970	三反田下　五郎右衛門　ふ中へ入
231	いまい	上畑	0.0.15	0.060	（剥落）
236	いまい	上畑	0.4.14	0.456	（剥落）
237	いまい	上畑	0.0.10	0.040	かいと　五介
331	ひの志り	上	1.4.00	1.820	廿三　平右衛門　かいと入
137	は、さき	中	1.0.23	1.310	十五ノかど　五郎右衛門
181	山わき	中	1.3.05	1.583	九坪　そね　二郎左衛門
267	おかくと	上	0.2.10	0.312	へりわき　五郎右衛門
282	いやしき	上々	0.2.10	0.240	五介

iii）弥左衛門〔11.726石〕

	小字	地目	面積	石高	付　箋
365	ひツかけ	上	0.5.15	0.672	十坪　孫右衛門　かいと入
112	は、さき	中畑	0.1.08	0.106	いな村　六左衛門
118	は、さき	中畑	0.1.00	0.080	内一斗介左衛門へ入　孫兵衛　〆三斗五升七合
119	は、さき	上畑	0.1.10	0.140	いな村　三かふ　六右衛門
121	は、さき	上畑	0.1.17	0.168	壱斗六升八合　三升四合畝町入ル　六右衛門
128	は、さき	中	0.7.07	0.874	今井　六右衛門
144	は、さき	中	1.2.08	1.478	十五　四ノ　五郎右衛門
147	は、さき	中	1.3.02	1.570	壱　孫右衛門　高月作
185	山わき	中	1.3.17	1.642	九坪　六右衛門
186	山わき	上	1.2.10	1.612	九坪　かいと入　仁左衛門
277	はたけへり	上畑	0.2.10	0.240	九左衛門分甚左衛門
278	はたけへり	上畑	0.2.10	0.240	おかくと　六右衛門
284	いやしき	上々	0.1.11	0.144	六右衛門
319	〃	上畑	0.4.00	0.400	卅五　二かふ　孫兵衛　かいと入
320	〃	上	0.7.15	0.988	卅五　二かふ　孫兵衛
332	ひの志り	上	1.4.00	1.820	廿三　平右衛門　かいと入
407	出　口	上畑	0.2.06	0.224	池下　市右衛門

iv）甚五郎〔9.714石〕

	小字	地目	面積	石高	付　箋
15	五　坪	上々	0.8.05	1.107	六坪　五郎左衛門　里左衛門ニ入
108	は、さき	中	0.6.10	0.768	札辻　五郎左衛門
116	は、さき	中	0.4.16	0.564	このしろ　五郎左衛門
134	は、さき	中	0.8.10	1.008	今井　孫兵衛
141	は、さき	上	0.7.21	1.019	十五南ゟ七　五郎右衛門
178	こんほう	上	1.3.03	1.706	内今井やふへり入　七斗九升六合屋敷　内八斗一升高目入　五郎左衛門
226	いまい	中	0.9.22	1.186	十七　宗兵衛
234	いまい	上畑	0.1.17	0.168	五郎右衛門
259	今い	上畑	0.5.18	0.572	おかくと　三かふ　五郎左衛門
281	いやしき	上々	0.1.00	0.100	やしき　五郎右衛門
367	ひツかけ	上	0.9.05	1.196	十一　六右衛門　かいと入
426	出　口	中畑	0.4.00	0.320	かうし　里左衛門

v）孫三郎〔4.143石〕

	小字	地目	面積	石高	付　箋
11	五　坪	上	0.7.20	1.014	六ノ坪　五郎左衛門
113	は、さき	中畑	0.1.10	0.112	宮屋敷　助左衛門
142	は、さき	上	0.5.11	0.707	十五　助左衛門
145	は、さき	中	1.2.08	1.478	十五　三　六右衛門
345	ひツかけ	上	0.6.10	0.832	十四　壱斗六升宮後へ出ル　五郎右衛門　孫右衛門

番号は文禄検地帳での筆順を示す。面積の単位は反.畝.歩、石高は石で表記した。網かけ部分は「居屋敷」=屋敷地を示す。
典拠：表2に同じ。

の小百姓が分厚く存在する。信太郷・上泉郷の「出作」分が含まれない点は留意を要するが、かいと百姓の孫左衛門一人が突出した高持百姓であった。

この孫左衛門家の動向として注目されるのが、文禄検地帳写の付箋記載である。表3で孫左衛門所持地に対応する付箋をみると、所持地の大半は、付箋が作成された一七世紀末の段階で孫左衛門・孫兵衛・五郎左衛門いずれかの所持地となっている。これは明暦二年大村名寄帳に見える「かいと孫左衛門」「かいと孫兵衛」や、「市左衛門名寄帳」の「かいと五郎右（左カ）衛門」という名前とも符合しており、一七世紀末期のかいと百姓孫左衛門・孫兵衛・五郎左衛門は、文禄検地帳の孫左衛門家に由来する家々と考えられる。〔史料2〕では「九十六石ハ五郎左衛門迄別ニ捌」とあるので、孫左衛門―五郎左衛門家が、かいとの中心的存在であった。なお、孫左衛門の屋敷地六畝は村内で最大の屋敷面積であり、経営のなかに文禄検地帳の無屋敷名請人でかいと百姓と考えられる孫三郎・孫四郎などの耕地を含む可能性もある。近世初期のかいと村は、このような孫左衛門家を中心に、弥左衛門や新三郎など数家が軒を連ねる集落だったのだろう。

こうした集落としてのあり様は、元和期に池上村の領主片桐家から下付された、次のような制札の文面にも見てとれる。[16]

〔史料5〕

掟　　古主膳正御掟之写

池上村之内かいと村宮山之儀、諸木を伐取事は不及申、木葉下草ニ至迄少も苅取申間敷候、付り、牛馬を放候事令停止候、若右之旨相背竹木伐し候ハヽ、一本ニ付為過銭長目（鳥）三十疋、并牛馬を放下葉苅候ハヽ、弐拾疋宛取可申候、次ニ御検地帳面之外宮山之内むさとほりやふり申ましく候、此旨能々可申聞候、若無

承引候ハ此方へ可申来者也

元和六年七月廿三日　　片桐主膳正　御印

泉州池上村　孫左衛門

この史料は、元和六（一六二〇）年に領主片桐家（「古主膳正」）より下付された掟書を、宝永四（一七〇七）年に庄屋岸田覚兵衛（後の岸田武右衛門家）が後年の覚えとして書き留めたもので、池上村西天神社境内地の「宮山」について、「池上村之内かいと村宮山之儀」と記されている。また掟書の宛先は、かいと村有力者の孫左衛門である。かいと村・大村統合後の貞享四（一六八七）年に改めて下付された掟書には、「泉州池上村之内、於垣内天満宮境内」とあり、かいと村の消滅をふまえて元和六年掟書の「かいと村」から「村」を抜き、「垣内」天満宮に変更されている。以上から、かいと村は西天神社（稲村明神）を中心とした村内小集落であったと考えておきたい[17]。

一方の大村は、一五石前後の甚右衛門や介左衛門・宗左衛門らを筆頭に、零細な小百姓が多数を占めた。大村はかいと村に比べ屋敷数も多かったが、かいと孫左衛門のように突出した存在はみえない。二つの村は、文禄検地の中で「上条郷池上村」という一つの村としての枠組みを与えられたが、孫左衛門を中心とするかいと村のまとまりは、村内での「捌高」の分割によって残されたのである。

最後に、「出作」の耕地構成を示す表1に立ち返っておきたい。表1は、宝永期の耕地所持状況を示したものであったが、この中にかいと集落の百姓は見えない。一八世紀初頭においても五郎左衛門家や孫兵衛家は、信太郷側の土地を所持しておらず、一七世紀の信太郷側「出作」（信太郷側二〇八石分）耕地は、主に大村百姓の土地であったと考えられる。

三　大村・かいと村統合期の庄屋

天和元（一六八一）年、かいと村と大村は統合され、以後輪番庄屋制へと移行した。以下では、天和元年の統合背景や輪番体制期の村落構造を検討にする。

1　統合後のかいと村

まず、統合後のかいと村が、大村の村落秩序にどのように包摂され、位置づけられたのか確認しておく。

一八世紀初頭における「かいと」集落の状況がわかる史料として、宝永三（一七〇六）年作成と判断される名寄帳（表紙欠）が残っている。[18] この名寄帳は年貢徴収のために五人組単位で各戸の所持地字・反別・高をまとめた帳簿で、冒頭に①組単位で各戸の所持耕地の名寄を示し、その後ろに②年貢から控除される溝減り・畝減り分、③地目別の石高集計、④片桐領泉州四ヶ村の村高と「土免」（片桐領では定免年貢率を「土免」と呼ぶ）、⑤宝永三年一二月時点での村内の五人組ごとの高、⑥庄屋吉右衛門高を例とした個人別年貢計算例が記されている。⑤の組の高をまとめた表4をみると、「かいと分」は、弥兵衛組に続く「とかし田」の後に、天神田を含んで記載されている。「とかし田」の石高は、①の名寄せのうち弥兵衛組に続く「村作」一石一斗二升八合と一致するので、村全体で年貢を負担する（＝「とかす」）村有地と考えられ、「村作」までの「村分」と別に「かいと分」があることになる。その「かいと分」孫右衛門・清月らの所持高をまとめた表5によると、かいと内部には、清月をはじめ孫右衛門・組頭介左衛門など、依然として有力な高持が存在する。[19]

以上から、統合後の「かいと」は名寄帳には包摂されたものの、村作耕地の後に記載され、また「組」では

表6　孫左衛門所持地（寛文10年から元禄6年の変化）
※寛文10年の孫左衛門所持高…32.690石

小　字	面　積	元禄6年の所持者
廿　三	1.1.18	豊中村太右衛門
十　五	1.2.03	〔貼〕作左衛門、卯暮に理左衛門ゟ入
十　五	0.7.02	兵右衛門
十　五	1.2.18	〔貼〕杢左衛門、午春ゟ入
今　井	0.8.10	?
宮まへ	0.6.20	吉右衛門
宮まへ	0.6.10	五郎左衛門
西　門	0.2.13	与兵衛　（※小字「宮後」）
宮ノ後	1.0.00	?
宮ノ後	0.9.00	兵右衛門　（※小字「道畠ノ上」）
かいはし	1.6.20	吉右衛門
十　六	0.7.20	利左衛門
十　六	0.6.00	?
十　六	1.2.02	?
九　坪	1.3.00	仁左衛門
五　坪	1.2.02	九郎兵衛
六　坪	1.0.00	吉右衛門もしくは七郎兵衛
六　坪	1.3.00	吉右衛門
八　坪	0.7.00	府中村五郎右衛門
十　七	3.8.12	?
畠へり	1.3.10	?
畠へり	1.2.15	?
かうし	0.4.10	?
かうし	0.8.05	?
やしき	0.1.08	?

〔貼〕は貼紙の記載を示す。面積の単位は反.畝.歩。
典拠：南清彦氏所蔵史料・箱10-13、寛文10年「上條並帳」、同・箱11-171、元禄6年「上條並帳」。

表4　宝永3年の五人組別石高

組　名	石高(石)
庄右衛門組	6.665
甚左衛門組	15.672
徳左衛門組	29.155
吉右衛門分（庄屋）	11.905
吉左衛門組	6.938
六左衛門分（庄屋）	23.917
寺	1.350
茂右衛門組	12.705
武兵衛組	15.490
与兵衛組	10.789
八右衛門組	1.650
仁左衛門組	7.941
一右衛門組	10.695
弥兵衛組	57.278
とかし田	1.128
かいと分天神田共	42.533
(他ヵ)池郷分	71.610
小計	325.421
あれ高	5.027
合計	33.448

典拠：南清彦氏所蔵史料・箱14-58［池上村名寄帳］。表紙欠横半帳、綴紐はずれ57枚。

表5　宝永3年の「かいと分」

名　前	所持高
孫［右衛門］	9.255
清　月　※	23.881
心　求	3.123
介左衛門〔組頭〕	7.544
庄太夫	2.735
喜右衛門	0.558
四郎右衛門	0.282
天神田	0.240

※清月の所持耕地のうち5.405石は「酉ノ暮ゟ入」として別記されている。
典拠：表4に同じ。

なく「かいと分」として位置づけられた。ちなみに享保一八（一七三三）年の名寄帳[20]では、最後の組に「組頭孫兵衛」以下、助左衛門、五郎左衛門、庄□□、妙正きち、妙正天神田、金蓮寺の所持高が記載されている。これらの名前や所持耕地は、宝永三年「かいと分」の百姓と一致しており、享保期には「かいと」は五人組の一つとなったのである。

さらにこうした「村」→「分」→「組」への変化とともに、「かいと」高の推移にも注意したい。統合前のかいと村は「かいと村九六石」という明確な村高を保持したが、宝永三年名寄帳では「かいと分」の合計は四二石しかない。この減少には、かいと百姓孫左衛門家の動向が関わっている。表6は、寛文一〇（一六七〇）年に孫左衛門が所持していた土地について、元禄六（一六九三）年段階の所持者を比較したものである。これによると、孫左衛門は寛文期の所持地三二石余を元禄期までに村内外の一〇家以上に分散させ、以後名請人として確認できなくなる。しかもその分散先は大村の利《（理）》左衛門・吉右衛門や府中村・豊中村百姓など、かいと百姓以外に及ぶ。つまり、統合をまたぐ寛文期から元禄期の間に、かいと集落は有力者孫左衛門の持ち高を中心に五〇石以上をかいと外へ放出したのである。

2　一七世紀後半における庄屋家の交代

こうしたかいと村の変化は、当然ながらかいと内で完結するものではなかった。かいと村の消滅と併行して、池上村全体の村落構造にもいくつかの変化が確認できる。一つは一七世紀後半に相次ぐ庄屋交代である。

かいと村消滅後の輪番体制期、吉右衛門系統と平太夫系統の庄屋役は、どのような家によって担われたのだろうか。ここまで取り上げてきた一七世紀の土地帳簿から屋敷地や土地所持の継承状況を整理し、庄屋の担い手とその家筋を確認しておこう。

〔①理兵衛家〕

理兵衛は〔史料2〕で寛永一四年から明暦二年まで庄屋とされている人物で、明暦二年名寄帳でも庄屋として帳末に記載されている。理兵衛家は明暦二年には大村に三六石を所持し、屋敷地三筆を所持していたが、寛文一〇年の「上條並帳」ではその屋敷と所持地が理左衛門・利兵衛に分割され、屋敷地のうち二筆分を合筆した部分が理左衛門屋敷、もう一筆の「内畠小寺屋敷」は利兵衛名請地となる。(21) また、耕地の大半は理左衛門名請地となり、以後享保期まで、屋敷地・耕地の多くが利左衛門↓兵右衛門↓六左衛門↓理左衛門に継承されている。これらの人物は〔史料2〕の貞享三（一六八六）年からの庄屋名（兵右衛門・その弟理左衛門・兵右衛門の子六左衛門・理左衛門）と一致し、一七世紀中期以降屋号を変えつつも同一の「家」として存続したことがわかる。

〔②長左衛門―市左衛門家〕

長左衛門家は〔史料2〕によると明暦三年より寛文九年まで庄屋をつとめたが、明暦二年名寄帳でも庄屋理兵衛とともに帳末に記され、すでに村役人であったと考えられる。長左衛門は明暦二年に屋敷地二筆と耕地一五筆を所持し、寛文一〇年までは所持地を拡大する。しかしその後の「市左衛門名寄帳」では、寛文一〇年所持地のうち屋敷地・内畠の五筆と、八坪一筆のみが「長右衛門」名請として維持され、残り大半は市左衛門名請分と「市左衛門作、府中宗兵衛」分に分割される。この市左衛門は「市左衛門名寄帳」の作成者で、〔史料2〕では寛文一〇年より捌き高統合まで大村の庄屋を勤めたとされている。しかし、庄屋職にあった寛文一〇年の「上條並帳」では市左衛門は確認できず、「市左衛門名寄帳」においても屋敷地を欠く。一方「市左衛門作、府中宗兵衛」分は、市左衛門が本銀返しで府中村宗兵衛に質入れし、市左衛門が小作する土地であろう。

市左衛門名請地はその後も数筆程度にとどまり屋敷を欠く。つまり、市左衛門は長左衛門家（長右衛門家）の一員で自らは耕地のみの名請であった可能性が高く、これを長左衛門―市左衛門家としておきたい。また、市左衛門は寛文期まで保持した大半の土地を元禄期までに何らかの事情でほぼ全て手放し、小百姓に転じる。庄屋就任中に府中村など周辺村有力者と小作関係があることを考えれば、債務による土地放出と推測される。

〔③吉右衛門家〕

吉右衛門は、大村・かいと村統合直前の「市左衛門名寄帳」以降の土地帳簿で確認できる。このとき吉右衛門は屋敷地一筆ほか六筆を持ち、所持高は五石程度である。吉右衛門家はこの後享保期までの帳面で五石～一〇石程度の屋敷・耕地を所持する名請人として確認できる。〔史料2〕には、宝永三年にも吉右衛門という名前がみえるので、これら吉右衛門は同一の家であろう。

〔④杢左衛門家〕

杢左衛門家は元禄六年より一七年まで庄屋を勤めた。名請人として確認できるのは、元禄六年「上條並帳」[22]以降の土地帳簿である。同年の杢左衛門所持地には二つの特徴がみられる。第一に、杢左衛門の屋敷はそれ以前の名寄帳に一致するものがなく、耕地も百姓三名の名請地になるなど、まとまった高・屋敷地を継承する家として確認できない。第二は、元禄六年「上條並帳」に付された貼り紙の記載である。いずれも「杢左衛門、午ノ春ゟ入」など杢左衛門への名義切り替えを示すもので、時期は亥暮・寅暮・辰年・午春（元禄八・一一・一三・一五年）と庄屋就任期に集中している。そのうち五筆分は隣村府中村三郎右衛門・惣兵衛からの移動であり、②の長左衛門―市左衛門家などから府中村宗兵衛に流れた土地の請け返しである。宝永三年名寄帳での名請地も元禄六年以来の杢左衛門所持地と元禄八年以降取得した土地からなるが、このうち一一筆分は「府中

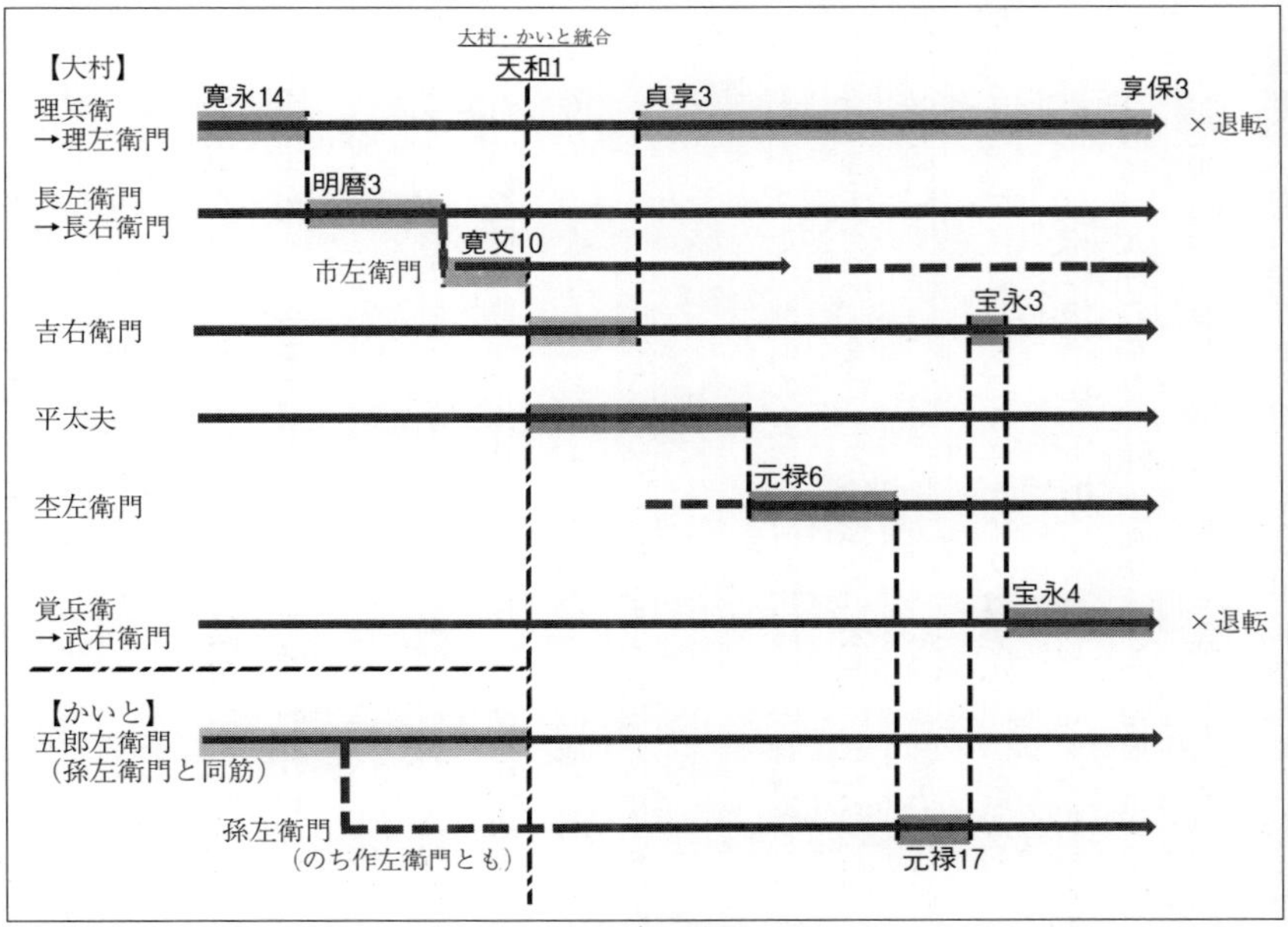

図２　庄屋経験者の家筋

※矢印の上に　　　　を重ねた時期が庄屋。

ら入」と一括され、大半は府中村からの請け返しであった。

以上、庄屋経験者の土地相続を整理すると、土地所持の前後関係を掴めない大村長兵衛を除いて、図2のとおり七つの家筋に分けられる。庄屋職を世襲した家は、かいと村九六石の庄屋・五郎左衛門家、明暦三年より天和元年の大村庄屋・長左衛門家、貞享三年以降享保期まで「本郷」庄屋をつとめた理左衛門家にとどまり、他は一〇年ほどで退役するなど不安定であった。なお、理左衛門家は信太郷側「出作」二〇八石分の庄屋役も兼帯していた。このようにみてくると、理左衛門家はこの時期の庄屋としては特筆される存在であり、村内で唯一明暦期より一五筆をこえる田地を安定的に相続した家であった。一七世紀後半の池上村は、一七世紀前半までのあり方とは異なり、旧大村の理左衛門が突出し、一〇石以下の百姓が交代を繰り返しながら庄屋につくという状況へ変化していたのである。

3　他村所持者の動向

統合後のもう一つの変化として、近隣村の百姓と池上村の関係があげられる。述べてきたように、この時期の庄屋のうち、長右衛門―市左衛門家は、他村の有力百姓に土地を売却している。また、元禄六年「上條並帳」の貼り紙によると、元禄一一～一三年には、庄屋理左衛門でさえも一五筆以上の土地を放出している。その行き先は、府中村・豊中村の有力百姓や村内の五郎左衛門などである。寛文一〇年の「上條並帳」段階での出作者は曽根村・豊中村百姓に限られ、三筆を越えて所持する事例もなかったのに対して、府中村や豊中村の有力者が、少なくとも数筆～一〇筆以上の耕地を池上村の中心部に所持するようになったのである。元禄期を境に、村役人の土地を担保として、村外銀主から資金を調達するという行為が繰り返されたと推測しておきたい。

以上みてきた庄屋家の変遷と村外出作者の特徴から、寛文末年以降の村落構造の変化について小括しておく。上条郷池上村は、文禄三年検地で「本郷」三三〇石として把握されたものの、村内では一筆ごとにかいと・大村の土地を区別し、大村二三〇石・かいと村九六石という捌き高を成立させ、一七世紀末の統合直前まで、捌きを越えて土地を所持するケースは最小限に抑えられていた。

しかし、寛文末年から元禄期にかけて、かいと村孫左衛門が何らかの事情で経営危機に陥り、孫左衛門のかいと村耕地が大村の有力百姓へ流れ、その結果としてかいと村捌き高が実質を失いはじめる。そしておそらく、この孫左衛門所持地が大村有力者へと流れるなかで、土地管理と資金融通の両局面において、大村・かいと村の枠組みが意味を失い、池上村全体での村政が目指されるようになったのであろう。しかし大村の有力者も、池上村一村の銀主としての資力に欠け、豊中村・府中村・伯太村など周辺村の銀主に拠りつつ、村の立て直しを図った。なお、享保期まで庄屋職を勤め続けた理左衛門家も、一見安定して家産が相続されたように見えるが、元禄期には複数の耕地を村外有力者に放出しており、庄屋個人の土地質入れを媒介とする村借が行われていた。また、他村からの銀子調達で質地とされたのは、捌き高体制以来の高持である理左衛門・長右衛門らがもつ村中心部の田地であったため、一七世紀後半の池上村ではその請戻しが図られていく。庄屋の家筋も頻繁に交代し、天和期以降は一〇石を下回る家や分家筋の家が庄屋に就任するようになったのである。

四　一八世紀前半の「本郷」と「出作」

以上のような捌き高の分立と統合を経て、二つの集落は池上村「本郷」の枠組みのなかに位置づいていった。本節では、「本郷」「出作」それぞれに別の村役人が置かれていくまでの変化を明らかにする。

1　一八世紀初頭の村役人と村政

はじめに、一八世紀初頭の本郷・出作の庄屋役について、「本郷」の村役人交代に際する口上書を見ておく(23)。

〔史料6〕

①　乍恐奉願上候口上書

池上村本郷庄屋六左衛門相役、吉右衛門と中者相勤罷有候処ニ、去ル七月病死仕候、然所ニ成人之世倅も無御座候故、庄屋役私へ今度被仰付候、向後本郷へ罷出候節者、六左衛門之相役相勤、殿様へ罷出候刻ハ

年寄役ニ罷在候而ハ、世間不埒奉存候、御慈悲之上、年寄役御免被為成被下候ハヽ、難有可奉存候、以上

宝永四年十月　　　　池上出作年寄　覚兵衛

森新右衛門様

根来新右衛門様

右覚兵衛願之通相違無御座候、御免被為成被下候ハヽ、私共難有可奉存候、以上

池上出作庄屋　六左衛門

森新右衛門様

根来新右衛門様

②

乍恐奉願上候口上書

年寄覚兵衛、今度本郷庄屋役ニ御地頭様ゟ被仰付候ニ付、殿様御知行方之年寄御免被為成被下候様ニ奉願上候、覚兵衛願之通御免被為成被下候上、覚兵衛跡役清兵衛と申者被為仰付被下候ハヽ、難有可奉存候、以上

宝永四亥年十月　　　　池上出作庄屋　六左衛門

同　年寄　覚兵衛

森新右衛門様

根来新右衛門様

右の史料は、宝永四（一七〇七）年「本郷萬覚帳」に留められた「出作」の領主伯太藩代官宛の口上書であ

る。①は「本郷」庄屋六左衛門の「相役」吉右衛門が病死し、大和小泉藩が跡役を覚兵衛に命じたのをうけ、「出作」年寄でもある覚兵衛が伯太藩領での年寄役罷免を願い出たもの、②は「出作」庄屋六左衛門が①と共に提出したもので、覚兵衛の跡役に清兵衛を推挙している。この二通から次の点を指摘しておきたい。

第一に、二人の「本郷」庄屋のうち六左衛門は、「出作」庄屋役も兼帯していた。第二に、「出作」年寄覚兵衛の跡役選出では、年寄役の推薦は村側から行われている。清兵衛は享保期まで「出作」年寄として確認できるので、この出願は聞き届けられたことがわかる。つまり、一八世紀初頭の池上村では、「本郷」・「出作」両方の村役人兼務は規制されておらず、「出作」年寄と本郷庄屋や、「出作」庄屋と「本郷」年寄という異なる立場の兼帯のみが避けられていた。

また、村政の末端では集落内の地縁組織が「本郷」・「出作」の全体に関与していた。その例として収穫期の野廻り番についてみておこう。正徳五（一七一五）年の覚帳[24]のうち、九月三日の「火用心番幷野番帳」には「火用心番幷本郷・出作・上泉領野番とも六人ツヽ、当秋毛不残取り入レ候迄ハ、右組番之通、順々相廻し可被勤候、万一組之不情之儀ハ不及申、其組之内壱人にても不情之もの有之候ハヽ、科料准先條壱人ニ鳥目五百文ツヽ、相出可申候」との規約がみられ、野廻り番は本郷だけでなく信太郷・上泉郷の「出作」を併せて行うと定められている。規約の前に記された番編成によると、火用心番・野廻り番は、村全体で六軒ずつ一一組の交代で勤めた。このように野廻り番の編成は、「本郷」だけでなく「出作」も含めて定められていたのである。

この時期の池上村には、村請制の枠組みにおいては「本郷」・「出作」の区別が明瞭に存在したが、村役人の担い手や共同体としての諸秩序は分離されていなかった。また「本郷」・「出作」間の村役人の兼帯や転任は領主支配レベルでも認知されており、それぞれの村政や運営秩序にも近似的・連続的な様相がみられたのである。

2　享保三年の庄屋交代とその背景

しかし、村政における「本郷」・「出作」の一体性は享保期を最後に見られなくなる。以下では、その背景についてみていきたい[25]。

享保三（一七一八）年二月、大和小泉藩において理左衛門の庄屋役が召し上げられ、南甚左衛門が跡役に命じられた。また相役の庄屋武右衛門も、翌三月に理左衛門・年寄杢左衛門と共に召喚され、理左衛門は牢舎、武右衛門・杢左衛門は村預けに処された。理左衛門は「本郷」庄屋役であると共に、池上「出作」の庄屋役でもあり、伯太藩でも「身体潰」により役儀を召し上げられている。

理左衛門の処罰理由は「役義相勤候内ゟ行跡悪、借質等を以銀借用仕、其上午ノ年御用銀返済を引込」とあり、「借質」を抵当に借銀をした上、「午年」の御用銀返済分を取り込んだこと、武右衛門も「御上納銀七貫三百目余幷去ル午年御返済銀壱貫百匁余、都合八貫四百目余引負勘定不相立候ニ付、所持之田畑・家屋敷・家財不残被召上□候、且又武右衛門義、村分小百姓身上相潰候者之分散銀をも引込」とあり、上納銀や「午年」御用銀の返済分、村内小百姓の分散銀を取り込むというものであった。杢左衛門・武右衛門は共に「先年御用銀之内、黒取《(鳥)》村与三右衛門方ニ而借用残銀元二〆匁在之、段々不届ニ付、従　御公義武右衛門・杢左衛門御過怠被仰付候」との処罰も受けており、御用銀を同領黒鳥坊村与三右衛門からの借用で賄ったが、その返銀をめぐって出入となっていた。同領豊中村庄屋辻村茂右衛門や黒鳥坊村庄屋藤右衛門などが内済にあたったが、与三右衛門の納得を得られず、武右衛門は「村中へ身体なけ出し」の上、自害してしまう。武右衛門らの負債は、村全体の拝借銀で返済することになった。当初、その拝借銀は三名の所持屋敷・耕地約五〇石余を「村支配」（村有地）とし、その作徳米で返済する予定であったが[26]、作徳のみでは不足するため、翌年一二月に全ての村支配地を村内外の百姓一三名に売却し、その代銀で返済されている。

ここで注目したいのは、庄屋退転に至る村借の実態と、その保証体制である。享保三年の庄屋退転直後に分散処理方法を書き上げた「村之覚」によると、武右衛門の未進銀には、拝借銀滞納分のほかに御用銀のための村外からの「村借」や「潰人連判銀」の引き込みなどがあげられている[27]。武右衛門の留帳から借用証文を抜粋した表7をみると、正徳二〜五（一七一二〜一七一五）年には、池上村の「本郷」・「出作」村役人が「借主」となり、村内百姓の所持地を質地として、周辺の黒鳥村・伯太村や大坂の両替商・大工から借り入れる事例が頻出する。質地は正徳二年六月の借入では上条郷の三〇筆余だが、その他はほとんどが「あまこそ」と呼ばれる信太郷側の「出作」耕地であり、理左衛門が「池上村出作庄屋」の肩書で質入を重ねていた。また「出作」の質入の全てに「本郷」庄屋武右衛門が「証人」として加印しており、「出作」庄屋が借主となる場合でも実質は池上村全体での村借であった。

こうした「連判銀」に関連するものとして、正徳四年に木綿不作による年貢減免の「御救」を求めた願書「乍恐神文を以御訴訟申上候[28]」に次のような箇条がある。

〔史料7〕

一、池上村之儀ハ、近年困窮仕、連判かり仕候、此連判と申ハ、自分ニ他借□(致)候ものゝ分ハ自分かせきにいたさせ、田地之質無御座、自分かり得不仕候分ハ、家屋敷村へ質物ニ取、先方へハ人之田地質物ニかり入、九月切ニ仕、毎年拾四五〆目ほとツ、連判ニ而他借仕、御年貢上納仕置、又明ル九月にハ木綿銀を以返済弁仕り置、又□月にハ取返し仕送りニ仕、是迄ハ御年貢外村並ニ御皆済仕り来り候、然處今年ハ木綿皆無ニ罷成、仕送り之銀子得取り不申候へハ、元銀ハ扨置、利払も得不仕候（以下略）

表7　18世紀初頭の借用証文（村借）

日　付	表題	理　由	借　主	貸　主	元銀・期限	郷　名	小字名	持ち主	面　積	石　高	典　拠
正徳2.3.14	質物ニ差入申田地之事	去卯未進銀	池上出作庄屋理左衛門・年寄清兵衛・百姓惣代徳左衛門	池田春日山鉄門和尚	650目	あまこそ（信太郷）	池ノ下		1.0.00	1.5500	箱11-135
							池ノ下		0.9.23	1.5138	
正徳2.6.19	質物ニかり申田地之事	去卯未進銀	池上村庄屋覚右衛門・理左衛門・年寄与兵衛・徳左衛門・甚左衛門	黒鳥村与三右衛門	8貫目来11月中	上条郷	かうし	助左衛門	1.3.00	1.6900	箱11-135
							かうし	武兵衛	0.6.00	0.7800	
							かうし	武兵衛	1.4.10	1.8720	
							かうし	喜左衛門	2.1.20	2.5840	
							十　五	吉三郎	0.8.00	0.8880	
							十　五	吉三郎	2.2.15	2.3720	
							十　五	吉三郎	0.7.21	1.0300	
							十　七	武兵衛	1.0.08	1.2380	
							十　七	茂右衛門	0.9.11	1.1330	
							十　七	甚左衛門	1.0.13	1.2520	
							十　七	彦兵衛	0.9.24	1.1960	
							五　坪	貞右衛門	1.3.00	1.5600	
							五　坪	甚左衛門	0.8.20	1.1480	
							五　坪	甚左衛門	1.0.00	1.3000	
							五　坪	奥右衛門	1.0.00	1.2000	
							八ノ坪	儀兵衛	0.8.00	0.9600	
							八ノ坪	奥右衛門	1.1.00	1.3200	
							八ノ坪	長右衛門	0.8.00	0.9600	
							八ノ坪	李左衛門	1.1.00	1.3200	
							八ノ坪	甚左衛門	0.8.00	0.9600	
							八ノ坪	村　作	1.9.10	1.1280	
							十　六	覚右衛門	1.2.00	1.5600	
							十　六	吉三郎	1.6.05	2.0880	
							十　六	孫兵衛	0.8.00	1.0800	
							十　六	甚右衛門	1.0.20	1.4400	
							十　六	甚右衛門	0.6.00	0.8100	
							十　六	李左衛門	1.2.02	1.5700	
							十　七	徳左衛門	3.0.00	2.8980	
							十七ノ下	徳左衛門	1.3.12	1.7580	
							十　坪	金十郎	1.4.23	1.7900	
							十　坪	久兵衛	1.3.20	1.5840	
							十　坪	久兵衛	1.1.00	1.3500	
							十　坪	九左衛門	1.3.05	1.5840	
正徳2.12.19	拾年切本銀返し売渡	年貢上納	池上村庄屋理左衛門・武右	伯太村徳兵衛・五郎兵衛	6貫32匁	上条郷あまこそ（信太郷）	畑へり		2.2.15	2.1720	箱11-43
							十　六		0.7.12	1.0140	
							塚わき		1.2.18	1.9530	

	し申田地之事		衛門他年寄3名・出作年寄1名				池ノ下大方切		2.2.10	3.4617	
							水かる		1.0.03	0.7905	
							水かる		0.5.03	0.7905	
							水かる		0.6.01	0.9352	
							水かる		0.5.08	0.3287	
正徳3.11.2	本銀返し売渡し申田地之事	当未御年貢銀	池上出作庄屋理左衛門・年寄清兵衛・証人武右衛門	伯太村若右衛門・久右衛門	4貫目来午9月	あまこそ(信太郷)	廿三	宗左衛門	0.8.05	1.3175	箱12-24
							廿三	宗左衛門	0.6.01	0.9352	
							廿三	清兵衛	0.1.15	1.6275	
							廿三	清兵衛	0.9.24	1.5190	
							廿三	孫兵衛	1.6.05	2.5058	
							廿三	理左衛門	1.0.24	1.6585	
							廿三	武右衛門	1.2.28	2.4007	
							池ノ下北角	佐兵衛	0.9.01	1.4002	
正徳3.11.12	本銀返し売渡し申田地之事	巳年貢銀	池上出作庄屋理左衛門・年寄清兵衛・証人武右衛門	大坂釣鐘町船場町大工四郎右衛門	750目来午9月	あまこそ(信太郷)	廿三	武右衛門	1.2.28	2.0047	箱12-24
							池下北角	清兵衛	0.9.01	1.4002	
正徳3.12.15	本銀返しニ売渡し申田地之事	当巳御年貢銀	池上村田地売主武右衛門・彦四郎・孫兵衛・与次兵衛・庄右衛門、出作庄屋理左衛門、年寄清兵衛	伯太村徳兵衛・五郎兵衛	4貫950目来午9月	あまこそ(信太郷)	池下	彦四郎	1.3.09	2.0615	箱12-24
							池下	彦四郎	0.9.□	1.3823	
							池下	清兵衛	1.2.02	1.7497	
							池下	清兵衛	0.9.01	1.4002	
							蔵立	孫兵衛	1.1.02	1.7153	
							蔵立	与次兵衛	0.9.22	1.5087	
							蔵立	庄右衛門	1.1.12	1.7670	
							蔵立	与次兵衛	1.3.10	1.9357	
							廿三	武右衛門	1.2.24	2.0047	
							廿三	孫兵衛	1.6.05	2.5558	
正徳5.11.21	本銀返し売渡し申田地之事	年貢上納	池上村出作庄屋理左衛門・年寄清兵衛・証人武右衛門	千原村吉右衛門・大坂本町5丁目銭屋弥兵衛	3貫500目	あまこそ(信太郷)	むなはら	清兵衛	1.0.02	1.5630	箱11-143
							かい田	徳左衛門	1.0.16	1.6127	
							ためた	庄兵衛	0.9.11	1.4518	
							ためた	武右衛門	1.1.18	1.5080	
							ためた	与二兵衛	1.0.10	1.4983	
							廿六	八右衛門	1.0.08	1.4818	
							廿六	加兵衛	0.8.29	1.3002	
							廿六	学智	0.6.20	0.9763	
							廿八方切	学智	1.0.08	1.5913	
							廿八方切	与兵衛	1.0.06	1.4750	
							蔵立	孫兵衛	1.1.02	1.7153	
							十五	太右衛門	0.4.05	0.6458	
							十五	太右衛門	0.3.27	0.6045	

ここでの「連判かり」は村全体で行う他借を意味し、耕地を持たない小百姓は屋敷を村に質入し、銀主には別の人物の田地を質にして他借することもあった。借用にあたっては、正徳二年の黒鳥村与三右衛門からの借銀では次のような「組頭連判証文」[29]が作成されている。

〔史料8〕

右ハ、去卯之御未進銀ニ差詰迷惑いたし候ニ而、前書之田地質物ニかり、銀子借用いたし、御未進銀ニ上納申所実正也、来ル十一月中・極月両月中ニ右之本銀ニ利足相加へ、組々ゟ取立銀返済いたし、田地本銀返し之売証文取返し、田地主へそれ〳〵相渡し可申候、万一組下ニ壱人ニ而も銀子遅滞之もの有之候ハ、其組中として相立可申候、以来新規新法如何様之義出来候共、本郷田地・畑・屋敷高とも割符を請、元利相添相渡し可申候、若銀子不足之もの有之候ハヽ、其もの丶田地・畑・屋敷、村へ御取流候而、村ゟ永々支配可被成候、其時一言之子細申間敷候、為其村中相談之上相極、惣代として組頭連判之証文仍如件

正徳二年辰六月九日　　庄屋・年寄・組頭分不残印有

名当

ここでは質物のために借りた田地を持ち主へ請戻すために、村が五人組単位で銀子を取り立て、組下に返銀を滞る者があれば「組中」として返銀を引き受けること、返銀できない百姓の田畑・屋敷は村に引き取り「永々」村支配とすることが村中で約束されている。つまり借用の実態は、庄屋や証文上の田地質入主のみならず村方全体による借入で、その際の質地主は村役人や組頭であった可能性が高い。こうした情況からみて、当該期の池上村では、①年貢未進銀や御用銀の立替えを担うような有力銀主が存在せず、②そのため村内の資金繰りが悪化すれば、周辺村に銀子調達を依頼し、③その際「本郷」の田地の多くが質地になると、「出作」

田地をも質地とした借入が行われたと考えられる。

関連して注目されるのは、正徳末年ころより、相給の領主伯太藩においても、多額の御用銀が賦課される動向である。例えば、享保三年二月の二貫八四五匁余の御用銀負担に関する郷中との証文では、池上「出作」の「銀請負人」から伯太藩領の組合村下泉郷の触頭根来家や郷中に対して、「当分村ニ而調不申候故、郷中壱所ニ他借」を依頼したことがわかる。(30)この時点で、池上村の「出作」庄屋理左衛門は退転、武右衛門も身体限りで自害する直前であり、村内には御用銀を立て替えうる村役人・銀主はいなかった。そのために触頭と「郷中」を請人として、他借を行おうとしたのであろう。

なお、享保二年の反別帳では、従来からの出作者に加えて、伯太村の九郎左衛門・五郎兵衛が上条郷の八坪や十七・十六など村の中心部に所持地を持ち、一名は一一筆を集積しているが、享保一〇年代になるとこうした事態は終息し質地もすべて請け返されている。池上村の村役人は、「本郷」ではこれ以後南甚左衛門家が、上泉郷側の「出作」は南角右衛門家が一八世紀初頭より幕末まで世襲で勤めた。一方、信太郷側の「出作」では、享保三年の理左衛門退役後、まず与次兵衛が庄屋職につくが、元文元（一七三六）年には孫兵衛に交代し、一八世紀末以降は角右衛門が兼帯するようになる。庄屋となった両南家の所持高は、享保期に増加し始め、明和四（一七六七）年には甚左衛門家二九石余、角右衛門家は二五石余、(31)天明四（一七八四）年には甚左衛門家三二石余、角右衛門家三一石余となり、(32)いずれも村内の第一位・第二位の高持となる。質地請返しを行い得た背景は不詳だが、「本郷」と「出作」それぞれにおいて新たな村方地主＝南家の台頭があったと考えておきたい。

一八世紀半ば以降の池上村では、人別を含む大和小泉藩領の村請制村として「本郷」、土地のみの伯太藩領としての「出作」というあり方が定着し、「本郷」庄屋は南甚左衛門家、「出作」は南角右衛門家の世襲で維持されるようになるが、そのような相給村落としてのあり方は、文禄検地以来の村請制村の成立過程と、村内集

落の動向、一七世紀末の村借などの展開に規定されつつ、変動のなかで確立したものだったのである。(33)

おわりに

本章では、池上村に残された一七世紀の史料から、泉郡平野部における検地と相給村落の形成について、可能な限り具体的に検討することを試みた。

一六世紀末期の「池上村」には、①のちの池上村集落につながる「大村」と、②孫左衛門家の影響下にある小集落「かいと村」という生活共同体が併存した。ところが二つの集落は、太閤検地において上条郷内の「池上村」として把握され、大村百姓らが所持した信太郷や上泉郷域の村域は、他郷の検地帳に把握され、一度は村政から分離された。一七世紀前半の本郷内では「大村」「かいと」の両集落がそれぞれの百姓の所持地に即した名寄帳を作成し、村内の「捌き高」を確認する。またこれと並行して、周辺の平野部一帯では、一七世紀半ば以降、他郷に広がる村領「出作」を捌き村から分離する動きがみられ、池上村の場合は上泉郷と信太郷において後に伯太藩領となる村請制村「池上出作」が分立していく。この段階での「本郷」「出作」の土地は、池上村百姓の所持する耕地として連続しており、池上村の村落秩序のなかでは村請制村としての枠組みを越えて、庄屋の兼帯や耕地の維持管理などに「池上村」としての強い一体性がみられた。やがて「本郷」では、かいと村の有力者孫左衛門が逼塞すると、二つの捌き高が解消され、池上村全体での村政が目指されるようになる。大村・かいと村輪番体制期の池上村では、かいと・大村を包摂した集落＝池上村（本郷）を中心とした、「本郷」「出作」一体での村政が展開していたのである。ただし、こうしたあり方は、村内に有力銀主が存在しない状況のなかで、村借における田地質入れなどの方法をも規定することになり、結果として一八世紀初頭には「本郷」「出作」を兼帯する庄屋理左衛門と「本郷」庄屋武右衛門の退転・逼塞へと繋がっていった。

このように、泉州平野部の相給村落は文禄検地に規定されたものであったが、それに対する村や集落単位の反応も決して小さなものではなく、村請制の枠組みに依拠した村政のあり方は、一七世紀を通じて段階的に確立していった。その過程には、小集落の独立性やそれぞれの村請制村における庄屋役のあり様、村々への依存を強める領主支配への対応と村内銀主の有無といった様々な問題が交錯していた。「出作」という特殊な村請制が展開する当該地域において、領主と村々との支配関係は、村切の進展に伴う村落秩序の変容のなかで定着していったのである。

〔註〕

（1）三田智子「上代町の調査と和泉の近世村落」（『市大日本史』一一、二〇〇八年）。同「泉州泉郡平野部地域における近世村の成立」（同『近世身分社会の村落構造―泉州南王子村を中心に―』部落問題研究所、二〇一八年）。和泉市史編さん委員会編『和泉市の歴史4信太山地域の歴史と生活』和泉市、二〇一五年。

（2）町田哲「近世黒鳥村の村落構造と運営」（『歴史評論』五七五・五七六、一九九八年、のち同『近世和泉の地域社会構造』山川出版社、二〇〇四年所収）。

（3）和泉市合同調査報告書「和泉市池上町における総合調査」、塚田孝・日本史講読Ⅲ受講生「史料から見える近世池上村の二、三の側面」（『市大日本史』九、二〇〇六年）。

（4）南清彦氏所蔵史料・箱18―216。以下、南清彦氏所蔵史料については、「南清彦家・史料番号」という形で略記する。

（5）南清彦家・箱9―50。

（6）註（1）に同じ。

（7）南清彦家・箱12―24、正徳三年「村事萬之留日記」。

（8）註（1）三田論文によると、一七世紀末以降当該地域を領有した領主のなかには、「出作」を捌き村に含めて一ヶ村と数えることもあったとされている（信太郷上代村が「出作夙村」を包摂した事例など）。
（9）註（5）に同じ。
（10）南清彦家・箱10―96。
（11）南清彦家・箱10―25。
（12）南清彦家・箱11―170。
（13）南清彦家・箱11―175。
（14）南清彦家・箱10―31。
（15）南清彦家・図7。
（16）南清彦家・箱10―96、宝永四年「池上村永代御触状諸事覚帳」。
（17）近世池上村には、西天神社・東天神社の二つの氏神があった。明和四（一七六七）年の「明細帳」（南清彦家・箱2―96）によると、西天神の氏子は四四軒、東天神の氏子は一八軒とあり、かいと分（かいと組）のみが西天神の氏子というわけではない。
（18）南清彦家・箱14―58。
（19）孫右衛門については、名前の下三文字は虫損により判読できない。筆跡から、「右」の文字が書かれていると推定した。
（20）南清彦家・箱12―11「名寄帳」（享保一八年丑春改出）。
（21）南清彦家・箱10―13。
（22）南清彦家・箱11―171。
（23）南清彦家・箱10―30、宝永四年「本郷萬覚帳」。
（24）南清彦家・箱9―48。
（25）以下の内容は南清彦家・箱10―59、享保三年「萬之覚日記」による。
（26）南清彦家・箱11―156、享保三年「村之覚」。

(27)　註(26)に同じ。
(28)　南清彦家・箱10―93、正徳四年「諸事覚之用日記」。
(29)　南清彦家・箱11―135、正徳二年「諸事覚日記」。
(30)　本書第二章註(35)に引用。
(31)　南清彦家・箱2―96、「明細帳」。
(32)　南清彦家・箱6―69―2天明四年「御物成帳」。
(33)　一八世紀以降の池上村の村落構造については、拙稿「近世泉州泉郡平野部における水利と生産―池上村の稲・綿輪作を素材として―」(『市大日本史』一三、二〇一〇年)、同「近世和泉の村落社会における『困窮人』救済」(塚田孝・佐賀朝・八木滋編『近世身分社会の比較史―法と社会の視点から―』清文堂出版、二〇一四年)、同「近世和泉の村落社会における飢饉と『困窮人』―寛政～文化期の池上村を中心に―」(『市大日本史』一七、二〇一四年)を参照されたい。

第七章　山里春木川村の村落秩序と山用益

はじめに

本章では、下泉郷で唯一の山間村落である春木川村の村落秩序について、平野部とはことなる山里としての生産のあり方や村落秩序の特徴を明らかにしたい。近世の山間村落については、山利用の実態などが掴みにくいことや、平野の村落に比べて調査・研究が少なく、村落秩序や労働・生産の具体相については、未解明な部分も残されている。そうした山里の社会構造を、村落構造に即して具体的に把握するための方法について注目される研究をあげ、本章の視角を明確にしておく。

近年、地域に即した山村研究が進み、景観や生業の面から多様な山里像が提示されてきた[1]。なかでも、山里の個性を特質づけた山野利用については、江戸地廻りの山村を素材とする加藤衛拡氏の研究が注目される[2]。加藤氏は、焼畑とその周囲の広葉樹・針葉樹林や谷奥に残された採草地など、同一地域内に複数の山利用が併存したこと、経営や生業の変化によって特定品種の植林が拡大すると、既存の用益との間に摩擦が生じたことを、山村の空間構造に即して明らかにしている。近年の研究を通じて、①山野の利用における都市や周辺地域との関係構造と、②山里の空間構造に即した用益の具体的な展開を、双方向的に把握する方法が提示されたといえよう。一方で、近世の山里を人々の生活世界として把握するには、村落秩序のあり方を通して①や②を検討することも重要であろう。(3) 本章ではこうした視角から次の二点を課題とする。

第一に、泉州の山里における山と生活共同体との関係を、村落構造に即して検討する。泉郡池田谷の地域社会構造を解明した町田哲氏は、分析対象を村落の紐帯である座や講の位相まで深め、集落に根ざした座の秩序が村政や水利運営にも表出したことを指摘している。(4) 本章でみる春木川村の氏神座は、大正期に貯蓄金利子配分権を持つ座家組織「座株会」へ再編されて現在に至るが、(5) 近世の山野利用においても、座の秩序の併存が見出される。和泉の座と村のあり方を踏まえて、共有山の性格や集落との関係に注目したい。

第二に、和泉地域の山の特質を踏まえて、山野を介した周辺地域との関係を明らかにしたい。泉北の山々は領主の御林が少なく、周辺地域の百姓による利用が大半を占めた。(6) しかしその様相は一様ではなく、標高数百メートルの山並が続く和泉山脈では多くの百姓が山稼ぎに従事し、春木川の隣村父鬼村は横山炭の産地として知られた。一方、平野に近い北部の丘陵には、草や柴・薪を刈る秣山が多かった。丘陵上では松などの立木所有は山の土地所持に基づくのに対し、下草は入会で採草するなど、立木と柴・下草の重層的な用益が成立した。(7) また谷筋には、中位段丘を潤す無数の溜池が築かれた。山は用水の問題とも繋がっており、大規模な新田開発や個別的新開が計画されると溜池や採草などの既得用益が脅かされ、山論につながることもあった。(8)

本章で対象とする春木川村は、和泉山脈北麓の和泉中央丘陵・南部丘陵に挟まれた松尾谷の最奥に位置する。近世後期以降、茶や果樹を軸とした土地利用が進み、幕末以降に蜜柑畑が開墾されるなど、山の用益を徐々に変えた地域である。集落は、いくつかの谷筋が集まって松尾川の源流をつくる村の中央にあり、川に沿って北上した所に「出口」というわずかな平場の耕地があった（出口に至る道の両側は隣村久井領）。村高は九八石余、山年貢は三石七斗余で、元禄一四（一七〇一）年に幕領から泉州に陣屋を置く伯太藩の領地となる。天保一四

（一八四三）年の明細帳[9]によれば、家数は六〇軒（高持四八軒・無高一二軒）で、うち農道具鍛冶職と木挽が二軒ずつあった。また農間余業には柴薪売りが挙げられている[10]。

以下、第一節で近世春木川村の空間構造を整理し、第二節では村山・谷筋の用益変容と山論や村落秩序との関係、第三節で幕末以降の山利用を見ていくことにする。史料は文政期より春木川村の庄屋を務めた山本家の文書（和泉市教育委員会蔵）などである。

一　近世春木川村の山と耕地

本節では、近世春木川村の山と耕地がどのように所持されたのか、近世春木川村の地字復元をもとに検討する。

法務局岸和田支所蔵の旧土地台帳（明治二二年より登記）によれば、春木川村の集落周辺は、谷ごとに約一二の小字に分かれている（図1太字の小字名）。一方、近世の検地帳・名寄帳には、土地台帳よりも多くの小字名が記されている。そのため、近代の土地代帳や地籍図のみを用いて、近世の山や耕地を検討することはできない。ただし、明治八（一八七五）年に堺県令へ提出された「実地取調帳」には、近世の土地帳簿と近代以降の土地代帳の小字をつなぐ手がかりが記載されている。取り調べは地租改正にあたって実施されたもので、山を含む全ての土地を測量し、近世の小字を用いて各筆の地目（田・畑・宅地・梅畑・茶畑・李畑・蜜柑畑・藪）・反別・所有者を記載している。旧土地台帳の面積は「実地取調帳」の反別とほぼ等しく、所有者や面積の照合によって近世小字の所在を復元できる（図1細字の小字名）。

復元した近世の地字によれば、旧土地台帳で杉谷や中谷と把握された空間の内部には、乙谷や瓜谷などさら

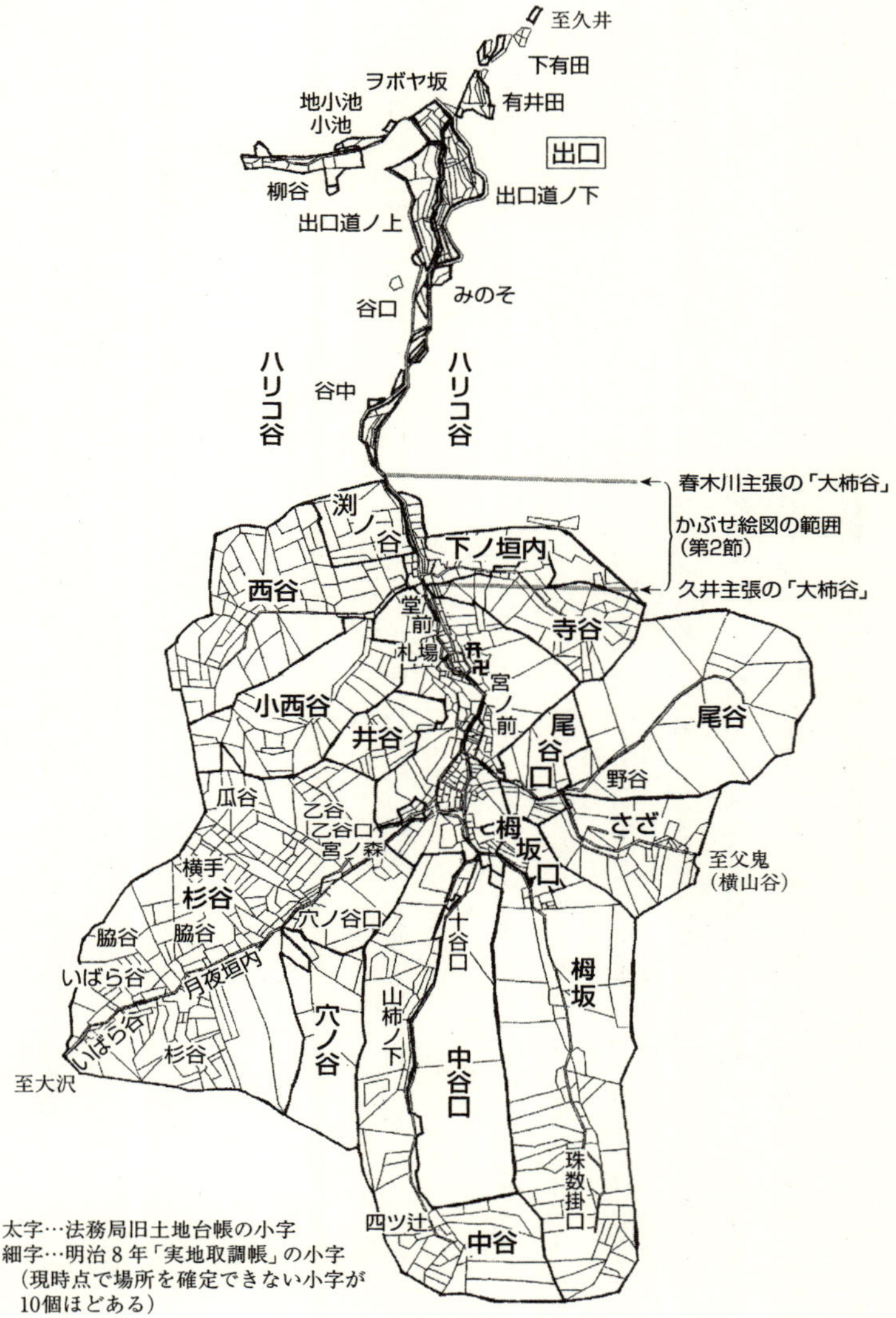

図１　春木川村の小字

出口の小字名はほぼ共通しているため、すべて細字で示した。原図は和泉市教育委員会所蔵の地籍図をトレースした。

に多くの谷筋や耕地が存在した。一方で、近世中期の山林譲渡証文にも「中谷」など旧土地台帳の字名を使用する例が見られ、両者は明治期以前より併用されている。本章では両方の小字の性格を考慮し、旧土地台帳の小字を谷全体の名称、近世の小字を谷内部の微地形に即したより限定的な田畑・谷筋の小字名として用いることにする。なお延宝検地帳によれば、中谷の山柿ノ下・四ツ辻なども田や畑として把握されており、一七世紀末には既に谷奥まで耕地として把握されたことが確認できる。以上の小字復元をもとに、耕地と山についてより詳細にみていこう。

1　耕地と年貢

春木川村の年貢は、免状では三分一銀納・米納・山年貢にわけて賦課されるが、実際の納入は米納分も含めて全て代銀納されていた[11]。弘化二（一八四五）年の免状で賦課方法をみると、村高から永荒・郷蔵分などを除いた七九石が年貢賦課の対象となっている。容赦された二〇石余のうち、郷蔵分二升と御用捨三石五斗のほかは永荒・川欠・川成分である。残った七九石にかかる年貢は、①畑・屋敷免五ツ三分、②新開免二ツ、③山谷免五ツ、④下台免六ツ二分九厘八毛という四つの免率で賦課された[12]。年貢率は下台免が六割を超えるが、山谷免・畑・屋敷免は五割に抑えられている。なお、各家に年貢を割り付けた帳簿（免割帳）でも各戸の所持高は①畑方、②新開、③山谷田、④下田（＝下台）に書き分けられている。また、免割帳には各所持高における川欠・川成高も記載されているが、川欠・川成による年貢用捨は山谷田に多い。山谷田は川の浸食を受けやすい不安定な耕地だったことがわかる。

では、右の山谷や下台とはどのような耕地なのだろうか。表1は、寛政期作成と推定される百姓三名の名寄帳である。名寄帳は百姓別に綴られ、延宝検地に基づく地目・面積・分米と、下田・山谷田・畑方別の小計お

表1　名寄帳(寛政９年)

① 彦左衛門（寛政９年）

小字名	地目	面積	高
杉　谷	下　田	0.3.00	0.375
下ノかいと	下　田	0.0.17	0.072
のたに			0.072
かいと	上　畑	0.1.05	0.140
〃	上　畑	0.0.15	0.062
〃	上　畑	0.0.03	0.012
西谷口	上　田	0.1.06	0.280
下　り	下々畑	0.0.20	0.033
ふきのたわ	下々畑	0.0.12	0.020
五　六	下々畑	0.0.06	0.025
かいと	上　畑	0.0.26	0.104
城屋敷	下　畑	0.2.06	0.154
城屋敷	下　畑	0.2.06	0.020
せうねん	下　田	0.2.09	0.287
せうねん	下々畑	0.0.06	0.010
しゝ向	下々田	0.0.18	0.066
かいと	上　畑	0.0.29	0.116
宮　森	下　田	0.0.27	0.113
宮　森	下　田	0.1.00	0.146
城屋敷	下々畑	0.1.19	0.081
のたに	下々田	0.0.10	0.030
──	下々畑	0.0.10	0.023
かいと	屋　敷	0.1.09	0.156
宮　森	上　田	0.0.25	0.375
かいと	上　畑	0.1.06	0.144
すゞかけ口	下　畑	0.2.06	0.124
宮　森	下　畑	0.0.27	0.113

所持高合計＝3.153石
内　1.769石 山谷田、1.384石 畑方
　　山年貢＝0.250石

② 与三右衛門分

小字名	地目	面積	高
下有田	中　田	0.6.04	0.828
五　六	下々畑	0.0.10	0.017
上ノかいと	中　田	0.1.05	0.117
〃	中　田	0.0.15	0.050
〃	下々畑	0.0.05	0.008
―	屋　敷	0.0.21	0.084
そいの谷	下々田	0.0.22	0.080
谷　中	中　田	0.7.25	1.058
〃	中　田	0.2.14	0.333
茶ノ木下	下々畑	0.0.10	0.017
有井田	中田	0.3.07	0.482
―	屋　敷	0.0.10	0.040
―	屋　敷	0.0.01	0.010
そいの谷	下々畑	0.0.29	0.107
かいと	上　畑	0.0.21	0.084

所持高合計＝3.315石
内　0.427石 畑方、1.578石 山谷田、1.310石
　　下田

③ 久左衛門分

小字名	地目	面積	高
むべか坂	上　田	0.4.11	0.655
むめのきさこ	下　田	0.1.00	0.125
〃	下　田	0.1.18	0.200
〃	下　田	0.1.00	0.125
かいと	上　畑	0.1.10	0.160
〃	屋　敷	0.1.00	0.138
すゞかけ口	下　畑	0.0.23	0.055
うり谷	下　畑	0.3.09	0.231
〃	下々畑	0.0.10	0.017
下のかいと	茶　畑	0.0.06	0.010

所持高合計＝1.716石
内　0.456石 山谷田、0.655石 下有井田、
　　0.611石 畑方

典拠：①山本家２-181。②山本家本箱４-68。③山本家本箱４-66名寄帳綴じはずれのうち２枚。（２枚の石高合計および印鑑が一致したため接続）。面積の単位は反.畝.歩、高は石。

よび所持高総計が記載されている。耕地の内訳と小計を比較すると、彦左衛門の田地は、西谷口や宮森の上田も含めて全て山谷田である。他方、与三右衛門は下有田と有井田の二筆一石三斗一升が下田、久左衛門はむべか坂の上田六斗五升五合が下有井田として小計されている。図1によれば下有田や有井田は全て出口付近に所在する。つまり、わずかに平地のある出口の耕地が下田（＝下台）であり、山間に点在する田地は、延宝検地の地目に関わらず全て山谷田に分類されたのである。

以上から、伯太藩は春木川村に年貢を賦課する際、①山間の山谷田、②出口の下田（下台）、③畑方（屋敷地も含む）に応じて免を定めたことが窺えよう。なお、信太山丘陵の裾野に位置する同領黒鳥辻村の免状には、このような区分は見られない。ここから、藩は春木川村を平野の村々と区別し、山間村独自の免率によって年貢を賦課したことがみてとれる。[13]

なお、文化四（一八〇七）年の免割帳によれば、下田を所持する百姓は、高持四八軒のうち半数弱である。さらに下田の約三分の一強に相当する一三石余が、村内所持高一位の甚右衛門によって所持されていた。他方、山谷田や畑方はほぼ全ての百姓に分散しており、出口とは対照的な状況であった。[14]

2　村山と地蔵講山

次に村内の山々について見ていく。春木川村には村の共有山と百姓個人の所持する山があった。本項では共有山の性格を検討する。

まず共有山の大半を占めた村山についてみよう。村山の実態は、村入用を各家に割り付けた帳簿（「支配割帳」）から窺うことができる。支配割帳には、猪狩りなど山の維持に要した支出の他、村財政に繰り込む村山年貢や立木・松茸などの売却益が記されている。村山年貢とは春木川村や隣村父鬼村の百姓が小作する村山・

村畑の宛米で、文化一〇（一八一三）年に六筆計八〇匁だったのに対し、慶応三（一八六七）年には一六筆計九五匁[15]と細分化し、畑面積も増加した。支配割帳にみえる村山は、野谷山・さだ峠（さざ峠）・北山・寺谷草山などで、図1によればほぼ村内北半の山々に相当する。村山の立木代や宛米は支配割帳にみえる村の収入の約七割を占め、村財政の支えとなっていた。

一方、村財政には直接結びつかない共有山もあった。宮座が所持主体となる「地蔵講山」である。春木川村には氏神牛頭天王社の宮座があり、神社境内にある檀那寺（真言宗地蔵寺）の本堂では、様々な年中儀式が催された。元文二（一七三七）年の座儀規定では、座には「本座」と「小座」の二座があり、正月の弓祝いや「毎度座講さしき」は両座立会で行うこと、席順は本座上位だが食事の振る舞いなどは両方が負担すること、「荘厳・名付・官途」は各座限りで賄うことなど、両座の一体性と各座の単位性が示されている[16]。近代の座のあり方から推測すると、村内の男子は本・小いずれかの座に属したと考えられる。またこの規定によれば、各座の臈次上位五名（上五人衆）は地蔵講という講組織に加入し、地蔵寺で「毎月地蔵講」を催す集団だった。ここから両座の上五人衆とは、年中儀式や「毎度座講座式」の中心を担う、座の統括者とみることができよう。さらに同規定には、この地蔵講が支配する山として、本座方は「字沙（砂）之上浦表、西ハ渕之谷たわかぎり」一ヶ所、小座方は「字寺谷境、社谷本たわ之道ゟ奥ハ猪之谷高位限」一ヶ所の山々がみえる。正確な位置は不明だが、本座方の山は渕ノ谷周辺、小座方は山の一方の境界が寺谷にあったと考えられる。規定には地蔵講山以外の山がみえないことから、地蔵講山は座の全体を支える経済基盤と考えてもよいだろう。

以上から、春木川村の共有山には、①村により管理され、村財政を支えた村山と、②座の上五人衆たちが支配し、座の財源となった地蔵講山の二系統があった。地蔵講山はさだ峠・小西谷以北にあり、村山と入り混じるように広がっていたと想定される。

3　公事屋山（百姓持山）の成立

最後に南半の山々についてみておきたい。天保一四（一八四三）年の明細帳には、「百姓持山三ヶ所」の内訳として、井原《いばら》谷・中ノ谷・栂坂が挙がっている。(17) いずれも集落より南側に位置する小字で、前述した村山の範囲とは重ならない。この「百姓持山」の性格を考えるため、明和期の中ノ谷の山林譲渡証文を見ておきたい。(18)

〔史料1〕

譲渡シ山林之事

一、字中谷 公事屋山壱ヶ所　齊（際）面北東勘右衛門山限り
　　　　　　　　　　　　　　西南久兵衛山限り
　　　　分米三升

件之山林、我等代々所持仕候へ共、此度其元御望ニ付譲渡シ申所ニ、為礼銀六百目被下、慥ニ請取、去ル申ノ御未進銀ニ上納仕処実正明白也、此山之儀ニ付、違乱妨申者有之候ハヽ、判形者共罷出、急度埒明、其元江少茂御難義かけ申間敷候、為後日庄屋・年寄・一家証人加判如件

明和二酉十一月日

山林譲主　三入（印）
請人　平四郎（印）
年寄　惣右衛門（印）
同　平八（印）
同　与三右衛門（印）

弥三右衛門殿

（後略……天明四年に同山林を売り渡した際の添書）

この証文から、譲与された山林は「公事屋山」と呼ばれ、山年貢三升を負担する山であり、勘右衛門山と久兵衛山に挟まれた空間に位置することがわかる。中谷の別の公事屋山譲渡証文でも、山の境界を「名請長兵衛山限り」や「文右衛門山限り」のように表す例がある。中谷の山々にはこのような百姓の名請山が多かったのである。どの証文も標題に「山林」と書かれており、用益は檜や杉・栂などの立木林だと思われる。また証文の文言が一般的な田畑譲渡の形式に近いことも注目される。つまり中谷周辺は、「公事屋山」＝百姓持山として個人名請の立木林に細分化し、百姓間で売買されていたのである。

ではこの「公事屋山」はどのように成立したのだろうか。表2は元禄七（一六九四）年の免割帳をもとに、各百姓の山年貢負担を整理したものである。元禄期の山年貢は、①四升二合を基準に八升四合や一斗二升六合などその数倍を負担する場合と、②四升二合には準じない年貢高があり、全体では講を除く高所持者全員で割賦している。一方、一九世紀の免割帳では、山年貢を負担するのは高所持者の約半数に限られ、①のように明瞭な等級もない。山年貢の割付方法には近世中・後期に何らかの変化があったとみられる。

一八世紀の免割帳が一冊もないため詳細は不明だが、ここでは〔史料1〕でみた一八世紀半ばの「公事屋山」を念頭に、次のような変化を想定しておく。まず一七世紀の山の所持形態は、①百姓が個々人で小規模に所持する持山（山年貢は持山の反別に応じて負担）と、②高持百姓＝公事屋が四升二合を基準に山年貢を負担し用益した共有山の二つからなり、村内の山の大半が②だったと考えられる。その後、一八世紀前半に、谷奥の立木林が名請山として公事屋へ分配された（〔史料1〕のような公事屋山が成立）。そして、北半の山々のみが

「村山」や「地蔵講山」などの共有山として維持されたのである。これにより、春木川村における山所持のあり方は、公事屋山・従来の百姓持山・共有山（村山・地蔵講山）の三種類となり、山年貢の負担方法も北半の村山を賦課対象から除外し、公事屋山を含む個人所持の「百姓持山」に応じて割り付けるようになったのではないだろうか。

表2　元禄7年12月　泉州泉郡春木川村戌年御免割帳

名　前	所持高	田　方	畑　方	新　開	山年貢	4升2合×n
長右衛門	1.179	0.641	0.538	0.012	0.040	
半三郎	1.914	1.549	0.375		0.042	×1
新三郎	0.871	0.577	0.294		0.042	×1
三郎右衛門	1.188	0.644	0.544	0.060	0.084	×2
仁左衛門	0.154	0.009	0.145		0.042	×1
次左衛門△	9.947	8.422	1.525		1.030	
惣右衛門▲	13.172	11.200	1.972	0.035	0.385	
助右衛門	1.395	0.865	0.530		0.042	×1
清右衛門	2.521	1.928	0.593		0.084	×2
六兵衛	3.243	2.509	0.734		0.112	
与三右衛門	1.224	0.948	0.276		0.084	×2
彦左衛門	0.579	0.447	0.132		0.042	×1
彦兵衛	0.846	0.465	0.381		0.168	×4
彦右衛門	0.394	0.244	0.150（吉野講田）		0.042	×1
甚五郎	2.262	1.374	0.888		0.168	×4
三右衛門	2.146	1.675	0.471		0.056	
久右衛門△	2.698	2.065	0.633		0.024	
源右衛門	1.862	1.208	0.654		0.042	×1
五郎右衛門	2.976	2.362	0.614		0.168	×4
仁兵衛	3.209	2.719	0.490		0.042	×1
次郎兵衛	1.161	0.200	0.961		0.168	×4
半次郎	2.341	1.696	0.645		0.126	×3
長四郎	1.322	1.017	0.305		0.084	×2
五郎	0.456	0.162	0.294		0.042	×1
長三郎	1.280	0.474	0.806		0.042	×1
権四郎	0.307	0.166	0.142		0.042	×1
市左衛門	1.944	1.340	0.604		0.064	
与左衛門	1.116	0.425	0.691		0.118	
惣兵衛▲	23.811	21.523	2.288		0.168	×4
久兵衛	2.872	2.698	0.174	0.150	0.252	×6
久次郎	0.165		0.165		0.039	
地蔵寺	0.368	0.216	0.152			
高野講	1.717					
伊勢講	0.514	0.472	0.042			
吉野講	0.376					
伊勢講	0.022					
（合計）	93.552	72.240	19.208	0.257	3.884	

▲…惣右衛門家の系図に登場する名前。△…元禄期、惣右衛門家系図に分家あるいは二男として登場する人物。網掛は、0.042石を基準に山年貢を納める家
典拠：山本家１—１。

以上から明らかなように、近世春木川村では南北の山々で異なる用益が進展した。北半の山々は近世を通じて共有山であり、内部には座の地蔵講山と村財政を支える村山が併存した。南半の山々はおそらく立木林で、①近世初期から個別百姓によって所持された百姓持山と、②一八世紀以降、村山を分割して成立した公事屋山があったと思われる。しかし公事屋山は百姓間で売買され、一九世紀には持山と等しい実態をもつようになった。その結果、南半の山々が「百姓持山三ヶ所」と認識されるようになったのではないだろうか。また谷筋には近世初頭より小耕地が拓かれたが、川による浸食をうけやすい不安定な田畑が多く、年貢賦課の局面でも平野の村と異なる「山谷田」を持つ山里として把握されたことを確認しておく。

二　村山における用益の展開——文政期の山論から

1　寺谷草山の山論

本節では村の北部にある西谷・寺谷の山論を取り上げ、前節でみた村山や谷筋の用益をみていきたい。春木川村には、北隣久井村との文政期の山論を記録した「山論一件書」という竪帳が残っている[19]。また争論の際、訴答両村の主張を描いた立会絵図も伝わっている[20]。絵図は地の部分に春木川村の主張を描き、それと対立する久井村の主張は「かぶせ絵図」に表現されている（かぶせ絵図が付された範囲は前掲図1参照）。

文政期の山論をみる前に、論地の既存用益を寛永期と延宝期の山論から整理しておこう。寛永期の山論は、松尾川東岸の領有をめぐって惹起した。寛永二（一六二五）年の内済証文によれば、「川より東は大柿谷見通し、（下流を）久井村分」、「川ゟ西は大岩切ニ、（上流を）春木川村分」との村境を確認して決着した[21]。また証文には記されていないが、後の史料によれば、この内済にあたって春木川村は「大柿谷口ゟ東原、下は大岩迄、竪四丁余・横百間余」を山年貢五升付きの「請切山」として久井村へ譲与したようである(22)。

二度目の山論は、寛文〜延宝期にかけて松尾川西岸の西谷山で起こった。久井村は寛永期に譲与された山を西谷に比定し、西谷山は久井村領だと主張したが、証拠不分明で却下された。一方、春木川村は西谷山領有の証拠に「外々村之草芝、年々売あて申候儀」を示し、寛永期以来の買主・請主と請山の範囲を記して提出した。これが裏付けとなり、西谷山を春木川村領と認め、対岸の東側は久井村が「大柿谷」に立てた傍示を山境とする裁許が出された。なお、西谷山の請主・買主を一覧にした表3によれば、請主の大半は南部丘陵周辺の庄屋・年寄である。この点について南部丘陵周辺地域の山論を分析した羽田真也氏は、丘陵北端の名古山において東麓の内田村・唐国村と、西麓の山直《やまだい》中村から立木伐採・下草採取が進み、延宝期には互いの用益が尾根上に及んだことを指摘している(23)。また山内には近世初頭までに多数の溜池が築かれ、用水の面でも複雑な山野利用が進んだ。こうしたなかで傍示塚や番小屋の設置などを伴いながら、「はじめに」で述べたような立木と下草の重層的な用益が実現されていた。

表3　17世紀西谷山の宛山

期　間	場　所	請主・買主
寛永15〜17年	大岩〜西谷山	内畑村庄屋惣左衛門
寛永20年	（同上）	（同上）
正保元〜３年	西谷山	山直中村庄屋忠左衛門
慶安元〜承応元年	大岩〜南の分	内畑村庄屋兵左衛門
明暦元〜万治元年	西谷山	内畑村年寄庄兵衛
寛文２〜３年	西谷山	春木村庄屋与兵衛
寛文５〜６年	大岩〜ぶちの谷	箕形村庄屋三郎兵衛
寛文７年	大岩〜南砂之上	唐国村吉兵衛・半右衛門

典拠：山本家４—39。

こうした動向を念頭に置くと、丘陵周辺村の村役人による請作の目的は、村を単位とする下草確保だったと考えられる。請山の範囲は西谷山や大岩、渕ノ谷など旧土地台帳の一小字に対応し、特定の山全体が請作されている。つまり一七世紀の西谷山一帯は秣山として利用され、春木川村百姓による採草よりも、平野に近い村々の請作による用益が恒常化していたのである。
以上の一七世紀の山論と山利用のあり方を踏まえて、文政二（一八一九）年の「山論一件」の経過を検討しよう。

争論は、久井村百姓が、春木川村の松尾川東岸、字「寺谷奥」へ入りこみ、同所の柿・桃・栗・梅など五〇本、仁右衛門所持の年貢地茶畑の茶株一〇〇本[24]、村持地面の畑、松・杉・桜など諸木や下草を伐採したことに始まった。春木川村はこの事件を村への狼藉行為と捉え、和泉国内の異領主間紛争を裁く堺奉行所へ出訴した。ところが久井村が村境論を主張したため、堺奉行は領域紛争を扱う大坂町奉行所への再願を促した。そして大坂町奉行所への出願の結果、訴答双方の主張をかぶせ絵図に描くことが命じられる。しかし双方の主張を裏付ける証拠がなく、絵図作成にも遅れが生じて、文政六年の内済までに四年が経過した。

山論の争点は、久井・春木川両村の山境（寛永期に譲与した山の南限＝大柿谷）はどの谷か、という点にあった。春木川村は字寺谷の田地と山年貢三石四斗五升余を負担する寺谷の高山場広山について「寺谷川・大柿谷南北之中ニ在之」と述べ、寺谷川と大柿谷に挟まれた南北の空間にあると主張した[25]。つまり論所北側の谷が大柿谷、論所南側の谷が「寺谷」だという。対する久井村は、春木川村役人が出願した論所は山年貢三斗三升八合と定められた久井村の東山だと主張する。そして、「（春木川村が）大柿谷と被申立候場所は所違い」であり、「大柿谷之奥は寺谷と申候而、両方落合に相成り候ニ付、唱来り候は寺谷大柿」と反論する。大柿谷の奥にある支流が寺谷で、両方は同じ谷筋に落ち合うという認識である。そこには、大柿谷が寛永期に譲られた山年貢五升付の請切山の境目であるとすれば、東山の山境が西岸よりも南（春木川村側）へ入り込むのは当然だという論理がある。久井村のかぶせ絵図でも、春木川村が寺谷と主張した谷には「大柿谷」と書かれている。

この争論で注目されるのは、第一に、一七世紀に決めた村境の場所を証拠づけるものがないことである。争論が起こった一九世紀初頭まで「大柿谷」の境界が確認されてこなかった背景には、久井村東山から寺谷を含む春木川村北半の山々一帯が秣山として利用され、一部の下草採取については、相互に入会を許容する慣習があったのかもしれない(26)。

ではなぜ山論が生じたのか。注目点の第二に、論地寺谷における生産実態が挙げられる。まず山論の訴状から村の生産物に言及した部分を引用しておこう(27)。

〔史料2〕

当村領内ハ山辺ニ而御座候得者、右立木之類者不残物成ニ而、御年貢手当之品ニ御座候……

〔史料3〕

延宝七年御検地御改場に御座候所、谷筋之儀水掛悪敷場所ハ地頭所江願上、柿・桃・栗菓類・茶園等仕付、往古ゟ田畑相続致来り……

どちらも領主との関係を強調するロジックだが、立木は全て年貢納入に充て、検地で田や畑と把握されても谷筋で水利を確保できない場所では、領主の許可を得て果樹や茶を植えてきたという。谷筋の田とは、前節でみた山谷田のことである。天保一四年の明細帳でも、山谷田には梅や杏を植えると申告している（明細帳では獣害対策が理由とされている）。以上から、谷筋の畑・山谷田では果樹栽培が行われていたことが窺えよう。そして明細帳の記載を村の概況と考えれば、山谷田や畑での果樹生産は、論地の寺谷のみならず、出口を除く村全体に及ぶものだったことがわかる。

第三に、久井村が諸木の伐採に及んだ理由として、「近来、右春木川村内之者共境目越江当村山地へ乍少分諸木植付候」と主張したことも重要である。これについて久井村は、立木を植えた人物として春木川村小百姓八人の名を挙げている。争論のきっかけは、春木川村の複数の百姓が既存の山畑・山谷田を超え、山地に「少分」の植木を進めたことにあった。山論の絵図では、論地外である寺谷南側の「春木川村持山」にも、木畑や立木林が書き込まれている。つまり争論の背景には、寺谷一帯で進行する果樹・茶畑の拡大、とくに村持山地面への立木植え付けがあったといえよう。一七世紀に東岸の一部を久井村へ譲与したのは事実だが、その範囲が不明瞭となった一九世紀に谷の用益が果樹生産へと変容したのである。

2　山論の妥結過程

では、山論はどのように決着したのか、文政六（一八二三）年六月の「為取替済証文之事」を検討しよう。[28]

〔史料4〕

（一条目……省略）

一、両村山境之儀、西谷山ニ有之候大岩ゟ東原岸へ見通し、夫ゟ川上ミ大柿谷迄久井村山之由申立罷有候場所、論地ニ相成候、然ニ寛永弐丑年出入之節済証文、且又延宝六年御検地御奉行様御書下ゲ等及見候趣ニ而者、春木川村之内を久井村へ山御年貢五升付ケ候而久井村山ニ相定候由を、当時両村とも年久敷相成候儀ニ付不分明ニ而、又候五ヶ年以前卯年以来及争論罷在候処、右論所大柿谷之儀、此度取噯人共ゟ見改相定、双方得心之上、新ニ傍示立杭建之、互ニ申分無之候、尤自今已後毎年二月十日両村立会之上此五ヶ所之定杭相改可申事

但、峯通江前々より久井村ニ建来り候傍示杭之儀者、同村ゟ年々相改可申事

一、論所山地之儀、是迄双方含違等有之ニ付、此度扱料として春木川村ゟ銀弐拾枚出之、取曖三人中江請
　取、猶又曖人ゟ久井村へ相渡候事
　但、此度論所山大柿谷江新規定杭建之候、尤寛永年中取曖済証文ニ有之候山年貢米五升之内、向後弐
　升五合宛春木川村ゟ久井村へ年々越納可致筈一旦申談候得共、後年自然怠り候而ハ不束ニ付、年々
　右弐升五合宛之当、此度出し切ニ銀三拾目（枚カ）春木川村より曖人中江請取、猶又久井村へ相渡、後日双
　方申分無之事
一、往古ゟ有来ル田地・切畑之分ハ、如元所持たるへく事
　附り、自今已後、両村共切添并持林等ハ、決而仕間敷事

二条目によれば、両村は山境に新たな傍示杭を立てることで妥結した。ただし三条目より、春木川村は久井村へ「扱料」銀二〇枚を払うことになった。また、寛永期の済証文にある山年貢五升の半分を春木川村から久井村へ毎年越納することになったが、「後年怠り候而ハ不束」につき銀三〇枚で完済したことがわかる。なお前者の「扱料」は、次に引用した下書きでは「地代銀」と表現されている。(29)

〔史料5〕

南半分上ノ分ハ、此度地代銀弐拾枚春木川村ゟ出銀、同村へ地所買取ノ筈、右半方分山御年貢米ハ弐升五
合ツヽ、其年々之御直段を以、毎年十一月十日限、急度春木川村ゟ久井村へ相渡し可申事

ここから、春木川村は論地のうち松尾川上流の南半分を久井村から買い取ったことが明らかとなる。論地は、久井村の主張どおり「五升付」の山と確認され、春木川村は山年貢とともに半分を購入することで利用が認め

られた。用益の面でも、以前から拓かれてきた「田畑・切畑之分」の所持は認めるが、今後の畑地化・持林化は禁じられた。下書きには「惣村持」の秣山にするよう書かれていることから、山の所持と用益の両面において久井村の主張に沿う決着であった。

このように文政期の山論は、春木川村側から進んだ谷筋・村山の用益変化を端緒に起こり、既存の秣場を確認するかたちで収束した。久井村と違って狭隘な耕地しかない春木川村の百姓は、谷筋の果樹畑を山地にも拡げることで生産を拡大しようとしたのだろう。これについて興味深いのは、立木を植えた八名の百姓らがいずれも小高持だったことである。というのも、一八世紀末の春木川では、多くの下田を持つ甚右衛門家をめぐって、村内を二分する激しい村内対立が続いていた。次にこの時期の春木川村内部に目を向け、小百姓の動向や村政の局面から、山論の要因を補足しておきたい(30)。

3　山論と一九世紀の村落秩序

天明八（一七八八）年、庄屋惣右衛門・年寄吉兵衛による村政の寡占・不正を糾弾する村惣代の訴状提出をきっかけに、庄屋・年寄が退役した。ところが惣右衛門は抵抗し、新庄屋・村方対旧庄屋方の構図で対立が続いた。文化四（一八〇七）年には惣右衛門の息子甚右衛門・吉兵衛らが、村八分のような制裁を不当として願書を出した。対する村方は返答書を認め、争論を「高持之宗右衛門」対「私共持高纔」と対比的に表現した(31)。

この文言の背後には、下田を中心に高二〇石を持ち、山年貢四七匁を負担する甚右衛門家と、その他小百姓との経済的格差があったと思われる。両者の関係を示す一例として、明和期に作成された一通の済証文がある(32)。これによれば、惣右衛門は百姓二〇名の年貢未進銀六貫目を立て替えたが、その返済が滞り、庄屋惣兵衛・年寄勘右衛門の仲裁によって未済分の四、五割を容赦することで内済した。仲裁に入った庄屋惣兵衛は、惣右衛門と同様に一七世紀から断続的に庄屋を務めた人物で、前掲表2でも元禄期の有力百姓として確認できる。また惣右衛門家の系図にも惣兵衛の名が見えることから、惣右衛門家の分家筋と推定されよう(33)。つまり、惣右衛門家は分家とともに代々の春木川村庄屋を務め、また村内随一の高持・山持百姓でもあった。

その後村内対立は、文化四年に他村兼帯庄屋の支配下に入り、文政初年に彦左衛門が庄屋に任命されたことで収束する。この経過において春木川村の村役人体制は、庄屋・年寄も五人組頭を兼ね、組頭全員が村政に携わる体制へ転換していった。惣右衛門も組頭の一人となり、組頭層による村政へ吸収された。同時に五人組を単位とする取り締まりが進むことで、組内に対する組頭の責任が明示されるようになり、組頭と組下との関係が強化されることになった。こうした中で惣右衛門家は相対的には依然有力な経営を維持しつつも、村政における優位性を徐々に縮小させていった。

以上のような変化の要因には、それまで惣右衛門家への依存によって経営を繋いできた小百姓が相対的に自立を遂げたことを指摘できよう。村内対立後、新たに村役人となる彦左衛門家や与兵衛家ほか多くの百姓は、文化期には下田を所持せず、山谷田・畑・小規模な山林を生産基盤に据えていた。高持小百姓の多くが所持する谷筋耕地に果樹畑が広がったことで、山間の春木川村に固有な生産基盤が確立し、小経営の多くが安定したのではないかと思われる。こうした変化をふまえれば、山論訴状に見られた「右立木之類は不残物成ニ而御年貢手当之品ニ御座候」という文言は、領主側の利害を強調したロジックにすぎず、実際の果樹生産は、年貢納入を含めた小経営の再生産全般に不可欠なものとして定着したのであろう。こうした谷筋での生産の確立が、一方で下田を集積する惣右衛門からの自立を促し、他方では村境の村山における山論を招いたのである。

三　近世末〜明治期初頭の山の用益――蜜柑畑開墾をめぐって

1　泉郡山方と堺青物問屋の動向

以上、一九世紀春木川村における生産の変化をみてきたが、その変容を促進したものとして、一八世紀末から一九世紀前半の堺青物問屋の動向にふれておきたい。まず、文政一一（一八二八）年に堺青物問屋から「泉郡山方荷主中」に出された文書をみておこう。(34)

〔史料6〕

覚

一、泉州山方御村々ゟ、当地青もの問屋両家へ御差出し被成候諸代呂物売捌方、近年来不取斗之様、御村々御一統ゟ御申聞ニ付、以来売捌方格別出精可仕、猶又左之通り取締仕候事

一、諸御荷物問屋へ差出市売之節、直組仕候上ニ而、当地仲買衆違変被及候共、売直シ等仕間敷候、併代呂物ニ寄リ格別之見違有之、仲買衆被相頼候義有之候ハヽ、市売人手前ニ代呂物在之間ハ、取斗可申候得共、代呂物仲買衆へ相渡候上ハ、如何体被申候共、決而売直し仕間鋪候事

一、貫目売払代呂物之儀ハ、問屋手前ニ而入念掛目相改、売捌仕可申、然ル上ハ仲買衆ゟ減目被申立候共、御荷主へ目切レ之義決而申上間敷候事

一、諸御荷物問屋売上帳、是迄符帳ニて相記候義有之候へ共、右ニ而ハ自然御荷主帳面御見及之節、難相

分候ニ付、以来売上帳代銭ニ而相記し可申候事
一、蜜柑其外桃・柿之類、問屋へ御持付之節、仲買中自侭ニ取喰候仁有之候ニ付、以来心ヲ付、市売仕候迄者、決而御荷物へ手掛為致申間敷候事
一、船廻シニ而当地へ着蜜柑ハ、十二月廿三日切市売仕、夫より延着之分ハ春市ニ売捌仕可申候事
一、諸代呂物売上ケ代銭相渡候節、御荷主御勝手ニ寄、自然金銀ニ而御持帰リ被成度節ハ、金銭共其日之相場を以、取引可仕候事
右之通此度相改取締仕候上ハ、諸御荷物以来入念出情売捌仕可申候、為其取締書仍而如件
文政十一子年正月
堺青物問屋　山家屋弥次兵衛
大塚九右衛門
泉州泉郡山方御村々御荷主中
本紙之儀者内畑村預り、御入用之節者御覧入可申候、以上

この文書は、泉郡山方村々が問屋による売捌きに不満を申し入れたのに対し、問屋の山家屋と大塚が作成した取締書である。山家屋と大塚については、堺の薩摩芋流通に関する八木滋氏の研究で、一九世紀初頭より「建市青物問屋株」赦免を繰り返し出願し、文政三年までに青物を引き受ける「建市問屋」として公認されたと指摘されている(35)。この史料も、一九世紀に株立されたばかりの新興青物問屋と泉郡山間部との関係を示すものである。

興味深いのは、五条目に挙げられた「蜜柑其外桃・柿之類」である。これらは、前条「諸御荷物」の具体的内容と推測されるが、桃や柿は春木川村の山谷田の立木にも一致する。山論で問題となった果樹は、主として

表4　天保7年一札の宛先村々

泉郡 大沢谷	内畑 大沢
泉郡 松尾谷	若樫 久井 松尾寺 春木 内田 松尾寺 春木川
泉郡 池田谷	国分
泉郡 横山谷	九鬼 小野田 大野 父鬼 坪井 仏並 岡 北田 福瀬 善正 南面利 下宮
南郡 山直谷	包近 中村 稲葉 積川
南郡 葛城山 周辺	河合 白原 神於寺 塔原 蕎原 阿間河瀧 土生瀧 相川

堺青物問屋との取引により現銀化されていたことが窺えよう。(36) 蜜柑も、後述の蜜柑畑開墾を考える上では注目される。市場への運送は、荷主による陸路輸送が主で、蜜柑に限って周辺の港を介した「船廻し」も行われている。また蜜柑の場合には一二月二三日までの到着荷物は市で即売され、それ以降は春市で売買されたことがわかる。

天保七（一八三六）年にも、大塚・山家屋から「一札之事」が出されている。(37) 冒頭には「先年ゟ取締書有之候処、近年問屋・仲買猥ニ相成、不作法之事共多、既此節争論ニも可及処」とあり、文政期同様の問題再発を窺わせる。天保七年の宛先には、三五の村名が挙げられている（表4）。ここには泉郡横山谷・松尾谷・大沢谷のほか、南郡の山直谷や葛城山麓の奥水間地域も含まれている。〔史料6〕も南郡塔原村に伝来したことを考えれば(38)、宛先に南郡を含んだ可能性が高い。堺青物問屋と取引する山方は、春木川村を含めて泉州泉郡・南郡の広域に及んだのである。

堺青物問屋との関係については、今のところ他の史料が確認できない。しかし、近世末期の春木川村における果樹畑の展開をみると、堺青物問屋との関係はより強まっていったと思われる。(39) こうした背景を念頭に、幕末～明治初頭の山の用益と、そこで生じた問題について把握しておきたい。

2　果樹畑の開墾と山論

表5は、第一節で用いた明治八年「実地取調帳」から、地目別に小字所在地を整理したものである。畑と梅

畑が谷筋のほぼ全域で同じ場所に混在する一方で、蜜柑畑は西谷・杉谷の険阻地に集中している。一七世紀には一円村山であった西谷も、図1のような個人所持山に細分化された。北半山々はほぼ一斉に木畑へ開墾されたのである。

さらに生産物を家別に整理すると、どの家も畑・梅畑・蜜柑畑を所有していることがうかがえる。蜜柑畑の急増やその局地的展開と、個々の家の多様な生産品目は、明治初頭の春木川村における小百姓の経営と山の用益を端的に示すものといえよう(40)。泉州の蜜柑生産は、明治三〇年代の大規模開墾で急増したといわれているが、明治初期の春木川村を見るかぎり、共有山分割によってすでに拡大しつつあったことを確認しておきたい。

こうしたなか、大字久井字ハリコ谷をめぐって山論が再発する。発端は明治二一（一八八八）年、久井村がハリコ谷一三九〇・一三九三番地を大字住民へ分配し、立木の植樹を画策したことにあった(41)。春木川村の村会議員らは、行政村南松尾村への合併を控えて争論に消極的だったが、大字男子が集まる座の席で突き上げをうけ、掛け合いに赴く。ところが妥結点を見いだせず、翌二二年二月、戸長山本彦太郎は郡役所宛の「御願書」(42)を作成した。

願書は七ヶ条で構成され、一〜四条目は「取替及従来ノ習慣ヲ破棄」したこと、五条目以下は、秣山を分割し道沿いに立木を植えれば「物騒ナル恐レ」があることを問題にしている。前者の「取替」とは文政六年の内済証文（史料4）のことで、四条目の付則にある「両村共切添・持林等ハ、決而仕間敷」との取り決めを破棄したと主張する。寺谷の用益規制を、文政の山論では論地外であったハリコ谷全体に敷衍しようとしたのである。二〜四条目では「従来ノ習慣」として、山地の三分の一は入会で刈り込む習慣があったこと、谷筋を通る井路・井堰の修復や山間道の修繕に秣山の土が使われてきたことなど、一村単位には完結しない多様な秣場用益が挙げられている。両村の間には、境界を超えるとただちに争論化する諸木植え付けの局面のほかに、村

表5　明治8年実地取調帳（地目別筆数）

田

下有田	12
おぼや坂	18
地小池	2
柳　谷	4
出口道ノ上	11
出口道ノ下	16
谷　口	1
ミノソ	2
谷　中	7
寺谷口	1
橋　川	1
栂　坂	6
瓜　谷	2
月夜垣内	2
杉　谷	4

蜜柑

西谷口険阻	1
西谷険阻	30
井谷険阻	2
さゞ険阻	1
いばら谷険阻	6
脇谷険阻	13
横手険阻	15
瓜谷険阻	15
杉谷険阻	4
ほそざと険阻	2
ほそざと	1
尾谷険阻	1

畑

谷　中	2
墓ノ下	1
下ノ垣内	7
寺谷口	4
西　谷	3
下　り	1
札　場	2
垣　内	6
尾谷口	1
さ　ゞ	2
野　谷	1
上ノ垣内	11
下　川	1
五　六	1
数珠掛口	2
四ツ辻	1
山柿ノ下	5
十谷口	2
宮ノ森	3
シャウネン	2
向谷口	1
乙谷口	1
瓜谷口	3
そいの谷	1
穴ノ谷口	1
杉谷険阻	1
いばら谷	1
小井原谷	1
出口道ノ上	1
ミノソ	2

梅畑

寺谷口	1
寺　谷	5
寺谷険阻	1
小西谷	1
西谷口	2
西谷口険阻	1
西　谷	4
井谷口	4
尾谷口	1
野　谷	1
さ　ゞ	5
上ノ垣内	1
五　六	2
栂　坂	3
数珠掛口	1
四ツ辻	3
十谷口	1
宮ノ森	4
シャウネン	1
向谷口	2
月夜垣内	2
いばら谷	2
小いばら谷険阻	1
ほそざと険阻	2

李畑

そいの谷	2
穴ノ谷口	1
瓜谷険阻	2
西谷口	1

茶

さ　ゞ	1
栂　坂	1
杉谷険阻	1
脇谷険阻	1
脇　谷	1
杉谷険阻	1

藪

谷　中	1
寺谷口険阻	2
西谷口険阻	1
西谷険阻	5
西　谷	6
垣内険阻	2
垣　内	2
下垣内	1
札場険阻	2
井谷口	3
井谷険阻	5
井　谷	1
上ノ垣内	1
宮ノ森険阻	1
宮ノ森	1
せうねん	1
乙谷口険阻	1
乙谷険阻	1
瓜谷険阻	7
瓜　谷	1
そいの谷険阻	1
そいの谷	2
横手険阻	4
横　手	3
月夜垣内険阻	1
月夜垣内	8
杉　谷	4
ほそざと	2
北坂険阻	8
はしが谷険阻	6
はしが谷	4
小いばら谷険阻	2
小いばら谷	2
さぢさこヵ	1
尾谷険阻	2
さゞ険阻	1
おほや坂険阻	1
下有田	1
柳　谷	1

典拠：山本家２-257。宅地は除外した。

領を越えて入会う習慣も併存していた。

結局、翌年に内済がまとまり、谷内の分割（史料では「分離」）が実施されるが、斜面の下半には棕櫚などの低木を植えることになった。注意しておきたいのは、明治二三年三月に交わされた「為取換約定書」[43]のうち、分離地売却規定にある「久井・春木川ノ人民ニシテ字ハリコ谷ノ地所ヲ所有スル者、将来該地を他人江売却セントスルトキハ」との文言である[44]。一九三〇番地の地番・面積・譲り受け人を記した地割図によれば、当初分配をうけたのは久井住民のみだったが[45]、「約定書」が交わされた段階では一部の春木川住民が所有者となっていたことがわかる。土地台帳で所有者の変遷を追うと、帳面が作成された明治二二年には既に一八筆が大字春木川の住民の手に移り、明治二五年まで次々に買得されている。また明治二三年以降、これらの山地の多くが開墾され木畑（蜜柑畑）となっている。

このように、大字春木川は久井の共有山分割に対し、当初は既存の用益を大字として確保しようと激しく反発した。しかし大字の中には、蜜柑生産の定着とともに、周辺村の共有山分割を機に自家の蜜柑生産を広げようとする者もいた。こうして、ハリコ谷や西谷山などは、「御願書」に見られるような様々な用益が重層的に併存する空間から、蜜柑生産に特化した場としての性格をより一層強めることになったのである。

おわりに

春木川村では、すべての山が百姓の用益下にあり、個別百姓の経営だけではなく、村や座を通じて村落の存立を支えてきた。また一七世紀には周辺の村々による下草用益も広く展開していた。当初は多くの山がこうした共有山として用益されていたが、一八世紀中期の公事屋山成立や、一九世紀中期の蜜柑山分離など、個別百姓の持山が増加していった。その結果、村内における山の用益秩序は、山年貢負担の方法や山を介した隣村との関係を含めて段階的に変化していった。

近世春木川村における山用益の特徴は、梅・桃などの果樹生産が近世中期以降急速に増加し、堺青物問屋などでの現銀化により、領主伯太藩への年貢納入を含む小経営の再生産全般に不可欠なものとして展開したことである。その点でいえば、一八世紀以降の春木川村は、米家泰作氏が指摘した、需給関係に応じて特産物生産に特化していく山里のイメージとも一致する。春木川村の場合、果樹栽培への傾斜は一旦は耕地として把握された谷筋の山畑・山谷田からはじまり、次第に村山（秣山）へ拡大されていった。この傾向は、明治初期の蜜柑生産本格化によってさらに促進され、村山の多くが木畑（蜜柑畑）として村民に分割された。これによって、春木川村では明治期初頭までに多くの村山が消滅し、明治一二年に堺県へ「一村共有地」として届け出た山は、字下垣内一筆（四町）、渕ノ谷二筆（五畝）、尾谷一筆（七畝）、中谷一筆（二畝）のみで、計六ヶ所四町一反半のみとなった[46]。一方、木畑となった山々では、立木と併存する百姓の下草採取が減少したのである。

しかし、そうした変化は村内へ一律に浸透するのではなく、春木川村の村落秩序のなかで築かれてきた分節的な山の用益秩序の枠組みに規定されながら展開していく。和泉地域では、宮座や講などが村政なども含めた村落秩序を支えるものとして存在していたことが指摘されてきたが、山里春木川村の座は、村方の共有山と混在しながらも、村山とは独自の用益秩序をもつ「地蔵講山」を本座・小座単位で所持し、座の運営基盤としていた。こうした山の用益のあり方にも、座と村方が密接不可分な関係にありながら、固有の論理と経済的な基盤をもつ村落構造が反映しているのである。また、村内の南半にはそうした共有山とは異なる山林（百姓持山）があり、明治期の旧土地台帳や地図でも、立木林としての用益は維持されている。山の用益変化は、用益を行う主体やそれを秩序づける集団、周辺地域との社会関係など、山里春木川村の村落秩序に規定されつつ進展したのである。

最後に、残された課題を挙げておく。第一に、本章では史料的な限界もあり、公事屋山の具体的な用益実態や、立木の加工・流通の側面は解明できなかった。村山が個人所持の山へ分割される例は、春木川村と峠をへだてた近世の横山谷でも確認することができる。公事屋山の成立とその性格について、立木用益と村落秩序の両側面からより詳細にみる必要があろう。第二に、果樹の商品化の過程にも十分に踏み込むことができなかった。山方村々の相互関係や堺青物市場との具体的な取引については、今後の史料発掘と後考に待ちたい。

〔註〕

（1）米家泰作『中・近世山村の景観と構造』（校倉書房、二〇〇二年）、後藤雅知「大地を拓く人々」（同編『身分的周縁と近世社会1　大地を拓く人々』）など。

（2）加藤衛拡『近世山村史の研究―江戸地廻り山村の成立と展開―』吉川弘文館、二〇〇七年。

（3）村落構造に内在して村落秩序と山の用益との関係を検討した論考では、近世中後期～明治期の若者中や中老の役割について論じた坂本広徳「近世南信山間部の村落構造」（『飯田市歴史研究所年報』6、二〇〇八年）がある。

（4）町田哲『近世和泉の地域社会構造』山川出版社、二〇〇四年。

（5）日本史講読（塚田孝担当）受講生「山間の村の生活」（『市大日本史』七、二〇〇四年）、和泉市史編さん委員会編『松尾谷の歴史と松尾寺』二〇〇八年など。

（6）槇尾山や松尾寺などの一山寺院の朱印地や除地山も多かった（塚田孝「近世槇尾山の成立と構造」「槇尾山の歴史と地域―近世を中心に―」（『和泉市史紀要第6集　槇尾山施福寺の歴史的総合調査研究』二〇〇一年）、同「松尾寺の近世」（『和泉市史紀要第5集　松尾寺地域の歴史的総合調査研究』二〇〇〇年）など。

（7）町田哲「池田下村の村落構造―村役人・村内小集落・座―」（前註（4）町田書）では、池田下村の山の用益について、個々の百姓が所持する「百姓持山」では、山（立木）は個人持ちであっても下草は百姓入会で利用するとの原則を指摘している。

（8）町田哲「新田請負人」（前掲註(1)後藤編書）。羽田真也「唐国村・内田村立合山における用益の展開と山論」（和泉市史編さん委員会編『和泉市史紀要第13集　松尾谷史料群の調査研究―中世から近現代まで―』二〇〇七年）。

（9）和泉市教育委員会所蔵・春木川町山本家文書2―198。以下、山本家文書については「山本家」と略記する。

（10）薪については、隣村久井村の貞享三（一六八六）年「御法度手形」に、「薪之儀、当村芝山ニ而草柴かり申候、また作間ニハ小野半之助様御代官所泉州春木川村・父鬼村之山、道法壱里之所へ参、買柴仕、きしのわた・大津、道法三里の所へ売ニ参候」とあり、春木川村や父鬼村で買った柴を岸和田・大津（宇多大津・下条大津の町場）で売却したことがわかる。おそらく春木川村の百姓らの薪も岸和田や大津などで売却されたのであろう。

（11）註(5)論文。

（12）山本家2―161―①「巳年御物成之事」。

（13）春木川村は年貢の他に伯太陣屋へ御用女竹・檜・御用山草などを納めていたようだが、全体量は不明である。

（14）村内の土地のほか、寛政期には、春木川村の八名が山直谷内畑村に四〇石余（再堂方一五石、谷方二五石）の入作地を所持していた。入作者には彦左衛門や吉兵衛などが含まれるが、詳細は今後の検討課題とする。

（15）文化一〇年は山本家4―1、慶応三年は山本家4―12。

（16）山本家4―67。

（17）山本家2―198。

（18）山本家5―2。

（19）山本家4―39。

（20）山本家8―4。

（21）久井町会共有文書G―10「延宝年中久井村・春木川村山論一件諸書物写」。

(22) 註(19)に同じ。
(23) 註(8)羽田論文。
(24) 久井村の主張では四〇本。
(25) 高山場広山は春木川村の山全体の呼称で、論地の山を指すものではない。また前節の検討から明らかなように、山年貢は山持百姓が負担していた。村持山である論地の用益者が山年貢を負担したわけでもない。
(26) 本章第3節を参照。
(27) どちらも山本家4—39。
(28) 山本家E—11・E—10（接続）。
(29) 山本家E—4。
(30) 春木川村の村内対立と村政については、本書補論および拙稿「近世後期・春木川村の村落秩序」（『和泉市史紀要第10集　松尾谷南部の調査研究』和泉市史編さん委員会、二〇〇五年）を参照されたい。
(31) 山本家4—72。
(32) 山本家C—231。
(33) 春木川町中塚一氏所蔵。また一七世紀の春木川村については、山下聡一「一七世紀の春木川村」（前註(30)『和泉市史紀要』に同じ）がある。
(34) 和泉市国分町三浦家文書・箱3—13—5。
(35) 八木滋「大坂・堺における薩摩芋の流通」（『大阪市立博物館研究紀要』三一、一九九九年）。
(36) 蜜柑の生産はこの時期にはまだ確認できない。
(37) 三浦家文書・箱3—13—4。
(38) 文政十一年「諸荷物売捌取締書」（『岸和田市史』第七巻史料編Ⅱ、一九七九年）。
(39) 春木川町の地蔵寺には、明治三〇年に堺青物問屋山家屋から筍の「荷主安全」を祈願して奉納された絵馬が掛けられている。
(40) 隣村若樫における明治九年の「物産取調帳」（若樫町菩提寺所蔵史料・引出3—17）では、蜜柑八五〇荷

（一荷一五貫）で代価四二五円、同一〇年の「物産書上簿」（若樫町菩提寺所蔵史料・引出1―57）では、蜜柑は七二〇荷で播種反別は一九町七反余あり米の播種面積をわずかに上回る。現金収入の中でも高い割合を占めたことがうかがえる。

(41) 春木川町会所有史料・引出2―6―1「字春コ谷秣場江立所差止一件掛合日誌」。
(42) 春木川町会所有史料・引出2―6―2。
(43) 春木川町会所有史料・引出2―6―5。
(44) 久井町会共有文書B―1―33「重要書類綴」。
(45) 久井町会共有文書A―185―1・2。
(46) 山本家E―5「一村共有地記簿」。

補論　一九世紀伯太藩領の倹約令と「村方取締書」

はじめに

一九世紀の伯太藩領では、倹約令をうけて「村方取締書」という帳面が繰り返し作成されている。ここでは、下泉郷の山間村落である春木川村の「村方取締書」を手掛かりとして、伯太藩の領主規制と「村方取締書」の相互関係や、取り締まりの内容からうかがえる村落生活の諸側面を検討し、それらを通じて一九世紀の地域社会における「村方取締書」の作成意義を明らかにしたい。

春木川村は、和泉山脈からのびる和泉中央丘陵・南部丘陵に挟まれた松尾谷の最奥に位置する山間村落である。村内の大半が山であり、一八世紀末以降は茶畑や果樹畑、明治初期には蜜柑畑が大規模に開墾されるなど、山用益に基盤をおく生業・生活が展開していた。集落は、いくつかの谷筋が集まって松尾川の源流となる村の中央にあり、川を北側に下った「出口」という場所にのみわずかな田地があった。村高は九八石余、山年貢は三石七斗余で、元禄一四（一七〇一）年に伯太藩領となる。天保一四（一八四三）年の明細帳[1]によれば、家数は六〇軒（高持四八軒・無高一二軒）で、農間余業には柴薪売りが挙げられている。

春木川村の「村方取締書」は、文政元年以降、同村の庄屋・戸長を勤めた山本彦左衛門家の史料に伝来したものである。山本家文書には、文化八（一八一一）年と文政一二（一八二九）年の二点の「村方取締書」が残されている。以下では主にこの二点を分析するが、藩領内の倹約令や「村方取締書」についても必要に応じて取り上げることとする。

一　一九世紀春木川村の「村方取締書」

1　文化八年「村方取締書」

「村方取締書」とは、領主伯太藩の倹約令をうけて村落生活や年中諸祝儀・祭礼などの節約方法を記した帳面である。村内秩序全体を覆う村法・村掟などとは異なるが、その段階での習俗の一端を窺うことのできる史料でもある。ここではまず、文化八年「被仰渡方ニ付、村方取締書」について、全文を引用しておこう。

〔史料1〕(2)

「(表紙)
文化八年未十一月
被仰渡方ニ付、村方取締書
春木川村　」

(あ)一、此度百姓為御赦(救)肥代御貸付拝借銀之儀被為　仰出儀、以御仁政御憐愍御領永く百姓相続可仕儀、偏難有奉存候、其外質素節倹数ヶ条被　仰渡之趣一統承知仕候、右ニ付、村方取締書、左之通り

(い)一、村方年礼之儀ハ格別、年玉幷歳暮祝儀・鏡餅、年限中諸祝儀等、当未年ゟ辰年迄拾ヶ年之間互ニ送答

致間敷候

(う)一、地蔵寺迚茂同様、配札無用勿論祝餅相断之事

(え)一、三月・五月初節句、右同断随分可成丈ハ倹約ニいたし、重ノ内送答無用之事

(お)一、祭礼之儀、神用斗リニ而随分質素ニいたし、生魚等決而不相用、塩物有合ヲ以相賄可申、重之送答右同様無用之事

但シ、右年限中ハ何ニよらず、或ハ馬鎊いたし大勢申合、外方江罷出之義、兼而無用之事

(か)一、嫁取・聟取・養子振舞諸祝儀、随分倹約ニいたし、尤婚礼ハ村方江弘メ料上分限弐拾目、下分拾目差出シ可申、勿論出銀無遅滞組内ゟ吟味いたし不滞様急度相守可申候事

(き)一、男女着服木綿之外、縦令衿袖口たり共絹之類決而無用之事

(く)一、農業随分出精仕、酒会・遊興幷若キもの飲食之小宿決而仕間敷事

(け)一、免割・支配割・其外村方立合之節ハ禁酒勿論、飯賄等右同様無用之事

但シ、頭百姓年分村用余計ニ相勤居事故、壱ヶ年ニ日役二人分用捨之事

(こ)一、年中諸講々会之儀、随分倹約ニいたし、塩物切ニ而決而生魚等不用、有合ヲ以相賄可申事

(さ)一、諸山参宮之儀、大勢申合参詣無用、万一願届有之節ハ村役人江相断、差図之上、勿論留守見舞・土産物・動結等決而無用之事

(し)一、被　仰出候通村方互ニ和融仕、聊当座之我意ニ募リ争論決而仕間鋪旨、急度互ニ相慎　御上様之御苦労ニ不相成様、平世勘弁可仕事

右之外此度被　仰出方之趣末々ニ至迄急度相守可申候、尤村方申合之儀ハ当未ノ年ゟ辰年迄拾ヶ年之間不洩様可仕候、為後証連判仍而如件

文化八年未　十一月

春木川村　安右衛門（印）
弥左衛門（印）
弥八（印）
太右衛門（印）
五兵衛（印）
安兵衛（印）
市右衛門（印）
仁左衛門（印）
市郎兵衛（印）
勘右衛門（印）
元兵衛（印）
吉左衛門（印）
（以下35人）
年寄　彦左衛門（印）
同断　与兵衛（印）

兼帯庄屋
池田甚太夫殿

まず「村方取締書」の形式を見ておこう。村中全員で規約を取り結んだ上で、村中の請判を春木川村の「兼帯庄屋」を務めた池田甚太夫（上神谷郷田中村庄屋）に差し出している。これは、天明期から文化期にかけて春木川村で村政をめぐる村内対立が続き、文化四年から文政元年までの間は、他村兼帯庄屋の預り支配となっていたためである。[3] この時期村内では、〔史料1〕に「年寄」として連印する彦左衛門と与兵衛を中心とした「村方申合」が行われていた。なお、村内対立が収束した文政元年以降は、彦左衛門が庄屋、与兵衛が年寄に就任する。

「村方取締書」の冒頭には、本取締書の作成経緯が記されている。それによると、領主からの「肥代」貸し付けに伴い「質素節倹数ヶ条」が命じられ、これを承知して作成されたのが「村方取締書」である。つまり「村方取締書」とは、藩の倹約令そのものではなく、「村方申合」によって作成された村限りの「倹約」である。それは、㋒で地蔵寺について「地蔵寺迚茂同様、配札無用勿論祝餅相断之事」と定められていることや、婚礼の際の披露目料の取り決めなど、春木川村固有の規定を含むことを見ても明らかであろう。

次に取り締まりの内容を見ておこう。㋑以下の箇条は、年限中に年末年始や祭礼の際の送答を質素に行うこと、婚礼や養子を迎える際の振舞祝儀の倹約、講での質素倹約、諸山参宮の際には大勢での参詣を控えることなどである。これらの背景には、当該期の春木川村において、様々な年中行事が催され、複数の講が活動する様子が看取される。

例えば、㋑、㋓、㋔は年中儀礼の取り決めであるが、新年や三月・五月の初節句などが盛大に行われてきたこと、その際に互いに送答する習慣があったことを示していよう。また㋕では、結婚の際の披露目料が規定されている。「村方江弘メ料」は、春木川村では「婚礼込銀」とも呼ばれており、村入用を算用した「村方支配割帳」にも村財政への収入費目として記載される。つまり、村人相互の振舞い祝儀は倹約しなければならないが、「婚礼込銀」は村財政の面から出銀を求め、また「込銀」という一括出銀によって各々の過剰な送答を抑制したと理解できる。

さらに、村の集まり・講の集まりに関する規定も見受けられる。㋘では免割・支配割などの村方寄合の席で酒や料理を振る舞うことが禁止されている。しかし、五人組の組頭である「頭百姓」については、村用を余計に勤めるために一年に二人分は日役を容赦されている。村政に携わる「頭百姓」の位置付けが、このような特別規定によって表現されたものと言えよう。㋙は講の集まりでの倹約規定である。ここでは㋘のような寄合での飲食禁止は記されておらず、「有合ヲ以相賄可申事」とあるように、食事が振る舞われることを前提とした取り決めが結ばれている。

以上のように、文化八年「村方取締書」の細部からは、当該期の春木川村における村内規定について具体的な様子がわかるとともに、それらを質素化するにあたっては、村財源の確保とも連動しながら局面に応じた取り決めが行われていたことが読みとれよう。一方で、一二ヶ条は全体として「質素倹約」に関する規定によって一貫している点にも注意しておきたい。

2　文政一二年「村方取締書」

続いて、文化八年の内容と比較しながら、文政一二年七月の「村方倹約取締書」を見ていくことにする。この取締書は、表紙に「村方倹約取締書」とあるが、一条目の前に「被　仰渡ニ付、村方取締書」と記されており、〔史料1〕と同一の表題で作成されている。まず、〔史料1〕㋐に対応する部分では、文政一二年の取締書作成の経緯について次のように書かれている。

〔史料2―①〕(4)

一、近年来凶作打続百姓歎ヶ敷ニ付、　御上様江願書奉差上候處、御憐愍ヲ以、御用捨等被為成下、難有奉存候、然ル處去ル子年ゟ米穀直段俄高直ニ相成、末々小前之者共難渋仕、此度相改倹約数ヶ條被仰渡之趣、一統承知仕候、右ニ付取締書左之通リ

文政一二年の取締書作成の経緯は、近年来の凶作で年貢の御用捨があったが、「去ル子年」つまり文政一一年から米価が高騰し末々小前百姓が難渋しているので、改めて倹約令「数ヶ条」が出され、それを承知して取締書を定める、というものである。領主による救済と倹約令を受けて村方で取締書を作成する流れは文化八年と同様である。また今回の取締書は、「相改」て作成されたもので、文化八年の取締書を踏襲しつつ、いくつかの箇条が追加されている。ここでは、追加箇条についてみていくことにしよう。全文の内容は〔史料1〕と重複する部分も多いので、重ならない部分のみを取り上げ、各条の挿入箇所についても示すことにする。

〔史料2―②〕

（文化八年の取締書㋔と㋕の間に、次のⓐⓑ二ヶ条が挿入）

一、ⓐ七月十四日・十五日・十六日不限昼夜、若き者共、他所江遊行事、村方江他所之若き者共呼寄、禁酒者不及申、踊抔者年限中堅ク致間敷候事

一、ⓑ他国他所ゟ商イニ罷出候者有之候共、日数止宿致セ候儀ハ決而致間敷候、尤商イ之儀ニ付、無據一宿致し候共、組頭江相断差図可請事

（㋕と㋖の間に次のⓒⓓ二ヶ条が挿入）

ⓒ一　仏事御飾餅、何方ニ供養有之候共、年限中ハ致間敷候、其外之儀者銘々心ニ可被致候事

ⓓ一　不筋之商ひ仕間敷、且出商ひニ事寄、心得違之族も有之哉ニ相聞候ニ付、已来無據他所江出候而、日数止宿いたし候節者、村役人江断候上罷出候事

（「附り」が新たに挿入されている箇条）

ⓔ一　男女着服木綿之外、縦令衿・袖口たり共、絹之類決而致間鋪候事

附り、若キ者共近年来銀金工たばこ入抔ヲ相持イ、女子ハ銀之かんざし相持イ候者も有之哉ニ相聞候、此後者何ニよらす銀金工類べつこうくしこがい相持イ候儀ハ致間敷候事、若心得違ニ而右等之品ヲ相用イ候者有之候ハヽ、見附次第取上ケ、村役人江預り置申候間、銘々若キ物急度相心得べき候事

ⓕ一　農業随分出情仕、酒会遊興幷若キ物飲食之小宿、決而仕間鋪候事

附り、心得違之者共有之候而、及夜深不筋之儀有之者、何レニよらす見付次第其宿之組頭江可申出候事、其上村役人江申出、早速御役所江願出べき候事

まずⓐでは、七月一四日・一五日・一六日に昼夜に限らず「若き者共」が他所へ遊びに行ったり、逆に村方へ他所の若き者たちを呼び寄せ、酒を飲んだり踊ったりすることを禁じている。若者たちが村の範囲を超えて集まり、酒や踊りに興じる状況を警戒した規定である。

次にⓑとⓓは、ともに商売に関する内容だが、ⓑは他国他所からの商売、ⓓは他国他所への商売という対応関係にある。ⓑでは他国他所から春木川村へ来た商売人について数日間の止宿を禁じ、仕方なく一宿せざるを

得ない場合には、組頭へ断らなければならない。他方、ⓓでは春木川村百姓の不筋商売禁止と、他所への出商で数日間止宿する際には村役人へ断ってから出かけることを確認している。この二ヶ条からは、山間に位置する春木川村にも多数の商人が流入する状況を想定できる。また、春木川村の百姓たちの「出商」については、村役人に無断での他所商売を禁じたものであり、数日間の出商自体は否定されていない。当該期の春木川村では、堺青物問屋への果物の積み出しや、農間余業としての「柴薪売々」が盛んに行われており、むしろ各家による山方荷物の積み出しが増すなかで追加された箇条と理解できよう。[5] また、そうした春木川村の百姓の間で「不筋之商ひ」が横行するなどの問題が生じており、ここではそれへの対処として、村役人・組頭による取り締まり強化が打ち出されている。すなわちⓑとⓓの追加には、商品経済の浸透という一般的状況のみならず、春木川村での山用益の変化をうけた生業のあり方が反映しているのである。

一方、文化八年の箇条に「附り」として盛り込まれたのがⓔとⓕである。ⓔでは一般的な奢侈を禁じた文化八年の内容に加え、若者の派手な身なりを特筆する形で禁止している。これは春木川を含め当時の周辺社会で問題となっていたことが反映されたためであろう。ⓕでは本文の「酒会遊興幷若キ物飲食之小宿」の禁止について、「附り」で具体的内容を書き加えた上で、さらにそれを見つけた場合の処置について新たに指示を出している。ここでは、見つけ次第その宿の五人組頭へ申し出て、その上で村役人へ届けるようにと決められている。

以上の追加された内容を見ると、文政一二年の改訂では、倹約の問題以上に、そこから派生した出商や若者などの問題に重心が置かれたことが確認できる。また、取り締まり徹底のための対策として「何レニよらす見付次第其宿之組頭江可申出候事」とあるように、組頭による組内百姓の統率強化が図られたことも重要である。だがこのような取締書を作成しても、村内での取り締まりの徹底は一筋縄にはいかなかったようである。翌年

処罰された者たち

「宗旨御改帳」での家族構成
（下段「市左衛門」欄参照、留松もしくは安之助カ）
市左衛門（24）、母（59）、留松（22）、安之助（20）、寅松（13）
与兵衛（35）、女房（27）、母（52）、もん（28）、**嘉蔵（26）**、ちは（16）
仁左衛門（65）、女房（43）、**要蔵（26）**、宇之助（24）、**若松（16）**、徳松（15）、げん（9）
（確認不能）
市右衛門（41）、母（63）、志やん（31）、留松（23）、**勇蔵（17）**
（確認不能、仁左衛門家は「要蔵」の欄を参照。「宇之助（24）」カ）
彦右衛門（54）、女房（48）、うの（24）、**楠松（20）**、さん（19）、与四郎（16）、五郎松（7）
八郎兵衛（37）、女房（30）、**吟次郎（28）**、ゆき（8）、しも（4）
惣右衛門（59）、女房（59）、惣助（31）、女房（28）、**定吉（21）**、りゆ（10）、松之助（3）　※1
長三郎（68）、**栄助（31）**、きわ（23）
吉兵衛（77）、女房（68）、伊助（39）、女房（33）、**市松（18）**、吉蔵（13）、みつ（10）、吉助（6）　※2
庄右衛門（64）、出家（53）、**兵蔵（20）**
七兵衛（54）、女房（45）、仙太郎（28）、なつ（21）、**与吉（19）**、嘉吉（17）、甚吉（10）、くに（7）
安兵衛（53）、女房（53）、るい（33）、**忠治（22）**、んめ（18）
弥右衛門（47）、元吉（22）、新蔵（15）、あき（13）、せき（10）（「弥蔵」の名は確認できないが、元吉の可能性あり）
（仁左衛門家は「要蔵」欄参照）
政右衛門（47）、女房（47）、安松（18）、**楠松（16）**、与四郎（14）、五郎吉（11）、やす（6）
善兵衛（67）、女房（61）、孫助（35）、はつ（28）、吉治（26）、辰之助（23）、**乙吉（21）**、藤四郎（19）
（「安左衛門」家は存在せず。ちなみに安右衛門家＝安右衛門（43）、女房、母、りよ、きよ。）
弥左衛門（16）、いし（26）、母（58）（弥左衛門（16）は文政5年に「安太郎（8）」との記載あり）
伝兵衛（53）、女房（50）、かん（24）、**忠蔵（16）**、はつ（11）
新左衛門（20）、母（51）、喜代松（17）、もと（11）（「三蔵」の名は確認できないが、喜代松の可能性あり）
三右衛門（51）、女房（43）、母（70）、**豊松（17）**、たね（12）、三治郎（8）
彦左衛門（70）、女房（68）、藤治郎（43）、女房（35）、**重太郎（28）**、輪吉（11）、きよ（7）、しま（2）
清左衛門（26）、母（57）、みつ（22）（清左衛門（26）は文政5年に「清吉（18）」との記載あり）
伊右衛門（68）、女房（54）、しげ（26）、**喜蔵（24）**、よし（20）、いと（18）

文書・4－50）、文政13年「泉州泉郡春木川村宗旨御改帳」（同・3－5）をもとに作成。

である。

者の名前の右肩に明記されている戸主名である。

ら養子」として竹八（25）が記載されていることから文政13年の惣右衛門家・定吉（21）であると推定。なお、
行われた15日夜に村を逃げ出し、大坂に潜伏していたためである。

とあることから、文政13年には年齢を考慮して市松と推定。

正月にかけて、村内三四名の若者達が数度にわたって博打をし、伯太役所で処分を受ける一件が起こっている。[6]
表1はこの一件で処分された若者達の名前と処罰、判明するものについては文政一三年やその前後の宗旨御改帳から、年齢と家名を書き加えたものである。この一件は、正月一四日に年寄与兵衛のもとに、前年からの「若キ物」による博打の風聞が届いたことで明るみになった。与兵衛が「若キ物一統」を呼び出し調べたところ、関与した者が二五、六人に及ぶことが判明し、伯太役所へ届け出た。これによって藩の吟味が行われることになり、与兵衛は藩役人と帰村、同日夜より庄屋彦左衛門宅で穿鑿が行われた。その結果、さらに数名の関

表1　春木川村の博打一件で

処　罰	若者の名前	年齢	出　身　家
堺召し取り	**平　蔵**		「市左衛門弟」
	市左衛門	24歳	市左衛門
小屋行き	**嘉　蔵**	26歳	与兵衛
	要　蔵	26歳	仁左衛門
	伝兵衛		「善兵衛弟」
過怠	**勇　蔵**	17歳	市右衛門
	平　蔵		「仁左衛門」
	清五郎		（？）
	楠　松	20歳	「彦右衛門」
	吟次郎	28歳	八郎兵衛
	宇兵衛「格別之御しかり」		（？）
	久　助		（？）
	竹八「別段之御しかり」	21歳	惣右衛門
	栄　助	31歳	長三郎
	慶　蔵		（？）
	幸治郎	18歳	吉兵衛
	喜　介		（？）
	栄　蔵		（？）
	兵　蔵	20歳	庄右衛門
	与　吉	19歳	七兵衛
	忠　蔵	22歳	「安兵衛」
病中に付、お断り	**弥　蔵**	22歳カ	「弥右衛門」
若年に付、村役人より急度申付	**若　松**	16歳	「仁左衛門」
	楠　松	16歳	「政右衛門」
	音　吉	21歳	「善兵衛」
	亀　松		「安左衛門」
若年に付、村預け	**安太郎**	16歳	「弥左衛門」
	忠　蔵	16歳	「伝兵衛」
	三　蔵	17歳カ	「新左衛門」
	豊　松	17歳	三右衛門
4・5年前の事故村預け	**栄　作**		（？）
	重太郎	28歳	彦左衛門
	清　吉	26歳	「清左衛門」
暫くの村預け	**喜　蔵**	24歳	伊右衛門

典拠：「御地頭様ゟ若キ物共勝負ヶ間敷儀ニ付御召捕入用帳」（山本家
出身家に（？）とあるのは、宗旨改帳では確認できなかった者
出身家に「　」が着いているのは、山本家文書・4－50の各若
※1：竹八は天保5年の宗旨改帳の勘右衛門家の欄に「同村惣右衛門
この竹八が「別段之御しかり」を受けたのは、彼が取り調べの
※2：幸治郎は、天保13年の宗旨改帳の吉兵衛家の欄に「幸次郎(30)」

与者が発覚し、最終的には表中の三四名が処罰されることになる（ただし、市左衛門と平蔵は一二月の段階で捕縛されている。一二月の段階では博打を行った者がこの二人のみにとどまるという見方であったのだろうか）。この内、弥右衛門・弥蔵以下一三名は、病中や若年、四、五年以前の関与などの理由で村預けとなるが、その他一九名は伯太役所に捕縛され、表中の処罰が確定した。若者の親たちは、庄屋彦左衛門を頼んで二度の「詫び願い」を提出した。おそらくこれが聞き届けられ、最終的には全員が御免とされて収束する。

さて、この博打に関わった若者の年齢や家に注目すると、村内の全ての若者が関与したわけではないが、年齢層は一六歳から三一歳に限定され、全て未婚である。また庄屋家や年寄家をはじめ組頭など有力な家から組下百姓の家の者までを含む階層を越えた集団であり、春木川村の若者組というべき実態である。さらに、この中には市左衛門・弥左衛門・清左衛門という若年の戸主三名も含まれる。各戸主は五人組を単位に村内の取締まりを強化する側であり、違反行為があった場合には、「親共一統」として責任を問われる存在でもあった。だがその戸主の中にも、市左衛門らのように若年であることによって若者グループに含まれる者が存在し、彼ら自身が規制から逸脱する事態もあり得たのである。また、そのような若者集団を主導した人物は、「小屋行」となった四人、中でも堺奉行所に捕縛された市左衛門と平蔵であった可能性が高い。このような者達が「若キ物一統」を構成し、時には博打などの違反行為に手をつけてしまいかねない集団として、村での取り締まり対象になっていたのである。

以上、文政一二年の「村方取締書」をみてきたが、そこでは若者組による秩序攪乱や商品経済のさらなる浸透など、一九世紀の地域社会を取りまく広域的問題が春木川村の中にも及んでいたこと、ただしそうした動向は、山里春木川村の生業や村落秩序のあり様と関わって村方での具体的な取り締まりを必要とするような状況を生んでいたことがみてとれる。改訂された文政期の取締書にはそれらの問題が重点的に追加され、春木川村固有の村内規制として確認されていったのである。

なお、こうした「村方取締書」の作成・徹底方法は、村落構造の変化にも規定されていた。村内対立収束以前の文化八年「村方取締書」は、他村兼帯庄屋に対して村中全員が連判するという形式であったが、文政期に入ると、村内対立が収束し、春木川村では庄屋・年寄を内部に含む五人組頭による合議的な村政が確立していく(7)。そして、文政一二年の「村方取締書」では、取り締まりの箇条を記した後に、まず五人組頭全員が連印し「取締書」として完成させたものを庄屋・年寄宛に提出したうえで、それを各組に一冊ずつ配布し、五人組各人が連印して組頭（本史料の場合は「組頭」の彦左衛門）に差し出す形式へと変化している。このように村内対立の収束を経た文政期の取り締まりでは、五人組単位で請判を取るなど、取り締まり主体や取締書の形式面でも、庄屋を含む組頭の役割を前面に出しつつ村内秩序の安定化がめざされていた。つまり同じ「村方取締書」であっても、誰を取り締まりの主体とし、どのような形式をもって徹底するかは、各村の村落構造の歴史段階によって異なっていたのである。

二　上神谷郷「郷中申合倹約之事」と豊田村の村方取締書

1　上神谷郷の「郷中申合倹約之事」

以上述べてきた春木川村「村方取締書」の性格は、おなじ文化八年に和泉国大鳥郡の組合村・上神谷郷で作成された「郷中申合倹約之事」と比較してみると、より鮮明となる。上神谷郷で豊田村庄屋をつとめた小谷家には、文化八年の「郷中申合倹約之事」が二点現存しており、うち一点は横帳に綴じられて「郷中取締倹約ニ付、村方連印帳」（以下、「村方連印帳」と略記する）という表題が付されている。[8] この横帳は、文化八年「郷中申合倹約之事」の写しの後に、村方で取り決めた「付則」の六ヶ条を加え、豊田村惣百姓が連印した村方申合の形式で綴られている。つまり、二点のうち一点は郷レベルで作成された申し合わせだが、他方の「村方連印帳」は郷中申し合わせを含めた豊田村の連印帳として、春木川村の「村方取締書」と同じ「村方申合」の性格を持つものと言える。

まず、郷中での申し合わせについて表2を見よう。上段には豊田村小谷家文書の「郷中申合倹約之事」の内容を、下段には前節でみた春木川村の「被仰渡方ニ付村方取締書」との対応を示した。一条目はほぼ同じ内容であり、同一の倹約令をうけて作成されたことは確実である。しかし全体の構成では、上神谷で作成された取り締まりのほうが長く、またその内容も博打や勧進に関するものなど多岐に及ぶ。また両者の間には、郷レベルで作成されたものと、村で作成されたものとの違いも見出される。例えば、上神谷の取り決めには、郷中諸勘定や郷中参会などに関する規定も含まれており、主眼は郷としての倹約に置かれている。また、特に上神谷郷での取り決めとして注目されるのは、表2⑬の奉公人召し抱えに関する規定である。

⑬では、他所（他領）への奉公人の流出によって奉公人が不足するなかで、上神谷郷として奉公人の召し抱え方法を定め、同領内での奉公人召し抱えが片付くまでは他領奉公の契約を認めず、他領・村内とも奉公人請状には請人と村役人の「役印」を捺すことを確認している。伯太陣屋に詰める「新御奉公人」の選出を優先する文言は、武家奉公人の忌避を食い止める措置としても注目されよう。

こうした上神谷郷での申し合わせを踏まえると、おそらく春木川村が所属する下泉郷でも何らかの郷内取締書が作成され、各村にも通達されたと考えられる。ただし春木川村では、これらの箇条から自村の村落秩序に適合するように表現を変えたり、新たな具体的箇条を盛り込んだり、必要ない箇条を削除したりするなど選択的に作り変えた上で、「村方取締書」を完成させたと考えられるのである。

2　豊田村の文化八年「村方連印帳」

次に、上神谷豊田村で作成された同年一一月の「郷中取締倹約ニ付、村方連印帳」をみてみよう。[9]

〔史料3〕

「　文化八年
　　郷中取締倹約ニ付、村方連印帳
　　　未十一月　豊田村　」

　　郷中申合倹約之事

一、此度百姓為御赦（救）肥代御貸付拝借之義被為仰出、誠以廣太之御仁政冥加至極御領永百姓相続可仕、偏ニ難有奉存候、其外質素節倹数ヶ条被仰出、御書付趣急度相守り可申候、右ニ付、郷中申合取締書、左之通

（中略、内容は表2に掲載）

右之外此度被仰出御書之趣、郷中一統承知仕、若違背之者有之候ハヽ、隣村ゟ見付次第其村方江掛ケ合、早速御役所へ御訴可申上熟談、已来忘却不致様、為後鑑連印

　　文化八未十一月

右者郷中定之儀ニ御座候

　附り

「被仰渡方ニ付村方取締書」比較　※丸番号は箇条の条数を示す

	郷中申合倹約之事（上神谷／文化8年11月）	被仰渡方ニ付、村方取締書（春木川村／文化8年11月）
作成経緯	①此度百姓為　御赦肥代御貸附拝借之儀被為仰出、誠以広太之御仁政冥加至極、御領永ク百姓相続可仕、偏ニ難有奉存候、其外質素節倹数ヶ条被仰出書付趣急度相守り可申候、右ニ付郷中申合取締書、左之通	①此度百姓為　御赦肥代御貸附拝借銀之儀被為仰出儀、以御仁政御憐愍御領永く百姓相続可仕儀、偏ニ難有奉存候、其外質素節倹数ヶ条被仰渡之趣一統承知仕候、右ニ付村方取締書、左之通
年玉・歳暮祝儀	②正月村中年酒年玉歳末其外諸祝儀、互ニ送答致間鋪事	②村方年礼之儀ハ格別、年玉幷歳暮祝儀・鏡餅、年限中諸祝儀等、当未年ゟ辰年迄拾ヶ年之間互ニ送答致間敷候
地蔵寺		③地蔵寺迚茂同様、配札無用勿論祝餅相断之事
節句・盆	③三月・五月初節句之儀、随分倹約ニ□□可致事 ④七月盆祝儀等之儀右同断、新棚祭り等者、是迄仕来半減ヲ以取斗可申事	④三月・五月初節句、右同断、随分可成丈ハ倹約ニいたし、重ノ内送答無用之事
祭礼	⑤祭礼者神用斗り、余計餅搗不申、重之内送答尤客来之儀、親子之外決而不相成、生魚不相用、有合ヲ以相賄可申、且肴屋村内江立入不申様可致勿論、肴買調不申様情々村役人可遂吟味事	⑤祭礼之儀、神用斗りニ而随分質素ニいたし、生魚等決而不相用、塩物有合ヲ以相賄可申、重之送答右同様無用之事、但シ、右年限中ハ何ニよらず或ハ馬錺いたし大勢申合外方江罷出之義兼而無用之事
婚礼祝儀	⑥嫁取・婿取・養子・婚礼・家造棟上等諸祝義之義随分可成丈取縮是迄ゟハ半減ヲ以取斗可申、但シ婚礼之儀、家別上中下相定、弘メ料村内江差出可申、其外万端諸祝儀も相配候儀決而無用事	⑥嫁取・婿取・養子振舞諸祝儀随分倹約ニいたし、尤婚礼ハ村方江弘メ料上分限弐拾目、下分拾目差出シ可申、勿論出銀無遅滞組内ゟ吟味いたし不滞様急度相守可申候事
諸山参詣	⑦諸山幷参宮之儀、大勢申合参詣致間鋪候、尤留守見舞餞別酒迎土産物動結等決而無用、随分質素可致、万一願届有之候ハヽ、村役人江相断、差図之上参詣可致事	⑪諸山参宮之儀、大勢申合参詣無用、万一願届有之節ハ村役人江相断、差図之上、勿論見舞土産物動結等決而無用之事
酒会・若き者	⑧村方ニ而遊興酒会幷若キもの飲食小宿堅ク不相成、暮五ツ時ゟ家々戸〆置、及深更村内徘徊致間鋪事 ⑮農業不情無之様、五人組ゟ急度気ヲ附可申事、附り、為慰漁其外何ニよらす池々江立入殺生決而無用之事	⑧農業随分出情仕、酒会遊興幷若キもの飲食之小宿決而仕間敷事
草履・着服	⑨男女草履下駄打込草履雪駄等、村役人之外決而不相成、尤奉公人御他領もの召抱候共、当主人ゟ右堅メ通可相守旨可申渡事 ⑩男女着服、木綿之外縦令襟袖口たり共絹布之類不相成、女わけくゝり銀細工、男文羽手拭幷法被無用事	⑦男女着服、木綿之外縦令衿袖口たり共絹之類決而無用之事
—	⑪郷中右□無用之事	
暮仕事	⑫大小百姓老若奉公人不限、暮仕事縄弐拾尋、但シ暮五ツ時限可致事	

表２　文化８年の上神谷「郷中申合倹約之事」・春木川村

奉公人	⑬百姓農業拵之ため奉公人召抱候儀、是迄惰弱相成候ニ付、猥ニ他所究仕、宜人柄之者無之ニ付難渋仕、自然御上様御用差支ニ相成候義、此度相改、来ル申年ゟ十一月朔日新御奉公人ハ被為仰出相済候上、三日ゟ勝手次第ニ相究、御同領片付候上、御他領村内たり共、男女ニ不限請証文之儀者請人并役印致可申筈、万一役印無之奉公之儀有之候而も一切取敢不申、尤右日限ゟ前日相究候ハヽ、隣村ゟ見聞付次第御役所御届可申上事	
村方和融	⑭当郷中村々被仰出候通、争論互ニ相慎、聊当座之我意ニ募り出入ヶ間敷儀決而致間敷、万一無拠掛ケ合之儀有之候ハヽ、其村役人互ニ引合、情々御上様之御苦労ニ不相成様可申候事	⑫被仰出候通、村方互ニ和融仕、聊当座之我意ニ募り争論決而仕間鋪旨急度互ニ相慎、御上様之御苦労ニ不相成様、平世勘弁可仕事
職人・商人	⑯諸職人・商人之儀者、兼而厳敷被仰出候ニ付差留候、万一仕度者ハ名前差出し可申候、御上様御窺之上、御差図請可申事	
山	⑰松しん伐、山荒・農あらし之儀申堅メ通り相互ニ気ヲ付可申事	
村方立会	⑱村々免割・支配割其外村方何事ニよらす立会之節禁酒之事	⑨免割・支配割其外村方立合之節ハ禁酒勿論飯賄等右同様無用之事、但シ、頭百姓年分村用余計ニ相勤居事故、壱ヶ年ニ日役二人分用捨之事
年中諸講		⑩年中諸講々会之儀、随分倹約ニいたし、塩物切ニ而決而生魚等不用、有合ヲ以相賄可申事
酒重飯代	⑳〔挿入〕飯代是迄壱飯壱匁三分之処〕酒重飯代之儀、已来壱飯八分ニ相定メ、其積ヲ以茶漬用意可申候、尤禁酒、但シ酒重年礼之儀者格別、聊扇子たり共村役人江持参之儀者決而無用、勿論年酒同様無用之事	
葬式	㉓葬式之節、出家衆者一汁一菜ニ而相賄可申、親類其外懇意者并村方世話人・同行ニ至迄禁酒、并にぎり飯香のものニ而相賄可申事	
博奕	㉑博奕諸勝負、兼而被仰出候御法度之趣急度相守可申事	
勧進	㉔諸勧進并角力札浄留理抔ニ書面ヲ以申来候共、一切取敢不申事	
郷中参会	⑲郷中諸勘定、是迄迚も可成丈ハ取締有之候得共、尚亦此度相改格別倹約、郷割立会勘定之節者弁当持参、禁酒之事 ㉒臨時御用向其外四郡用、当郷取調子参会之儀、刻限無遅滞、弁当持参ニ而可致参会事	

婚礼之儀者上・中・下・下々と相定、手軽ニ村方へ祝言料、高八石以上者銀三拾匁、四石高ゟ以上ハ弐拾匁、壱石ゟ以上ハ拾五匁、壱石以下無高拾匁宛、尤三ヶ年之内者取不申、三ヶ年すぎ候ハヽ、右祝言料定之通、八月十五日限ニ取可申事

一、正月餅半減、尤神祭り家内□□なと聊ニ而も祝餅出し申間鋪事

一、五月田植之節、草踏抔と申呼合候儀者、十ヶ年之内ハ致し間敷候事、尤酒之儀者壱人前ニ壱合宛、餅・魚類、残ハ不相用事

一、七月新棚之儀、物抔ヲ取遣致間敷事、尤禁酒之事

一、十月玄猪之儀者、祝一度切之事

一、年回抔之儀銀子親子兄弟斗呼合、禁酒、尤香肴抔互ニ取遣致し間鋪事

右之通村方一統相決し可申事

文化八年未十一月日

一、　　　　　　　　　　清兵衛（印）

一、　　　　　　　　　　吉兵衛（印）

（以下惣百姓連印　省略）

この帳面は、傍線部の「右者郷中定之儀ニ御座候」までが上神谷郷で取り決められた「郷中申合倹約之事」、その後の「附り」以降が「村方一統」すなわち豊田村での取り決めであるが、全体は表紙の通り、豊田村の「村方連印帳」としてまとめられている。つまり上神谷郷でも、郷レベルの規約だけではなく、村ごとの取締書が作成されていたことになる。豊田村で決められた祝言料は、石高を基準に決められており、春木川村の規

定とは基準・上限額などに違いがある。また「田植」や「新棚」「玄猪之儀」などでの「呼合」や諸祝儀の規定は、当然ながら豊田村の慣習を反映したもので、春木川村の規定とも異なる生活共同体レベルの固有の秩序である。ただし豊田村の場合は、これらの村方規定が「郷中取締」に続いて記される点が重要である。上神谷村々は中世末以来谷内に惣的結合をもつ村々である。おそらく郷中の取り決めにも、隣接する村どうしでの博奕取り締まりや奉公人召し抱えといった生活レベルの共通性・連続性が必要とされ、豊田村の場合はそうした郷中での取り決めを包摂しつつ、自村の村方取締を作成したと考えられる。こうした点にも、上神谷豊田村の連印帳と、平野部村々と離れて存在する春木川村の取締書の特質をみてとれよう。

三　村方取締書の作成過程と領主規制

春木川村・豊田村などでの具体的な取り締まりのあり方をふまえて、最後に伯太藩の倹約令下達過程を検討し、「村方取締書」に見える村落の生活と領主規制との関係について見ておきたい。次に掲げた史料は、万延元（一八六〇）年一二月に伯太役所から下泉郷の庄屋・年寄に宛てて出された触書である。(10)

〔史料4〕

「（表紙）被　仰出書」

一、村々年限を相立禁酒たるへく候、尤吉凶之節無據子細茂有之者、御役所江伺之上、村役人共ゟ可取斗、

年酒三ヶ日限之事
一、村内ニ小売酒屋・煮売・くだもの店かたく御差留、且他所ゟ参候荷売等不差入、都而百姓共ニ不用之品、又ハ無益之商人村内へ不立入候様取締可致事
一、衣類之儀、庄屋・年寄ハ紬ニ限リ、平百姓ハ綿服ニ限り、都而為方ニ可相成候麁服を相用可申事
一、ばき(ママ)もの之儀、表付之下駄・草履・塗下駄・くつ・せつた抔不相成、是迄有合之分者印を付遣し可用、新調急度差止可申候、若相背候もの有之者過料可被仰付候事
一、質素倹約仕法相立候上ハ隠密として見廻り之者差出可申候間、堅仕法相守可申候、神妙之ものハ御賞詞被下置、麁略等いたし等閑之村方ハ当人ハ勿論、村役人共厳重之御沙汰可有之候間、此段兼而相心得可申事
一、家別壱軒ニ付日掛銭壱文或ハ弐文夫々位を付、毎月三度十日限ニ御用席(序カ)ニ　御役所江差出、押切印を可受、村役人立会仕法相立、村借用又ハ難題筋之借財等済方いたし、余銀ハ凶年非常之備ニ相成候様可致、右等之儀仕法帳を以万端御役所江相伺可申事
一、諸山名目其外太切之金銀百姓共へ借り入間敷義、兼而被　仰出茂有之候得共、兎角内分借り入等閑ニ相成、返済難出来、終ニ者亡名之百姓共出来之義間々有之趣相聞へ、甚不埒之至ニ而、依之向後急度可為停止事
一、孝行・寄特幷農業出精いたし平日実体なるものハ、厚御賞詞被下置、農業不精ニて余業を専らにいたし諸勝負事ニ携、親不孝其外平日身持不宜ものハ、厳敷御沙汰可有之候、勿論右等之趣不隠置、村役人共ゟ有体可訴出、尚又隠密を以達　御聞候上者、御糺之上厳重御咎可被　仰付事
一、御用ニ付村々江出役之砌休泊賄方之儀、兼而倹約被　仰出茂有之候得共、兎角仕来ニなず(み脱カ)、村役人共

幷人足之ものとも迄無益之酒食等相用候義有之、小前百姓共及見聞候ニ付而ハ割方之障ニも可相成候間、
右等之儀急度取締可申事
右之條々被成　御達候間、小前末々迄茂不洩様急度可申渡者也
申十二月　伯太役所　印
下泉村
庄屋
年寄共へ

一条目は、年限を立てて禁酒すること、しかし「吉凶之節」にやむを得ない事情がある場合は、役所へ申し出たうえで村役人が取り計らい、新年の飲酒は三ヶ日のみに限定されている。二条目は村内の小売酒屋・煮売屋といった店を差し止め、その他の商人が村内へみだりに入ってくることも禁止している。三条目と四条目は衣類についての倹約令である。また六条目では「村借用又ハ難題筋之借財等済方」「凶年非常之備」のため各村で家別日掛銭仕法を定めるよう通達している。しかしながら、この仕法は「毎月三度十日限ニ御用席（序カ）ニ御役所江差出、押切印を可受」とあり、村による運営ではなく、藩の管理下で行うことが明示されている。これを受けて、翌正月二六日には、泉河三郷惣代から藩へ宛てて次のような口上書が提出された(11)。

〔史料5〕

乍恐口上

一、先達而御書下ヲ以被仰渡候御仕法御倹約書之趣、一同承知奉畏候得共、乍恐左之通取締仕度奉存候ニ付、此段御伺奉申上候

一、年限之義ハ当酉年ゟ来ル丑年迄五ヶ年之間尓相定申度奉得(存)候事
　　此分御聞済相成申候
一、平日禁酒急度為相守可申事
一、於村々、在来之講事幷神事又ハ吉凶之節、是迄相用候酒半減仕度候事
　　此分御聞届ニ相成不申候事
一、冬春沓之義ハ百姓共農業又ハ山職道具候間、御免被成下度候事
　　此分御聞済相成申候
一、毎月家別日銭掛之儀ハ、別而当時節柄之義ニ付、追々時節相直候迄御猶豫被成下度、乍恐此段奉願上候　此分追而時節立直リ候迄御延引相成申候
一、是迄年々諸勝負筋相携候者御取締有之候得共、近年来心得違之者も数多有之候ニ付、尚又向後厳重ニ御咎も被仰付被下度、此段奉願上候、右之通乍恐御伺奉申上候、其余御書下之趣承知為相守可申候、以上

万延弐酉年正月廿六日

泉河三郷惣代共

御役所

前書之通リ御書下ケ之内、三郷相談之上仕法御願奉申上候処、御聞届ニ相成申候、右之内在来之講事・神事、又幷吉凶之節酒半方等願上候得共、夫ニ而者祭(際)限無之候間、堅相止候様被仰付候事、
御上様ゟ御書下之趣逸々急度相守可申候等御書記、其次ニ村ニおゐて年中諸事御取極倹約書一点打書入、村中一統連印、御受書御上ケ可被成候事、余御人々様思召ヲ以御書入之上、取付可被成下候、以上

二月廿三日

この史料の作成は、三段階に分けられる。第一段階は、万延二年正月二六日の伺書「乍恐口上」の本文、第二段階は、伺書に追記された藩からの下知内容である。そして第三段階は、二月二三日付で泉河三郷惣代から各村へ右の口上書を下達する際に付された文言である。以下、それぞれの段階に即して中身を検討しておこう。

まず、第一段階の「乍恐口上」は、一条目より、万延元年一二月「被　仰出書」の実施細則に関する伺書であることがわかる。重点が置かれているのは「被　仰出書」一条目の飲酒に関する取り決めで、二条目では禁酒の年限を五年とすること、三条目で「平日」禁酒を守らせるとしたうえで四条目では村々で続けられてきた講や神事、吉凶の際には、これまでの酒量を半減したいと上申している。この「半減」は、平日の「禁酒」に対して「これまでの半量なら酒を飲んでも構わない」というニュアンスである。また、〔史料4〕の「被　仰出書」では「吉凶之節」のみの上申を想定し、新年の「年酒」も三日に限定する文面だが、郷惣代は講や神事の日にも拡大している。つまり、村における具体的な規定を作成しようとした時、在地社会では「吉凶之節」と並ぶ酒会として講や神事が盛大に営まれており、郷惣代らはそれらを「吉凶之節」の問題に括って上申することで、村方取締書に合法的に盛り込もうとしたのである。

五条目は「被　仰出書」の四条目を受けたもので、藩の指示で禁止された靴の着用について、冬春の農業や山稼ぎに不可欠なものとして許可を願っている。六条目の「毎月家別日銭掛之儀」については藩側の名目である「凶年非常之備」も、時節柄村にとってはむしろ負担であると否定している。一方、七条目の博打に対する取り締まり強化には、強い処罰を求める姿勢が打ち出されている。こうした状況は、文化八年から文政一二年にかけての春木川村の「村方取締書」での箇条追加や「若キ物一統」による博打一件などの延長上にあるといえよう。

以上が、郷惣代が藩に変更を求めた点である。村々で細目を作るにあたっては、「数ヶ条」の藩からの指示だけでは村の生活実態に即さない部分が多かったことを如実に示しているといえよう。

こうした郷惣代の上申に対して藩側は大方許可しながらも、講事や神事、吉凶之節の飲酒は「此分御聞届ニ相成不申候事」と否定している。郷惣代は、村々への下達の際「右之内在来之講事・神事、又并吉凶之節酒半方等願上候得共」と上申についてもわざわざ明記し通達している。

またこの第三段階では「御上様ゟ御書下之趣逸々急度相守可申候等御書記、其次ニ村ニおゐて年中諸事御取極倹約書一点打書入、村中一統連印、御受書御上ケ可被成候事」と指示されていることが重要である。これは前節でとりあげた「村方取締書」の作成過程にほかならず、各村の「倹約書」には、冒頭に「御書下之趣」（ここでは〔史料4〕の「被　仰出書」）を守る旨が記され、その後に各村の「年中諸事」に関する具体的な取り決めが一点ずつ書き込まれ、村中より請印が取られるのである。つまり第一・二段階の藩と郷惣代のやり取りを踏まえつつ、最終的には村ごとに多様な形式・内容を持つ「村方取締書」が作成されることになる。ただし、第三段階の郷惣代の指示でも、やはり「倹約書」とされている点には注意しておきたい。

このように、伯太藩領では一九世紀初頭より幕末にかけて、「村方取締書」や「村方連印帳」などの表題をもつ倹約規定が繰り返し作成されていた。それらは従来の村法や村掟とは異なり、いずれも領主からの倹約令をうけて領内で一斉に作られる点に特徴がある。しかし年限ごとに改訂が繰り返されるなかで、実際に作成される「村方取締書」の中身は質素倹約のみに収斂せず、村政の体制や、村方と若者組との関係、村財源に組み込まれる諸祝儀の規定、座・講などの諸行事の細則、出商いへの対応など、郷惣代の認識とも違うかたちで、各村の村落秩序や生活世界の実態を色濃く反映した現実的な村内規約＝〈村法〉として確認されていったのである。

おわりに

以上、一九世紀の伯太藩領における「村方取締書」の作成過程について、文化八年、文政一二年の春木川村「村方取締書」、そして万延元年の倹約令などを取り上げて検討してきた。それぞれの史料の形式・内容を踏まえて、一九世紀伯太藩の領主支配と村落秩序の関係を総括しておきたい。

一九世紀の伯太藩領では、凶作に対する御救や、物価高騰などへの救済措置と抱き合わせで倹約令が出され、そうした領主規制と連動して、領内一斉に各郷の郷方規約と各村の村方規約が作られていった。藩から下達される倹約令自体は、村にとって他律的で一般的な規制であるものの、そのもとで作成される各村の規定は村ごとの「村方取締書」としてまとめられ、各村固有の生活秩序を強く反映した形式・内容をもつものとなった。伯太藩の事例では、一九世紀にはこうした〈村〉レベルの取締書が、広域に展開する若者や出商いなどの風俗や治安問題を包摂しつつ、幾度も改訂されていたのである。

ただしそれらは、領主規制や郷方取り締まりによる統制強化としての側面だけでなく、むしろ村落社会における村落秩序の確認・明文化としての意味を持つものであった点に注意したい。村方での取り締まりの前提には、領主規制をうけた倹約徹底の論理が意味を持つものの、取締書での申し合わせでは、どちらかといえば、村方における従来の「諸事年中行事」のあり方を再規定し、確認しようとする傾向がみられたからである。また、山間村落の春木川村のように、山里の生業に不可欠な出商いの増加などを踏まえて、出商いを禁止するのではなく、むしろ出村時の具体的な基準を設けることによって村として積極的に対応しようとする局面もみられた。

本補論では、伯太藩領の「村方取締書」という限られた視野からではあるが、一九世紀の地域社会における「村方取締書」の作成によって、倹約令としての抽象的な領主規制が、各〈村〉単位にそれぞれの村の取締書として繰り返し改訂・確認されるなかで、むしろ個々の村落秩序のあり様が全領規模で「取締書」という史料に顕在化してゆく様相を検討してきた。商品経済の浸透や若者問題などが村を越えて展開する一九世紀前半の地域社会については、中間支配機構などによる広域行政・取り締まりの展開や、その担い手としての豪農層らの活動内容や活動領域が注目されている。しかし、本論で取り上げた「村方取締書」の形式と内容には、領内や郷などでの倹約と取締の論理を含みつつも、領内や郷という位相だけでは捉えられない、この時期の村落構造を反映した各「村」独自の論理や秩序が表出している。広域的な地域変容のなかでのこうした個々の「村」のあり様について、村落構造や生業の変化を捉えつつ、一九世紀における伝統社会の展開として具体的に明らかにする必要があるだろう。

〔註〕

（1）和泉市教育委員会所蔵・春木川町山本家文書２―198。以下、山本家文書については「山本家」と略記する。また、春木川村の村落構造については本書第七章で検討した。

（2）山本家４―16。

（3）春木川村の村内対立については、拙稿「近世後期春木川村の村落秩序」（和泉市史編さん委員会編『和泉市史紀要第10集　松尾谷南部の調査研究』二〇〇五年）で検討している。

（4）山本家４―19「村方倹約取締書」。

（5）本書第七章。

（6）春木川・山本家４―50、文政一三年「御地頭様ゟ若キ物共勝負ケ間鋪儀ニ付御召捕入用帳」。

（7）前掲註（3）論文。
（8）国文学研究資料館所蔵・小谷家文書二五八三。もう一点の「郷中申合倹約之事」は、同・小谷家文書四九四〇。
（9）註（8）に同じ。
（10）山本家4―26。
（11）黒鳥町浅井竹氏所蔵史料・箪笥5―66―3―3―3。

終章

序章で述べた問題視角や課題を踏まえて、本書の内容をまとめておきたい。以下では、まず伯太藩の特質や伯太陣屋と地域社会との関係について整理したうえで、藩領となった和泉地域の村々のあり方から伯太藩領の構造に規定された領主支配の展開・特質について総括する。

一　伯太藩の展開と「陣屋元地域」の形成

1　一七世紀の伯太藩

伯太藩渡辺家は、一七世紀後半、大坂定番役への就任に伴って、和泉地域・河内地域村々に一万石の所領を与えられ、譜代大名となった。このときの加増は、伯太藩と所領村々との関係だけでなく、伯太藩の家臣団編成にとっても重要な意味をもつものであった。

当該期の畿内幕府支配は、序章で指摘した通り、幕府中央による畿内西国支配の掌握が進むなかで、従来の畿内・西国独自の支配機構であった「八人衆体制」が消滅する時期として捉えられてきた。(1) こうしたなかで、寛文八（一六六八）年までの定番は就任時に大名へ取り立てられて終生在番する事例が一般的であった。(2) 第一章では、このような背景を踏まえつつ、初期伯太藩家中の構成を明らかにするために、寛文期の加増に伴う家臣団の変化に注目した。定番を命じられた伯太藩は、役の遂行に必要な家中を、大坂周辺に滞留する浪人や元幕府与力（御家人）層から抱えたこと、渡辺家の直前に大坂定番を勤めた大名家でも、同様に新規家中召し抱えが行われていたことを指摘した。伯太藩家中の中核部分は、定番就任に際して、他の家中を渡り歩く浪人や、身分的に流動的な段階にある幕府御家人などを取り込むかたちで形成されたのである。畿内・西国の軍事的拠点である都市大坂での番方役は、渡辺家が譜代大名として確立する上で、きわめて重要な意味を持ったといえよう。

寛文元年の加増地に含まれた和泉地域・河内地域の村々は、大坂での定番役遂行に要する物資・人足の供給地としての役割を期待され、領主支配においても大坂への年貢廻送や定番屋敷への武家奉公人・人足の供出などが求められた。第四章では、それらの供給構造について、当該期の所領村々（上神谷郷）の側から検討した。伯太藩武家奉公人の調達は、年貢未進を給銀で相殺する「未進奉公人」の名目で行われたが、奉公中の詰先が江戸藩邸から大坂定番屋敷になったことで、奉公希望者が激増する村々もみられた。そのため当初は年貢上納との相殺を目的とした居成奉公が過半を占めたが、やがて給銀の高い歩行小役人・足軽では家筋の固定化が進み、家臣団の下層に組み込まれる一方、給銀が低い中間に関しては村々で増加する年季奉公人の需要と競合する構図となっていく。領内村々やその周辺地域における労働力移動の動向に規定されるかたちで、享保期以降の定番屋敷の中間は、領内村出の奉公人と都市大坂で雇用された渡り者とで構成されるようになったのである。

このように、一七世紀段階の伯太藩の家中と藩政は、大坂定番という番方への役職就任にともなって大名としての家臣団組織を創出し、畿内に所領を持つ領主となった。しかし、一七世紀の藩体制や地方支配の拠点は、役職就任・退任に伴って、大坂定番屋敷や江戸藩邸、所領に臨時的に設置された仮役所などに移転を繰り返しており、個々の家臣においても、畿内の所領内に出自を持つような武士はいなかった。村々との関係は、このような定番役への対応に規定されるかたちで、所領支配の局面に限定されていたと考えられる。

なお、都市社会史の視点にたつと、定番屋敷家臣団と町方社会との関係は、今後掘り下げるべき論点である。本書では触れることができなかったものの、一七世紀については、慶安元（一六四八）年から寛文期までの大坂町奉行による都市法整備と関わって、武家奉公人の出替り規定や、市中治安対策における浪人や奉公人問題の重要性が指摘されている(3)。都市法の論理と展開を踏まえたうえで、法令に頻出する「奉公人」や「浪人」の内実・実態を、武家地での家臣団編成と絡めて具体的に考察することが課題となるだろう。

2　陣屋の変遷と「陣屋元地域」の成立

享保期以前の段階では、所領支配の拠点となる陣屋元村のあり様も、以上のような伯太藩の動向に規定されていた。第二章で述べたとおり、畿内の所領に設置された初めての役所は、最初の定番就任期間後まもない延宝期に、和泉国大鳥郡上神谷地域に建設された「仮役所」であったと考えられる。ただし、役所の規模は少数の地方支配役人が詰める屋敷や御林などの集合体にすぎず、家臣団が集住する伯太陣屋の姿とは程遠いものだった。元禄一一（一六九八）年には、武蔵国の所領が近江国に移されたことにより、既存の屋敷・御林などを転用するかたちで大庭寺陣屋が設置されたが、陣屋移転から間もなく再び大坂定番を命じられ、大庭寺陣屋で所領支配を担っていた郡代・代官までもが大坂城玉造口の定番屋敷へと移動した。それゆえ、所領支配の機能を喪失した「陣屋元」大庭寺村では、郷宿はもちろんのこと、陣屋の需要に応える商手工業者などの成立・定着もみられなかったのである。一方、大坂の定番屋敷は、定番役所・藩邸としての性格のみならず、地方役所としての性格を持つようになる。この点は、一八世紀初頭までの大坂における武家地の性格を考える上でも重要であろう。

それに対して、一八世紀に入って建設された伯太陣屋は、家中屋敷としての性格が強く、享保期から幕末まで伯太藩の在所であり続けるなかで、「プロト城下町」としての内実が形成されていく。享保一三（一七二八）年、大坂定番退役により伯太陣屋が急遽建造されると、定番屋敷から多くの家臣が伯太村に移住した。そして、伯太村では百姓の一部が郷宿や酒屋・風呂屋などに転じ、村内町としての「新田町」が成立するなど、急速な都市化を遂げた。

第三章では、陣屋元村となった伯太村の特質について、①丘陵上の陣屋空間、②郷宿や日用労働の供給者「日用頭」の住む「新田町」、③百姓集落という三つの部分社会の展開に注目した。このうち、①の陣屋空間内部には、分限帳に登載される武士身分の家中のほかに、多くの下級家臣や武家奉公人層の存在が確認できた。また、②の「新田町」には、様々な商手工業者だけでなく、他村の百姓や日用人足なども逗留していた。近世後期の伯太村は、伯太村の百姓身分と陣屋の武士身分にとどまらず、多様な存在を含んでいたのである。ただし、百姓集落の秩序は、村政や座・檀家組織といった生活共同関係においても、「新田町」の住民を包摂したまま、陣屋元「村」としての全体性を体現し続けた。そして、①の家臣団（とくに若輩家中）やその消費空間としての②「新田町」取り締まりにおいても、陣屋元村全体を包括する「伯太村」の村政機構が重要な役割を果たしていた。陣屋元伯太村は、多様な都市性を内包しつつも、城下町のように独立した「都市」とはならず、下泉郷のなかの都市的な「村」として存在したのである。

なお、陣屋元村の類型差という点では、譜代小藩の在所である伯太陣屋の場合、幕領代官所や三卿領の陣屋に比べると、家臣団の居住数において陣屋の規模が格段に大きいことも注目される。それゆえに、商手工業者の渡世も、郷宿の他に大工や瓦屋・風呂屋・酒屋など多様な職種に及び、さらには日雇人足を供給する日雇頭や、陣屋に詰める武家奉公人など、一定の労働力需要も成立していた。こうした点は、陣屋元地域の社会構造や藩領社会との関係を考える上でも無視できない。また泉河三郷の入用には、武家奉公人や日雇頭・郷宿・伯太歩行への与内銀が算用され、組合村の運営においても相当の比重を占めていた。

第四章・第五章で詳しく述べたとおり、伯太藩の武家奉公人は領内百姓から奉公希望者を募り、当人の年貢納入と奉公給銀を相殺するというシステムで確保されていた。しかし、村々での農家奉公などとの競合で陣屋奉公の希望者が激減するようになり、伯太陣屋への移転後は、郷単位に一定数を徴発するシステムへと転換される。さらに近世後期の奉公人調達では、陣屋元村や周辺村との密接な関係がより強くうかがえるようになる。領内の多くの村々は、地域の労働力移動に規定されて武家奉公を避けるようになり、伯太村や黒鳥辻村・郷庄の零細百姓らが給銀や与内銀（領内村々が支給する増給銀）の現銀収入を求めて代替奉公に出るケースが増加したからである。代替奉公に応じる伯太村や黒鳥辻村・郷庄の零細百姓にとっては、奉公先の近さや多額の与内銀補填を期待できることなど、陣屋元地域の小百姓であるがゆえの独自の利害も存在した。

以上のように、近世後期の伯太陣屋は、人びとの生業面においても陣屋元村や近接する黒鳥辻村の村落社会との関係をより深めていった。後述する藩財政と黒鳥村黒川武右衛門家との密接なかかわりも含めて、下泉郷村々のなかの黒鳥村・伯太村の二ヶ村は、伯太藩の藩領社会における「陣屋元地域」としての実態をもっていたのである。

二　村落社会の変容と藩領社会——陣屋元の下泉郷を中心に

1　村請制村のあり方

本書第Ⅱ部では、近年の村落社会論の到達点を踏まえて、各村の村落構造から組合村結合の実態を考察した。まず意識したのは、一七世紀の段階で藩領社会の村々（村請制村）がどのような村落形成をへて伯太藩領へと編入されたか、という点である。藩領のうち、比較的まとまった所領である和泉国大鳥郡上神谷地域については、豊田村庄屋の小谷家を中心とした研究の成果が蓄積されてきた(4)。それに対して本書では、同じ和泉国にありながら、泉郡の平野部に位置し、他領主との入り組みが顕著な下泉郷村々の成立過程をみることで、地域の歴史的条件に規定された村請制村の形態を明確にしたいと考えた。第二章や第六章での考察を踏まえて、その特質を整理しておきたい。下泉郷は泉郡六ヶ村から構成される組合村であったが、その運営は村請制村を単位とする「八ヶ村」の枠組みで行われていた。ただしこの八ヶ村には、伯太藩から人別支配をうけない池上村出作や、村請制村と生活共同体の枠組みが一致しない黒鳥村などが含まれていた。

春木川村を除く七ヶ村は、文禄検地において、条里に沿う上泉郷・上条郷・下条郷・軽部郷・坂本郷・信太郷という枠組みのなかで村切りされ、中世末の段階で郷境上に村域を形成していた村では、集落が属する郷の外側の領域は「出作」として隣郷の検地帳に登録された。郷内に集落を持たない池上村などの領域は、郷内に集落を持つ村の村高（捌き高）として検地を受けたが、一七世紀半ば、その切り分けが進むなかで「出作」という土地のみの村請制村ができたのである。それぞれの「出作」のあり方や相給の構造は、その後の村落構造の展開を規定する一つの重要な要因となった。

黒鳥村（辻村・坊村・上村）の場合、町田哲氏が明らかにしたように、辻村集落は坂本郷、坊村集落は上条郷に属し、上村の集落は上泉郷・坂本郷の郷境上に位置していた。(5) 文禄検地・慶長検地では、こうした三集落の単位性とは一致しない「郷」の枠組みでの「村切」が実施される。その結果、上泉郷・坂本郷の郷境にあった上村集落は、二つの村請制村「上村」（上泉郷）と「郷庄」（坂本郷）に分割され、「郷庄」は同じ坂本郷内の「辻村」と同一の村高として把握された。しかし坂本郷の辻村とは錯綜する耕地一筆ごとに即して村高を分割し、以後、伯太藩の支配下においても両者の村請は「上村（郷庄）」「下村（辻村）」というかたちで区別され続けた。町田氏は「郷庄」の展開として、近世初期には集落として連続する上泉郷の「上村」との一体性が強かったものの、後に上村からも独自性を強め「黒鳥四ヶ村」としての単位性を生み出したと述べている。伯太藩の地方支配関係史料に「黒鳥上村」「黒鳥下村」と記される村請制村・黒鳥村の実質は、右のような変容を遂げた生活共同体「郷庄」と「辻村」だったのである。

一方、第六章でみた池上村は、黒鳥村と同様の「郷切」検地に規定されつつも、集落が上条郷に所在したため、信太郷・上泉郷の土地のみが人別のない村請制村として伯太藩領となる。池上村には、中世末の段階で「大村」と「かいと」という二つの生活共同体が成立していた。太閤検地ではそうした集落の単位性は把握されず、「大村」と「かいと」は互いの錯綜耕地を「捌き高」に分けることで「池上両村」として分立した。一方で、大村・かいと分立と並行する「出作」の切り取りは、「池上村」として一体で進められ、郷切での村請制と、集落としての「かいと」「大村」のあり方という二つの位相が併存していた。しかし池上村の「大村」・「かい」とは、黒鳥村の上村・下村とは異なり、天和期には分村状態を解消する。検地によって生み出された村請制村の枠組みと、それ以前の生活共同体の枠組みが一七世紀を通じて相互に影響を及ぼしつつ変動するなかで、伯太藩からみた村請制村のあり方が成立していったのである。

なお、本書では具体的に検討できなかったが、こうした特質は下泉郷の他の村々の展開にも無関係とはいえない。例えば下条大津村にも下条郷・上条郷間の「出作」が存在し、また上泉郷に位置する伯太村は、池上「出作」を含みこんで検地を受け、当初は池上「出作」の年貢を収納する「捌き村」であった(6)。

なお、筆者は池上村について論じた別稿において、当該地域の溜池灌漑域は郷の範囲とある程度重なっており、「出作」における隣郷村々との密接な関係は、水利の立会など生産局面において持続していくと指摘したことがある(7)。当該地域の水利秩序には、①条里耕地を灌漑域とする溜池の用水、②村単位で利用する大規模な湧水(これを「渕」と呼ぶ)、③個々の家が仲間に所属して用益する井戸、というかたちで重層化していた。②③は①の補完的水源で、根幹となる用水は、郷域とも部分的に重なりをもつ溜池灌漑であった。この地域での綿作や稲作などもこうした条里と水利の関係に規定されており、綿田・稲田への用水差配やそれに基づく輪作の慣行は、溜池の灌漑域を枠組として小字(坪)単位に行われることが多かった。つまり「郷」は稲作の局面において、「出作」が切り分けられた後にも意味をもち続ける場合があった。

このようにみてくると、泉郡平野部の藩領村々は、大鳥郡上神谷郷などと比較すると一見きわめて分散錯綜的だが、村の成立過程や生産の位相では、連続した条件を持つ村々ともいえよう。こうした中で、村ごとに異なる生活共同体と村請制村との関係のあり方が存在していたのである。

2　一八世紀前半における社会構造の変容

寛文期に伯太藩の所領となった「下泉郷」の平野部の村々は、以上のような過程を経て成立した村請制村であった。そして、伯太藩における組合村「郷」の枠組みは、元禄一一年の所領移転の際に、所領内の地方支配再編に伴い任命された触頭の管轄範囲として成立する。触頭は扶持米を下付され、新開の許可、村々間争論の内済、年貢納入の監督など、比較的強い権限を許され、所領内の入用も触頭間で算用した。下泉郷の場合は、それ以前に「泉河御領分」の割元であったとされる板原村根来家が引き続き触頭を勤めた。しかし郷中の内部構造は、一七世紀における村落形成のあり様にも規定されつつ、享保期にかけて大きく変容していく。本書で取り上げた池上村・黒鳥村を中心に、その様相を振り返っておこう。

両村での急速な構造変化はいずれも一七世紀末から享保期にかけて進展したが、ともに藩による御用銀賦課が一因となった点は軽視できない。町田哲氏の研究によれば、黒鳥村では一八世紀初頭以降、数軒の大高持が村内の御用銀や年貢未進を立て替え、質地地主として台頭した(8)。そのうちの一軒が一九世紀始めまで黒鳥辻村庄屋を勤めた黒川武右衛門で、村内では黒川家の質地集積と連動して無高層も増加する。第二章で指摘した通り、黒川家の所持高は、相給(大和小泉藩領)の黒鳥坊村などにおいても拡大していた。

一方、池上村では御用銀への対応が「本郷」「出作」両方での庄屋退転という事態に結果する。一七世紀末の本郷と信太郷側「出作」の庄屋は理左衛門家によって兼帯されていたが、正徳~享保期に大和小泉藩・伯太藩の御用銀が連続賦課されるなかで同家が退転し、以後南甚左衛門家・角右衛門家が「本郷」・「出作」の庄屋を担うという体制に段階的に移行した。本書では触れることができなかったが、享保期以後、「出作」庄屋となった角右衛門家は「出作」での土地集積を拡大し、「本郷」の庄屋南甚左衛門と並ぶ村方地主として、伯太藩領内だけでなく、池上村の集落や大和小泉藩の村々においても有力となる。

つまり、一八世紀初頭、御用銀が連続的に賦課される中で、黒鳥村における黒川武右衛門の台頭と、池上村における庄屋二家の退転、および南家の台頭という事態が展開していたのである。

両村の動向は、伯太藩財政の逼迫による郷借の累積や、触頭根来家の賄方登用とも連動している。第二章でみたとおり、伯太藩の藩財政は、二度目の大坂定番を勤めた元禄末年から享保期にかけて、江戸・大坂両藩邸の雑用金増加により悪化の一途をたどり、藩領社会への依存を強めていく。大坂定番就任期には、村々から納入された年貢銀の支出先として「借据分返済」などが増加し、なかでも泉州踞尾村の北村六右衛門や堺・大坂町人からの負債が累積していた。その結果、領内では正徳期より御用銀賦課が相次ぎ、触頭や村々の有力百姓を介した他借・立て替えが急増する。伯太藩では領外商人の登用による財政改革や、下泉郷触頭である板原村庄屋の根来新左衛門を屋敷に召喚し「御勝手御賄方」を担当させるなどの対応で財政の再建を進めようとした。その結果、享保期の泉河各郷の触頭は、旧来の職掌である郷中支配の枠を越えて、御用銀調達や仕送りの請負などにも深く関与することとなったのである。

こうした藩の財政状況は、陣屋移転後の享保一〇年代までは続いていたが、その頃を境として藩領社会において伯太藩財政を支える存在は、「触頭」ではなく陣屋元村に隣接する黒鳥辻村の庄屋・黒川武右衛門家へと替わっていく。黒川家は、享保期までに村内で土地集積を進め、村に課された多額の御用銀の大部分を立て替えていた。こうした村方地主としての成長を前提として、元文期以降は藩から求められるかたちで直接的に藩財政を支えはじめる。一つは「銀子御用達」としての御用銀上納、もう一つは伯太藩銀札の札元を勤めることであった。そして、元文期から文政期の下泉郷では、黒川武右衛門が惣代の地位にあり続け、郷運営を主導する構図が定着していた。黒川家は、藩への銀子用達を契機に苗字帯刀格を獲得し、そうした地位を梃子に特権的庄屋として郷惣代・四郡所領惣代などの役職にあり続けたのである。

また、陣屋が伯太村に移転すると、陣屋元村庄屋も、陣屋元村の都市的要素（郷宿・日雇頭など）との結び付きを強め、郷惣代への頻繁な就任や、郷入用・三郷入用の積極的な立て替えが確認できるようになる。一八世紀中期以降の下泉郷の運営を主導したのは、こうした黒川武右衛門や陣屋元伯太村の庄屋などであった。

なお、一八世紀後半にかけての質地集積による急速な成長は、郷内のヘゲモニーを握る黒川武右衛門だけでなく、元文期以降の池上村の甚左衛門や角右衛門でも（黒川家ほどではないが）同様の傾向にある。正徳期から享保期にかけて、村請制村として年貢や御用銀の立て替えが要請されるなかで、村役人層には立て替え・融通を行いうる経済力が求められたといえよう。伯太村に陣屋を移転した伯太藩は、元文期以降、旧触頭の家々にかわって、陣屋元地域の「社会的権力」となった黒川武右衛門等への依存を強めていったのである。

3　山里春木川村にとっての領主支配・組合村

一方、第七章で取り上げた松尾谷の山里春木川の村落構造や村落秩序のあり方は、平野部村々の展開とは大きく異なっていた。

まず、春木川村に対する年貢賦課・土地把握では、領内他村には見られない特殊な方法が適用されていた。村内の田方を「山谷田」と「下田」に分けて年貢率を定める賦課方法である。これは領内でも山間の春木川村のみに適用された特殊な年貢率であった。さらにそれらの年貢は、立木や蔬菜・果物などの換銀により、全てが代銀納されていた。近世後期には「山谷田」「畑」での果物生産が共有山斜面に拡大（山畑化）し、近隣久井村との間に山境をめぐる争論が惹起するが、その背後には山方荷物を引き受ける堺の新興青物問屋との関係が存在したのである。

春木川村には、一七世紀より突出した高持・山持の庄屋惣右衛門家が存在していた。惣右衛門は「下田」の土地を集積しており、果樹畑化の進む山谷田や畑は、主に小百姓の主要な生産基盤であった。新興青物問屋が主導する流通構造は、もう一面で小百姓の小経営を、果樹生産を基盤に自立させる事態を生み出した。一八世紀末以降の村内対立は、そうした変化が表出したものであり、文政期以降、惣右衛門家の所持高が減少する中で、庄屋・年寄も含む組頭層の集団的な村落運営が成立していく。こうした村政は、黒鳥村や池上村において村役人の所持高が拡大し、対極に零細小百姓が増加するあり方とは異なるもので、組頭―組内関係を基盤とする組頭層主導の村政と捉えることができよう。

以上のような春木川村にとって、下泉郷の枠組みは、領主支配の局面に限定された社会関係であった。山をめぐる松尾谷での入会関係や、青物の山方としての泉郡・南郡山間村落との関係など、生活レベルにおける地域社会との関係は、下泉郷の村々との関係だけをみていては全く見えてこない。そして春木川村の場合、伯太藩との関係は、武家奉公人や人足調達への対応などにおいても次第に形式的なものとなっていく。一九世紀には春木川出の奉公人は確認できず、たとえ「出村」に割り当てられても、伯太村・黒鳥村・板原村などの郷内平野部から代人を雇用し、その与内銀を負担するのみであった。このような関係は陣屋元村への日用人足の供給でも同様である。陣屋元の郷に属しながらも、陣屋や下泉郷との直接的な関係は薄れ、専ら郷入用・村入用などで入用銀を負担する程度にとどまっていたといえよう。

また、こうした点が如実に表れるのが、補論で検討した「村方取締書」の作成である。上神谷郷村々の取り締まりは、郷の取り締まりと連続する部分もみられたが、春木川村では、一貫して自村の村政のあり様にねざした独自の取締書が作成されていた。その申し合わせでは、領主規制や、郷惣代を中心とした広域的な取り締まりを前提としつつ、藩領全体や郷レベルの論理では捉えられない、この時期の村落構造を反映した独自の秩序・取り締まり方法が重視されている。以上の点を傍証するには、他村の「村方取締書」との比較・検討が必要であるが、藩領社会の展開を踏まえつつ、それぞれの村落秩序にとっての領主支配の意味を探るうえで手がかりとなるように思われる。

本書では伯太藩とその藩領社会の構造を全体として捉えるために、①藩家臣団と陣屋の構造、②陣屋元村と藩領社会との関係、③藩領社会の村落構造の展開を具体的に関連させつつ分析する方法をとった。これまでの畿内・近国研究では、伯太藩のような小規模大名に関しては『寛政重修諸家譜』などの記載から所領配置や役職就任の傾向をうかがう程度にとどまり、畿内での具体的な定着過程や、家臣団の形成と実態、所領村々のあり方については十分検討されてこなかった。所領配置や役職などの把握が重要であることは言うまでもないが、本書ではそうした特質・動向が、藩（家中）のあり方や、所領地域社会との関係にどのような影響をもたらしたのかを具体的に明らかにすることをめざしたのである。

特に小藩の場合には、まとまった規模の藩政史料が残されておらず、藩政の展開を明らかにしたり、地方支配関係の文書から支配の実態を捉えたりすることは困難である。ただし、たとえ四〇ヶ村ほどの所領であったとしても、その内部には本書でみたような地域社会構造の変容に規定された藩領支配が展開していた。そうした実態を明らかにするうえで意味を持つのは、村側に残された豊富な村方文書群の存在である。そして、それらのなかから「支配」の局面だけを取り出すのではなく、村落構造や地域社会構造をも丁寧に把握し、その積み重ねのなかで藩領全体の構造を見通す、という捉え方が重要である点を再度強調しておきたい。このような方法は、小藩領の研究のみならず、領主権力の問題をどのように地域社会論に切り結ぶかといった課題において、大・中規藩の藩領組合村の内部構造などを構造的に分析する際にも有効であろう。また、分析を社会構造レベルへと深めるためには、領内の村のあり方を、領主支配の対象として均質にみるのではなく、領内村々の個性的なあり様、例えば陣屋元村の社会構造や山間村落の村落秩序、相給村落のあり方などを「人々の生活の場」として具体的に捉え、その相互関係を考察することが必要である。同時に、「伯太藩」や領主支配という切り口からみえる地域のあり方や社会関係はそれぞれの村落構造の分析を豊富化する点においても意義を持つはずである。

〔註〕

（1）朝尾直弘『近世封建社会の基礎構造』御茶の水書房、一九六七年、のち『朝尾直弘著作集第一巻　近世封建社会の基礎構造』岩波書店、二〇〇三年。

（2）宮本裕次「大坂定番制の成立と展開」（『大阪城天守閣紀要』第三〇号、二〇〇二年）。菅良樹「大坂定番制度の変遷」（同『近世京都・大坂の幕府支配機構―所司代・城代・定番・町奉行―』清文堂出版、二〇一四年）。

（3）塚田孝「宿と口入」（原直史編『身分的周縁と近世社会3　商いがむすぶ人びと』吉川弘文館、二〇〇七年、のち同『都市社会史の視点と構造―法・社会・文化―』清文堂出版、二〇一五年所収）。

（4）鷲見等曜「幕藩初期の農民経営―近世本百姓批判―」（『日本歴史』一一七号、一九五七年）、同「徳川初期畿内村落構造の一考察―太閤検地＝封建革命説・相対的革新説への実証的疑問―」（『社会経済史学』二三―五・六、一九五八年、「近世初頭の農民家族」として同『前近代日本家族の構造』に所収）。吉田ゆり子「兵農分離と地域社会の変容―和泉国大鳥郡上神谷を中心として―」（同『兵農分離と地域社会』校倉書房、二〇〇〇年）、同「地侍層の『家』と女性―和泉国上神谷小谷家を素材として―」（大口勇次郎編『女の社会史一七―二〇世紀―「家」とジェンダーを考える―』山川出版社、二〇〇一年、のち吉田『近世の家と女性』山川出版社、二〇一六年所収）。渡辺尚志編『畿内の村の近世史』清文堂出版、二〇一〇年。

（5）町田哲「近世黒鳥村の村落構造と運営」（『歴史評論』五七五・五七六、一九九八年、のち同『近世和泉の地域社会構造』山川出版社、二〇〇四年所収）。

（6）三田智子『近世身分社会の村落構造―泉州南王子村を中心に―』部落問題研究所、二〇一八年。

（7）拙稿「近世泉州泉郡平野部における水利と生産―池上村の稲・綿輪作を素材として―」（『市大日本史』一三、二〇一〇年）。

（8）註（5）町田書。

〔初出一覧〕

第Ⅰ部　伯太藩の陣屋と藩領村々

第一章　伯太藩の家中形成と大坂定番―「家老」家々の来歴から―

「和泉国伯太藩の家中形成と大坂定番―「家老」家々の来歴から―」（『和泉市史紀要第27集　和泉の村と支配』和泉市史編さん委員会、二〇一七年）

第二章　伯太藩による藩領支配の展開

新稿

第三章　伯太陣屋と陣屋元村

「陣屋元村と伯太陣屋」（塚田孝編『近世大坂の法と社会』清文堂出版、二〇〇七年）を改稿

第四章　大坂定番期の武家奉公人調達―泉州上神谷郷を対象に―

「近世中期伯太藩における村落社会と領主支配―泉州上神谷郷を対象に―」（『ヒストリア』二四七、二〇一四年）

第五章　伯太陣屋の武家奉公人調達と所領村々

「和泉国伯太藩の陣屋奉公人と在地社会」（『史学雑誌』一一九―一一、二〇一〇年）

第Ⅱ部　伯太藩領の村落構造―泉州泉郡を中心に

第六章　泉州泉郡平野部における相給村落の成立―池上村を事例として―

新稿

第七章　山里春木川村の村落秩序と山用益

「泉州泉郡春木川村の村落秩序と山の用益」（後藤雅知・吉田伸之編『山里の社会史』山川出版社、二〇一〇年）

補　論　一九世紀伯太藩領の倹約令と「村方取締書」

「一九世紀・春木川村の村落秩序」（『和泉市史紀要第10集　松尾谷南部の調査研究』和泉市史編さん委員会、二〇〇五年）の一部分を改稿

※既発表論文についても、本書収録にあたり、修正を加えた部分がある。

あとがき

本書は、二〇一〇年に大阪市立大学大学院文学研究科に提出した博士論文「近世和泉国における村落社会と領主支配―泉郡伯太藩領を中心に―」をもとに、その後執筆した論文も加えてまとめ直したものである。卒業論文に取り組んで以来、泉州泉郡の伯太藩領村々を研究し、それぞれの村落社会から陣屋元村を含む藩領社会の構造へと分析を拡げてきた。

このようなテーマに行きつくきっかけとなったのは、学生の頃から参加してきた大阪市立大学日本史研究室と和泉市教育委員会による合同調査での経験である。市大の日本史研究室では、毎年の夏休みに和泉市内の町会を単位として、古文書や聞き取り、フィールドワークなどから地域の歴史を通時代的に明らかにする総合調査が実施されている。私が初めて参加したのは二〇〇三年、松尾谷春木川町での調査であった。山に囲まれた集落のなかに、庄屋の家文書や、座株会の持ち回り史料、町会の史料など、大量の史料が残されていた。学部二年生の私はまだくずし字を読めず、ODや大学院生の先輩方に手取り足取り教えてもらって読めたような気になり、何点か目録をとることができた。調査後、後期の近世史演習「日本史講読Ⅲ」（塚田孝先生）は、合同調査で調査した山本家文書をテキストに、班ごとにテーマを決めて史料を読み込むというもので、私は文化・文政期の村内対立について報告する班に入った。対立の背景にある村落状況を探っていくと、他班が担当していた年貢、宮座、山論などの論点とも相互に繋がりはじめ、少しずつ近世の村落生活に興味を持つようになった。三年生になると、塚田先生が和泉市史編さん室へ史料を閲覧しにいくよう勧めてくださった。そこで再び山本家文書を読みはじめたことが、春木川村やその領主である伯太藩について研究する契機となった。

四年生のときの合同調査は、平野部の池上町で行われた。実行委員会による事前研究では、近世の池上村が「池上村本郷」「池上出作」など複数の名称で呼ばれていたことや、村高が三つに区分されていたことなどを把握していたものの、それが郷境に重なるとは想像できていなかった。合同調査の期間中、参加者みんなで「本郷」「出作」の村役人や小字などを整理していくなかで、伯太藩領の池上村は「出作」とも呼ばれ、上泉郷・信太郷の耕地のみの空間であったが、藩からみると一つの「村」として把握されていた実態が見えてきたのである。修士論文では、そうした成果に刺激をうけ、相給村落としての池上村の村落構造を検討することにした。

後期博士課程修了後の二〇一三年には、陣屋元村であった伯太町が調査地となった。まとまった村方文書は見いだせなかったものの、伯太藩家臣の小瀬家文書や、伯太村の旦那寺の一つである称念寺の所蔵史料、下の宮の宮座をひきつぐ天神団所蔵史料などの調査を行うことができ、家臣団の成り立ちや、伯太村の寺院・宮座のあり方から「村」としての陣屋元村の特質に触れた意義はとても大きかった。

本書の論稿は、こうした経験のなかで、村の側から伯太藩の陣屋や藩領社会について分析してきたものである。小藩領とはいえ、各村に残された史料群は膨大であり、陣屋と藩領の関係に限っても検討すべき論点は数多く残されている。それらの課題については、本書での総括を踏まえて今後も分析していきたい。

このような私の歩みをいつも温かく励ましてくださったのは、大阪市立大学大学院文学研究科の塚田孝先生と、市大近世史研究会の皆さんである。塚田先生には、文学部一年生のときに受講した「人間文化基礎論」での講義以来、史料や論文を丁寧に読むこと、近世史研究や史料調査の楽しさ、歴史学を通じて社会に向き合うことの大切さにいたるまで、日々きめ細かく教えていただいた。市大の近世史研究会では、水曜日の大学院ゼミと研究会をはじめ、「町触の会」や近世大坂研究会、史料輪読会、読書会、夏の合宿など、日常的に研究を発表し議論できる場がいくつもあり、立場や所属、学年、国籍を超えて学びあう機会に恵まれた。発表が回ってくると、当日朝まで準備に追われ、緊張して声が出ない時も多々あったが、皆さんからの的確な意見と励ましによって前進することができた。現在もお世話になり続けている塚田先生と研究会の皆さんに、あらためて感謝の気持ちを伝えたい。

史料の閲覧・掲載に関しては、和泉市史編さん室、国文学研究資料館、大阪府立岸和田高等学校にお世話になった。また、史料の所蔵者である和泉市池上町の故・南清彦氏とご家族の皆様のご厚意にも、心よりお礼を申し上げたい。

本書の刊行にあたっては、勤務先の京都精華大学より出版助成をうけた。多忙のなか審査の労をとってくださった方々に感謝申し上げる。また、清文堂出版社の前田正道氏には、本書の刊行にあたりたいへんお世話になった。入稿後、出産のためしばらく作業できない時期が続き、スケジュールや体調の面など、色々とご心配をおかけしたように思う。この場を借りてお礼を申し上げたい。そして、私の体調を気遣いつつ刊行を応援してくれたパートナーと両親、元気な産声を聞かせてくれた我が子にも感謝したい。

二〇一五年四月より京都精華大学に就職し、人文学部で日本近世史の授業を担当するようになった。同僚の方々にも助けてもらいつつ、大学周辺の洛北岩倉に関する研究や授業に取り組みはじめて、はや四年目になる。これから先も、「生活の場」としての地域の歴史に目を向け、和泉や京都での史料調査に携わるなかで、近世史研究を続けていきたい。

二〇一八年九月

齊藤　紘子

【ワ　行】

研究者名索引

【ア　行】

【カ　行】

【サ　行】

【タ　行】

【ナ　行】

【ハ　行】

【マ　行】

【ヤ　行】

【ヤ　行】

【ラ　行】

【ワ　行】

【マ　行】

【ナ　行】

【ハ　行】

【タ　行】

【サ　行】

【カ　行】

事項・地名等索引

【ア　行】

齊藤 紘子（さいとう　ひろこ）

〔略 歴〕
1983年　京都府生まれ
2011年　大阪市立大学大学院文学研究科日本史学専修後期博士課程修了
　　　　日本学術振興会特別研究員(PD)
　　　　大阪市立大学都市研究プラザ特別研究員を経て
現　在　京都精華大学人文学部総合人文学科講師　博士（文学）

〔主要著作〕
「近世和泉の村落社会における『困窮人』救済」（塚田孝・佐賀朝・八木滋編『近世身分社会の比較史―法と社会の視点から―』清文堂出版、2014年）
「近世泉州泉郡平野部における水利と生産―池上村の稲・綿輪作を素材として―」（『市大日本史』13、2010年）

など

畿内譜代藩の陣屋と藩領社会

2018年11月20日　初版発行

著　者　齊藤 紘子
発行者　前田 博雄
発行所　清文堂出版株式会社
〒542-0082 大阪市中央区島之内２-８-５
電話06-6211-6265　FAX06-6211-6492
http://www.seibundo-pb.co.jp
印刷：亜細亜印刷株式会社　製本：株式会社渋谷文泉閣
ISBN978-4-7924-1089-6　C3021